促进工业领域节能的
财税和价格政策研究

——以江西省为例

王 乔 席卫群 等 著

世界银行委托项目"促进江西节能的价格和财税政策研究"(TF094376)

科 学 出 版 社

北 京

内 容 简 介

　　财税和价格政策在节能降耗调控中发挥着重要作用。为了准确分析现行财税和价格政策的执行效果和局限性，研究制定更具针对性和可操作性的财税和价格政策体系，以解决工业领域节能降耗中的"市场失灵"问题，形成政府为主导、企业为主体、市场有效驱动、全社会共同参与的工业节能减排格局，本书以江西省为例，通过采取发放调查问卷、召开政府部门座谈、企业座谈和实地走访等形式，收集大量数据，基本摸清了江西省工业节能减排的基本情况，了解了江西省工业节能领域执行相关财税和价格政策方面的成效和问题，并在此基础上提出了富有建设性的建议，可供有关实践部门和理论界参考。

　　本书可为关心节能减排的社会各界人士提供一个阅读的窗口，适合财税专业、价格专业及能源专业的各类人士阅读。

图书在版编目（CIP）数据

促进工业领域节能的财税和价格政策研究：以江西省为例/王乔等著.
—北京：科学出版社，2015

　　ISBN 978-7-03-045772-1

　　I.①促⋯　Ⅱ.①王⋯　Ⅲ.①工业企业-节能-地方财政-财政政策-政策支持-研究-江西省 ②工业企业-节能-地方税收-税收政策-政策支持-研究-江西省 ③工业企业-节能-物价政策-政策支持-研究-江西省
Ⅳ.①F427.56②F812.756③F727.56

　　中国版本图书馆 CIP 数据核字（2015）第 225240 号

责任编辑：魏如萍 / 责任校对：刘文娟
责任印制：霍　兵 / 封面设计：无极书装

科 学 出 版 社出版
北京东黄城根北街 16 号
邮政编码：100717
http://www.sciencep.com

北京通州皇家印刷厂 印刷
科学出版社发行　各地新华书店经销
*

2016 年 1 月第 一 版　开本：720×1000 1/16
2016 年 1 月第一次印刷　印张：16 1/2
字数：332 000
定价：98.00 元
（如有印装质量问题，我社负责调换）

作者简介

王乔，男，1960年9月出生，江西财经大学校长、财税研究中心主任，教授，博士生导师。现为国家社会科学基金学科评审组专家，全国税务专业学位研究生教育指导委员会委员，中国税务学会学术委员会副主任，中国财政学会常务理事，"赣鄱英才555工程"领军人才等。长期从事财税理论与政策的教学与科研工作，科研成果多次获得省部级以上奖励。在《税务研究》等税收学术刊物上公开发表论文50余篇，主持国家社会科学重点项目和一般项目，国家自然科学基金项目，世界银行、财政部、江西省社会科学规划等多项课题，多次获得省部级优秀成果奖。出版《政府非税收收入与经济增长关系研究》《发挥税收对优化结构和转变增长方式作用研究》等专著7部，主编《中国税制》《比较税制》等多部教材。

席卫群，女，1970年4月出生，江西财经大学财税研究中心副主任，财税与公共管理学院教授，博士生导师。近年来先后在《税务研究》等税收学术刊物上发表论文100多篇；主持完成国家社会科学项目和江西省社会科学规划项目等课题多项，出版专著3部；主编、副主编教材6部，参编教材3部，科研成果多次获得省级优秀成果奖。

前　言

在工业化和城市化发展的道路上，如何解决经济发展、能源消费、资源利用和环境保护失衡的问题，几乎是每个国家都着重考虑的问题。进入 21 世纪以来，中国的能源资源和环境问题日益突出。为此，中国的"十二五"规划要求，到 2015 年，全国万元 GDP（即国内生产总值）能耗下降到 0.869 吨标准煤（按 2005 年价格计算），比 2010 年的 1.034 吨标准煤下降 16%，实现节约能源 6.7 亿吨标准煤。对于中国来说，节能除了能够有效提高能源利用效率、减少能耗总量，还是最大的减排。因为中国 75% 的二氧化硫排放量、85% 的二氧化氮排放量、60% 的一氧化氮排放量和 70% 的悬浮颗粒等都来自以燃煤为主的能源消耗。

中国经济发展从 2001 年进入重化工阶段以来，工业生产的能耗已经占全国总能耗的 70% 左右，因此，工业节能减排成为当务之急。特别是钢铁、化工、建材、火电等行业，由于技术装备落后，其单位可比能耗比先进国家要高出 20%～30%。因此，工业节能减排不但意义重大，而且潜力巨大。作为中国中部欠发达省份的江西，尽管其环境生态相对较好，但是随着工业化、城镇化的加速，能源需求大幅上升，经济总量偏小、粗放式发展方式尚未得到根本改变，高耗能的重工业所占比重过大，节能任务十分艰巨。根据国务院《"十二五"节能减排综合性工作方案》的要求，"十二五"期间，江西省单位 GDP 能耗降低率目标为 16%，2006～2015 年累计降低 32.83%。

为了降低能源消耗，优化能源消费结构，促进节能降耗，国家出台了一系列政策措施。财税和价格政策作为最灵活、最有效和重要的经济政策措施，成为政府有力的调节工具，在节能降耗调控中发挥着重要作用。它们的作用具体表现为两方面：一方面，限制高能耗产品，制定和实施最低能效标准，淘汰高耗能产品，引导用能产品提高能效，弥补市场不足；另一方面，制定适应市场经济要求的节能激励约束政策，如制定抑制资源过度消费、有利于企业开展节能的税收政策、公共财政支持政策；对能源消耗高、污染重的产品和设备课以重税，建立基于市场的节能信息传播机制、能源管理技术服务，克服节能新技术、新产品推广中的市场障碍，制定适宜的能源定价，调节能源消耗等。

根据国家政策方针，"十一五"期间，江西省制订了《江西省节能减排综合性工作方案》，并落实和推出了一系列财税和价格政策，积极推进节能降耗工作，取得了不俗的成绩，但也存在一些亟须解决的问题。因此，为了准确分析现行财税和价格政策的执行效果和局限性，研究制定更具针对性和可操作性的财税和价格政策体系，以解决工业领域节能降耗中的"市场失灵"问题，形成政府为主导、企业为主体、市场有效驱动、全社会共同参与的工业节能减排格局，就成为本书的研究重点。

研究团队通过发放调查问卷、召集政府部门座谈、进行企业座谈和实地走访等形式，耗费将近一年的时间，收集了大量数据，基本摸清了江西省工业节能减排的基本情况，掌握了江西省工业节能领域执行相关财税和价格政策方面的成效和问题，在此基础上，形成了本书。本书主要分为3篇，共11章。

上篇总括分析2001～2012年江西省的能源供需状况和能源效率情况，分析工业领域节能减排的形势和进展。

中篇是江西省促进工业领域节能降耗工作的财税政策研究。本部分分别从财政政策和税收政策两个方面分析江西省工业领域现行政策执行效果。

目前江西省围绕节能降耗的财政政策主要有财政预算投资政策、财政奖励政策、财政补贴政策、财政贴息政策、政府采购政策，这些政策对促进工业领域节能降耗工作发挥了积极效应，但也存在一些问题：①财政预算资金不足，预算内节能投资资金有待整合，现有专项资金、基金难以满足节能发展的需求；②财政奖励力度小，申报手续繁杂，享受面窄；③补贴政策目标的制定带有随意性，缺乏长期目标的支持，可操作性不强，补贴方式不科学、结构不合理；④现行政府采购的节能产品比例相对较低，结构性和功能性欠缺，对相关节能企业的扶持力度较为有限；⑤财政政策引导、市场发挥作用的机制有待完善，财政政策在推动产业结构优化、节能技术开发方面还显薄弱；等等。

为了更好地发挥财政政策的作用，在借鉴国际和国内政策经验的基础上，本书提出了以下建议：一方面完善财政政策，降低单位能耗水平，提高治污强度；另一方面完善财政政策，促进产业结构转换，减少能源回弹效应，降低能耗总量。具体举措如下：①健全完善财政预算制度，提高财政资金使用效率。加大公共财政预算资金投入，直接投资支持重点工业企业的节能降耗工作，建立独立的节能降耗财政专项基金。②健全有关节能降耗的财政补贴激励政策。制定合理的节能降耗财政补贴政策，完善对消费者购买节能产品的财政补贴措施，财政补贴应向从事节能降耗相关技术开发和科研服务的机构倾斜。③完善政府采购机制，充分发挥政府采购的导向作用。加强节能产品政府采购的宣传执行工作，加大节能产品认证力度，扩大政府采购清单范围，完善供应商进退机制，健全政府采购的执行和监督机制。④发挥财政政策功能，促进产业结构转换，降低能耗总量。具体举措包括：创新财政支持体系，提高资金使用效率；建立推动产业结构升级转换的科研基金；发挥财政政策的宏观调控作用，调整三大产业的比重。

在税收政策方面，工业领域节能降耗所涉及的税种主要有增值税、消费税、关税、企业所得税、车辆购置税、车船税、城镇土地使用税等。本书首先针对江西高耗能产业，通过运用统计年鉴数据、采用协整分析方法进行定量分析，得出一些值得注意的结论：①从总体上来讲，主营业务税金及附加和企业所得税对节能降耗效应影响不显著，但增值税与税收收入对节能降耗效应影响显著。其中，增值税对高耗能企业能耗呈负向的影响关系，即增值税的增加有利于企业节能降耗；税收收入对高耗能企业能耗呈正向的影响关系，即税收收入的增加会遏制高耗能企业降低能耗。②从具体行业看，第一，税收收入对煤炭开采和洗选业万元 GDP 能耗呈负向的影响关系，主营业务税金及附加对煤炭开采和洗选业万元 GDP 能耗呈正向的影响关系；第二，税收收入对纺织业、化学原料及化学制品业万元 GDP 能耗呈正向的影响关系，增值税对纺织业、化学原料及化学制品业万元 GDP 能耗呈负向的影响关系；第三，增值税对木材加工及木竹藤棕草业、造纸及制品业万元 GDP 能耗呈负向的影响关系；第四，税收收入对石油加工、炼焦及核燃料加工业万元 GDP 能耗呈正向的影响关系；第五，税收收入对黑色金属冶炼及压延加工业万元 GDP 能耗呈负向的影响关系，增值税、企业所得税对黑色金属冶炼及压延加工业万元 GDP 能耗呈正向的影响关系；第六，增值税与税收收入对有色金属冶炼及压延加工业万元 GDP 能耗呈负向的影响关系，城建税及教育费附加、企业所得税对有色金属冶炼及压延加工业万元 GDP 能耗呈正向的影响关系；第七，主营业务税金及附加、企业所得税、增值税与税收收入对非金属矿物制品业节能减排效应影响不显著。其次，通过实地调研方法进行实证分析，认为税收政策的实施极大地促进了江西省节能降耗工作的开展，但也存在一些问题：①政策可操作性有待加强。例如，资源综合利用税收优惠项目多且复杂，且不同税种之间规定标准不统一，操作难度大；合同能源管理优惠规定不够明朗，影响政策的执行；再生资源范畴界定不清，税务部门难以把握。②政策存在漏洞，标准变动性大，缺乏前瞻性、长期性，企业所得税优惠目录窄、设定标准高，企业享受大打折扣。③申报材料和手续复杂，企业认定成本高。④政策宣传和税务人员素质有待加强。⑤区域性税收政策，尤其是欠发达地区税收政策有待加强。

通过深入分析政策实施效果，本书在借鉴国际和国内经验的基础上，认为税收政策的完善应着力表现为两方面：一方面应着力降低单位能耗水平，提高治污强度；另一方面应促进产业结构转换、减少能源回弹效应、降低能耗总量。具体措施如下：①发挥税收引导作用，通过优化增值税、企业所得税、消费税等税种促进工业企业单位能耗的降低。②利用税收的约束相权机制，将浪费资源的产品纳入消费税征收范围，对影响生态、可能造成环境破坏的进口产品提高进口关税率，对稀土等资源实行资源税从价征收以及开征环境保护税等，提高治污强度。③利用现行税收政策，优化产业结构，减少能源回弹效应，具体包括：第一，简化认定程序，利用高新技术产业税收优惠方式和其他政策，促使工业内部结构优化；第二，用好税收政策，抓住"营改增"契机，加快发展第三产业；第三，以赣南原中央苏区享受西部大开发政策为契机，加快产业的调整；第四，实行差别化的区域税收政策。④完善税收政策，提高能源利用率，降低能耗总量，具体包括：第一，健全资源综合利用税收政策，如统一增值税和企业所得税政策标准，建立科学的资源综合利用资格认定管理机制，加强合同能源管理规定；第二，完善再生资源税收激励政策，实行生态工业园区财税鼓励政策，通过增值税、个人所得税等鼓励产品的回收利用；第三，加大税收政策宣传辅导力度，提高基层税务人员专业素质，保证政策的落实。

下篇是江西省促进工业领域节能减排工作的能源价格调节政策研究。这部分首先梳理了能源价格的形成机制，在此基础上分析阶梯电价政策、高耗能行业差别电价政策和新能源价格政策存在的问题，结合江西省工业节能的情况，认为现行的能源价格政策在促进节能降耗的过程中发挥了重要作用，但仍存在一些不足。第一，阶梯电价政策存在的问题表现为缺乏有效的激励政策和动态科学的电价调整政策，中介组织力量薄弱。第二，高耗能行业差别电价政策存在的问题主要是政策落实不力：部分地方政府及其有关部门，以及一些企业不执行、推迟执行或者降低标准执行对高耗能企业的差别电价政策；部分发电企业脱硫设施未经国家或省级环保部门验收和价格主管部门批准，擅自提前执行脱硫电价政策；甚至有些企业自备电厂，绕开差别定价。第三，新能源价格政策缺陷主要如下：其一，太阳能发电标杆上网电价尚未形成，定价的原则不甚明确，价格水平难以把握；其二，生物质发电上网电价偏低，管理不够规范；其三，电价附加政策不配套，附加资金大量缩水，征收标准偏低，资金调配时效差。

在借鉴其他国家和国内其他省份运用能源价格调节机制促进节能降耗经验的基础上，本书认为能源价格调节总的原则是通过税费、补贴、行政干预等手段，逐步提高传统化石能源价格，降低可再生能源价格，通过成本-收益核算，激励用能工业企业优化能源结构，提高能源效率，降低能源消耗强度。考虑到江西工业用能结构以电力和煤炭为主，电力又以火力发电为主，江西能源价格改革宜以节约用电为着力点，制定合理的能源价格，一方面不断完善高耗能产业的差别电价，用市场价格的办法实现产业结构的优化；另一方面对可再生能源发电采取更加优惠的政策，不断优化能源利用结构，促进新能源产业健康发展。主要举措如下：①完善电力需求侧（demand side management，DSM）管理政策。明确电网公司电力需求侧管理实施主体的地位，实行激励政策；大力发展智能电网，有效提高需求侧管理水平。②制定更为细致的能耗标准，在试点基础上稳定扩大高耗能产业差别电价政策实施范围。以单耗确定节能改造计划，对允许和鼓励类企业执行正常电价水平，对限制类、淘汰类企业用电适当提高电价，严格高能耗企业的审批手续，建立监督约束机制。③促进可再生能源发展，完善可再生能源定价机制，对实行招标方式确定的可再生能源发电项目上网电价，应鼓励对资源优越地区率先开发。对生物质能、太阳能、垃圾发电等新型可再生能源发电项目区别对待。对已投产的可再生能源发电项目上网电价适时合理调整。综合运用配额制政策、固定电价政策和竞价上网政策促进可再生能源发展。④稳步推进能源总量消费控制，试点节能量交易，外化能源外部性价格，避免单一依赖价格信号来实现能效的投入。⑤统筹价税费等政策工具，建立健全的能源价格机制。在建立能源价格的市场机制的基础上，通过明租、清费、调整税收政策，辅之以金融政策等，共同发力，提高能源效率，降低能源的消耗。

目　　录

上篇：能源篇

中篇：财税篇

下篇：价格篇

上篇：能源篇

第1章 江西省能源供需状况和能源效率分析

江西地处我国中部，东邻浙江、福建，南连广东，西接湖南，北毗湖北、安徽，是一个传统的农业大省，经济欠发达。随着"促进中部地区崛起"重要战略构想的提出，鄱阳湖生态经济区建设上升为国家战略，江西实现了跨越式发展。2001~2012年，江西生产总值实现年均增长17.6%，工业增加值实现年均增长28.56%（江西省统计局，2013）。但从发达国家的经济发展经验来看，当一国经济发展处于快速发展的工业化前期和中期时，都会出现能源消耗的快速增长，而只有发展到工业化后期或后工业化阶段，其能源消耗才会慢慢回落至低增长状态。而目前，江西的经济发展正处于工业化中期阶段，其能源需求正日益旺盛。因此，充足的能源供应是江西顺利完成工业化进程，改变生产力落后局面的重要基础。

1.1 江西能源生产与供给状况分析

"十一五"期间，江西坚持"节能优先、煤为基础、多元发展、合理布局、保障安全"的方针，积极促进能源的可持续发展与有效利用，加强电力能源建设，开发与利用新能源及可再生能源，实现能源生产与消费结构的优化，不断提高能源利用效率（表1-1）。"十一五"期间，江西能源工业有了较快发展，基本能够满足经济、社会发展对能源的需求。2012年全省全口径发电量759.6亿千瓦时，同比增长2.3%；统调发电量614.5亿千瓦时，同比下降5.4%。其中，火电发电量571.3亿千瓦时，下降9.1%；水电发电量41.7亿千瓦时，增长102.5%。至2012年年底，全省天然气长输管道天然气供应量5.15亿立方米，同比增长1.1倍，其中，通过管道供应量4.52亿立方米，增长82%；通过压缩天然气（compressed natural gas，CNG）加气母站供应量0.63亿立方米，增长1.2倍。全省可再生能源上网电量为144.15亿千瓦时，占全社会用电的16.6%。

表1-1　江西能源生产与供给平衡表（单位：万吨标准煤）

年份	可供消费的能源总量	一次能源生产量	外省（自治区、直辖市）调入量	进口量	本省调出量（一）	年初年末库存差额
2001	2 194.29	1 122.70	1 130.81	57.29	285.64	169.09
2002	2 599.45	1 052.17	1 602.88	141.26	213.36	16.50

续表

年份	可供消费的 能源总量	一次能源 生产量	外省（自治区、 直辖市）调入量	进口量	本省调出量（一）	年初年末 库存差额
2003	3 082.09	1 022.44	2 133.51	202.78	234.56	−42.08
2004	3 282.22	1 730.35	1 541.32	204.52	215.53	21.56
2005	4 275.49	2 010.45	2 407.12	197.63	309.00	−57.98
2006	4 651.38	2 268.54	2 673.61	258.43	727.12	33.64
2007	5 045.60	2 270.99	3 199.94	213.29	931.02	−16.82
2008	5 377.17	2 394.99	3 186.76	240.59	701.18	−116.10
2009	5 809.24	2 528.80	3 289.07	262.63	953.54	65.50
2010	6 349.20	2 299.08	4 588.00	328.98	887.59	21.00
2011	6 928.17	2 581.40	5 192.46	349.65	1 075.95	−119.38
2012	7 232.92	2 595.89	4 646.47	1 069.00	1 159.00	80.10

资料来源：根据历年《中国统计年鉴》《江西统计年鉴》相关数据整理而得

　　但同时也应看到，江西自身能源储备有限，一次能源中，常规能源仅有煤炭和水能，且储量占全国比重均较低，目前尚未发现油气资源等（表 1-2）。随着能源消费的增加，江西能源自给率不断下降，特别是"十一五"期间，江西工业化进程的加快推动了能源消费的不断增长，这更加快了能源自给率的下降速度，因此，江西每年都需要从外省调入大量的能源以满足能源需求的增长。

表 1-2　江西与全国煤炭资源与水资源统计

年份	煤炭资源/亿吨		占比/%	水资源/亿立方米		占比/%
	江西	全国		江西	全国	
2005	7.80	3 326.40	0.23	1 510.10	28 053.10	5.38
2006	8.18	3 334.80	0.25	1 629.97	25 330.10	6.43
2007	7.92	3 261.26	0.24	1 112.96	25 255.20	4.41
2008	7.67	3 261.44	0.23	1 356.16	27 434.30	4.94
2009	7.20	3 189.60	0.23	1 166.90	24 180.20	4.83
2010	6.74	2 793.93	0.24	2 275.50	30 906.40	7.36
2011	4.26	2 157.89	0.20	1 037.88	23 258.50	4.46
2012	4.11	2 298.86	0.18	2 174.40	29 526.90	7.36

资料来源：根据历年《中国统计年鉴》《江西统计年鉴》相关数据整理而得

　　从全国能源资源分布来看，中国的主要能源资源大部分分布在人口偏少或经济欠发达的西部地区。其中，煤炭资源主要集中在华北、西北地区，水资源主要集中在西部的云、贵、川、渝、藏等地区。总体来看，中国东、南部地区（特别是长三角、珠三角地区）能源资源均较为匮乏，而江西作为长三角和珠三角的交汇地区，经济落后，同时处于能源缺乏的劣势、争夺能源资源的弱势，这日益加重了江西能源资源总量不足问题。

1.1.1 煤炭资源的生产与供给现状

煤炭是江西最主要的能源来源，煤炭生产占江西能源生产总量的八成多，且其比例大体呈现上升趋势，即煤炭生产占江西能源生产总量的比重呈上升趋势，这种趋势短期内将不会发生根本变化（表 1-3）。但是，江西煤炭资源已经开发利用已探明储量的七成多（郑沐春，2009）。目前，江西煤炭新井建设以及主要矿井的后备储量严重不足，且煤炭资源的地质储存条件差、开采难度大、煤质差煤层薄、煤炭生产缺乏竞争力，短期内煤矿建设的规模及煤炭产量难有大的突破。

表 1-3 2001～2012 年江西能源生产总量及构成统计

年份	能源生产总量/万吨标准煤	占能源生产总量的比重/%		
		原煤	天然气	水电、核电、风电等
2001	1 242.7	80.5		19.5
2002	1 252.2	77.0		23.0
2003	1 505.4	83.5		16.5
2004	1 902.5	81.9		18.1
2005	2 010.5	86.0		14.0
2006	2 241.0	84.6	0.1	15.3
2007	2 253.3	87.9	0.3	11.8
2008	2 395.0	87.0	0.2	12.8
2009	2 528.8	89.1	0.2	10.7
2010	2 299.1	82.6	0.2	13.1
2011	2 581.4	88.3	0.7	11.0
2012	2 595.9	81.1	0.5	18.5

注：在《江西统计年鉴 2013》原表中 2010 年与 2012 年比重加总均不为 100%，此处未做修改

资料来源：《江西统计年鉴 2013》

江西的煤炭生产量从 2001 年的 1 517.45 万吨增至 2012 年的 2 950.00 万吨，增长了 94.41%，年均增速 6.23%。但同时期江西生产总值从 2001 年的 2 175.68 亿元增至 2012 年的 12 948.88 亿元，增长了 495.16%，年均增速 17.60%（表 1-4）。相比较而言，煤炭生产增速远远不及生产总值增速，煤炭生产难以支撑经济发展对煤炭的需求，这对煤炭资源的有效利用提出了更高要求。

表 1-4　2001～2012 年江西煤炭生产总量与生产总值统计

年份	煤炭生产总量/万吨	煤炭生产总量增速/%	生产总值/亿元	生产总值增速/%
2001	1 517.45	−16.34	2 175.68	8.62
2002	1 375.04	−9.38	2 450.48	12.63
2003	1 788.77	30.09	2 807.41	14.57
2004	2 371.76	32.59	3 456.70	23.13
2005	2 565.05	8.15	4 056.76	17.36
2006	2 783.42	8.51	4 820.53	18.83
2007	2 997.24	7.68	5 800.25	20.32
2008	3 152.36	5.18	6 971.05	20.19
2009	3 414.00	8.30	7 655.18	9.81
2010	2 912.22	−14.70	9 451.26	23.46
2011	3 236.84	11.15	11 702.82	23.82
2012	2 950.00	−8.86	12 948.88	10.65

注：生产总值增速均以当年价格计算

资料来源：根据历年《中国统计年鉴》《江西统计年鉴》相关数据整理而得

1.1.2　水能资源的生产与供给现状

江西地处长江中下游地区，境内河流众多，水系发达，水资源总量丰富。2012 年江西水资源总量为 2 174.4 亿立方米，是全国水资源总量（29 526.9 亿立方米）的 7.36%。但由于其水力资源落差很小，可开发的水能仅占全国总量的 1.5%，可开发的价值不高，水力开发形势也不容乐观。目前，水能资源以中小型电站居多，已开发的水电装机容量占技术可开发量的 2/3，近期水电开发和发电量也难以有较大增长，发展空间不大（幸红波等，2012）。

虽然水电是江西能源的重要来源之一（表 1-5），水电生产量约占江西能源生产总量的两成，但其比例大体呈现下降趋势，即水电生产量占江西能源生产总量的比重呈下降趋势，这主要是由于可开发的水能有限，水电生产难以突破性增长。从整体发电情况来看，2001～2012 年，江西的水力发电量虽然有所增长，但波动较大，相比于江西总发电量的增长，水力发电量比重在减小（表 1-5、图 1-1），这主要是由于水力发电较易受到水文、气候及季节等因素的影响。因此，未来江西能源供给中，水能资源的供给增长将受到很大限制，能源供给应更多地利用其他能源资源。

表 1-5 2001～2012 年江西发电量统计

年份	水力发电量/亿千瓦时	总发电量/亿千瓦时	占比/%
2001	54.25	216.16	25.10
2002	61.51	247.99	24.80
2003	47.64	320.94	14.84
2004	84.73	388.17	21.83
2005	67.88	373.49	18.17
2006	95.40	442.86	21.54
2007	77.90	499.25	15.60
2008	84.49	493.21	17.13
2009	76.62	524.43	14.61
2010	87.84	637.59	13.78
2011	83.76	742.22	11.29
2012	149.62	759.58	19.70

资料来源：根据历年《中国统计年鉴》《江西统计年鉴》相关数据整理而得

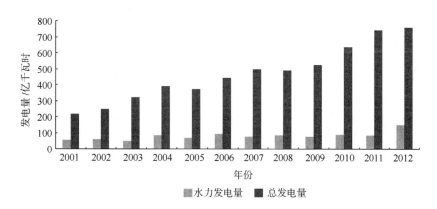

图 1-1 2001～2012 年江西发电量情况

资料来源：根据历年《中国统计年鉴》《江西统计年鉴》相关数据整理而得

1.1.3 其他能源资源的生产与供给现状

除了常规的煤炭和水能资源外，江西还拥有核能、风能、太阳能、地热及生物质能等能源资源。其中，核能与风能资源具有相对比较优势。

首先，江西拥有全国最多的铀矿资源储量，占全国总储量的三成多，是中国的产铀大省。目前，江西共拥有 6 条铀矿成矿带和相山矿田、盛源矿田、桃山矿田、河草坑矿田、白面石矿田 5 个铀矿田（王长轩，2008），是最具有发展价值的能源资源。丰富的铀矿资源为核能资源利用（主要应用于核电站）提供了基本原料，节约了运输成本，避免了核放射安全隐患。因此，江西正积极筹划与推进铀矿资源的利用，对核能产业在 2009～2015 年的发展做出了规划，期望通过核能发电缓解江西能源贫乏的局面。

其次，江西拥有较丰富的风能资源，其理论蕴藏量为 6 000 余万千瓦，其中，经济可开发量为 230 万千瓦。目前，江西风能主要集中在鄱阳湖北部各县市，但实际风能利用还很低，主要是利用小型风力发电机发电供应偏远地区的微波站和气象台等，以及还未通电地区的生活基本用电。截至 2010 年年底，江西相继建成了矶山湖 3 万千瓦、长岭 3.45 万千瓦、大岭 1.95 万千瓦 3 个风电项目，风电总装机容量达 8.4 万千瓦，全年发电 1.45 亿千瓦时，折合标准煤 4.35 万吨；并已开工建设装机容量 4.95 万千瓦的老爷庙风电项目，风电开发走在中部省份前列。

最后，江西拥有较为丰富的太阳能和地热资源，但受到地域、季节及气候影响，太阳能资源利用较低，主要应用于太阳能热水器。而在地热资源中，作为全国温泉分布较多的省份之一，江西的主要地热资源为温泉。但由于江西温泉的水温不高，利用效率不高，目前，江西地热资源仅用于旅游、医疗保健及农业等方面。

另外，在生物质能资源利用方面，截至 2010 年年底，全省生物质能利用折合标准煤 65.35 万吨，占全省能源消费总量的 1% 左右。在生物质直燃发电方面，已建成鄱阳凯迪 1.2 万千瓦、万载凯迪 1.2 万千瓦、吉安金佳谷物 0.6 万千瓦生物质电厂，吉安凯迪 1.2 万千瓦、赣县 3 万千瓦生物质发电项目正在建设中。在垃圾开发利用方面，南昌麦园 0.28 万千瓦垃圾处理场填埋发电项目已经投产，南昌泉岭 2.4 万千瓦、都昌 0.9 万千瓦项目已核准并将开工建设，江西圣牛米业 0.2 万千瓦生物质气化发电项目、鄱阳 0.9 万千瓦垃圾焚烧项目正在开展前期工作。在沼气开发利用方面，全省已建成农村户用沼气池 152.3 万户，建成小型沼气工程 2 400 处、大中型沼气工程 1 019 处。利用工业废液生产沼气发电的赣县谱赛科生物技术有限公司 0.2 万千瓦和江西原生源化工有限公司 1.5 万千瓦酒精废液沼气发电项目正在建设当中。在生物质秸秆能源利用方面，会昌珠兰秸秆沼气集中供气 219 万立方米、新余生物秸秆气化供气 43.8 万立方米项目正在建设中。在生物液态燃料方面，南丰 10 万吨生物柴油项目正在建设中；东乡 10 万吨乙醇项目正在开展前期工作，已种植木薯 10 万亩（1 亩≈666.7 平方米），年产木薯 20 万吨。

从上述能源资源供给分析可知，江西能源资源生产与供给有以下两大特征：第一，能源资源生产与供给的增长速度落后于经济增长速度。2001～2012 年，江西生产总值实现年均增长 17.60%，而同时期能源生产总量年均增长仅为

6.23%（江西省统计局，2013）。能源资源供给的不足将会制约江西经济和社会的发展。第二，能源资源生产与供给结构单一。能源资源供给格局以煤炭为主，占江西能源生产总量的八成多。因此，优化能源供给结构，对确保江西经济持续、稳定、快速发展十分重要。

1.2　江西能源消费状况分析

从江西能源消费总体状况来看，随着经济与社会的迅猛发展，江西能源消费量呈直线式大幅度提升（图 1-2）。2001～2012 年，江西能源消费总量上扬，从 2001 年的 2 329.18 万吨标准煤，猛增至 2012 年的 7 232.97 万吨标准煤，增长了 2.11 倍，年均增长达到 10.85%，呈强劲增长势头（表 1-6）。而同时期全国能源消费总量增长了 1.41 倍，年均增长 8.30%，江西的能源消费增长速度超过了全国的能源消费增长速度（表 1-7、图 1-3）。具体来看，除了 2004 年、2006 年和 2007 年 3 年外，江西的能源消费增长率均高于全国的能源消费增长率，特别是 2008 年以后，江西的能源消费增长率都远高于全国的能源消费增长率。

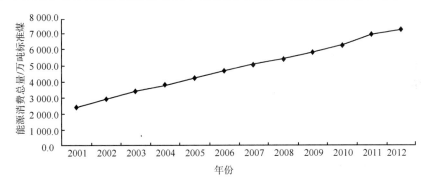

图 1-2　江西能源消费总量情况

资料来源：根据历年《中国统计年鉴》《江西统计年鉴》相关数据整理而得

表 1-6　2001～2012 年江西产业能源消费统计

年份	能源消费总量/万吨标准煤	第一产业		第二产业		第三产业	
		能源消费量/万吨标准煤	占比/%	能源消费量/万吨标准煤	占比/%	能源消费量/万吨标准煤	占比/%
2001	2 329.18	138.69	5.95	1 622.96	69.68	289.28	12.42
2002	2 599.11	134.86	5.19	1 737.73	66.86	374.83	14.42
2003	3 035.20	149.28	4.92	2 005.52	66.08	476.38	15.70
2004	3 377.00	144.08	4.27	2 454.28	72.68	448.88	13.29

续表

年份	能源消费总量/万吨标准煤	第一产业		第二产业		第三产业	
		能源消费量/万吨标准煤	占比/%	能源消费量/万吨标准煤	占比/%	能源消费量/万吨标准煤	占比/%
2005	4 286.01	246.22	5.74	3 054.26	71.26	495.28	11.56
2006	4 660.10	228.35	4.90	3 402.79	73.02	519.18	11.14
2007	5 053.76	187.45	3.71	3 783.01	74.86	564.61	11.17
2008	5 375.75	166.55	3.10	4 052.67	75.39	614.57	11.43
2009	5 812.54	156.26	2.69	4 381.95	75.39	673.69	11.59
2010	6 354.87	132.58	2.09	4 815.29	75.77	745.17	11.73
2011	6 928.21	132.96	1.92	5 177.59	74.73	907.98	13.11
2012	7 232.97	121.16	1.68	5 417.91	74.91	943.22	13.04

资料来源：根据历年《中国统计年鉴》《江西统计年鉴》相关数据整理而得

表 1-7　2001～2012 年江西与全国能源消费构成统计比较（单位：%）

年份	煤炭		石油		天然气		水电、核电、风电等	
	江西	全国	江西	全国	江西	全国	江西	全国
2001	71.5	68.3	17.0	21.8		2.4	11.5	7.5
2002	68.7	68.0	21.8	22.3		2.4	9.5	7.3
2003	74.5	69.8	22.2	21.2		2.5	3.2	6.5
2004	72.6	69.5	16.9	21.3		2.5	10.5	6.7
2005	74.0	70.8	17.0	19.8		2.6	6.6	6.8
2006	73.8	71.1	16.9	19.3	0.2	2.9	7.4	6.7
2007	74.9	71.1	16.9	18.8	0.3	3.3	5.3	6.8
2008	71.7	70.3	16.7	18.3	0.6	3.7	5.7	7.7
2009	72.0	70.4	16.0	17.9	0.5	3.9	4.7	7.8
2010	71.9	68.0	16.6	19.0	1.0	4.4	4.8	8.6
2011	74.3	68.4	15.4	18.6	1.2	5.0	4.1	8.0
2012	70.0	66.6	15.7	18.8	1.8	5.2	6.6	9.4

注：在《江西统计年鉴 2013》原表中 2003 年、2005～2012 年中各比重加总均不为 100%，此处未做修改

资料来源：《江西统计年鉴 2013》和《中国统计年鉴 2013》

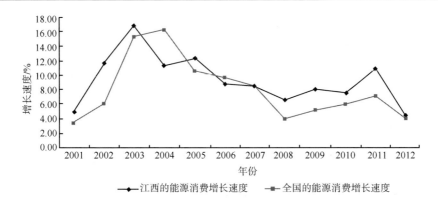

图 1-3　江西与全国能源消费增长速度比较
资料来源：根据历年《中国统计年鉴》《江西统计年鉴》相关数据整理而得

1.2.1　江西能源消费结构分析

从能源消费构成比例来看，2001～2012 年，煤炭消费在能源消费总量中的比重变化不大，仍高达 73% 左右，是主要的能源消费产品（表 1-7、图 1-4）。石油消费在能源消费总量中的比重也基本保持在 17% 左右，但大体呈现下降趋势（表 1-7、图 1-5）。同样，水电、核电、风电等消费在能源消费总量中的比重也呈下降趋势，其比例从 2001 年的 11.5% 下降至 2012 年的 6.6%（表 1-7、图 1-6），相反，天然气消费在能源消费总量中的比例从无到有，并呈上升的趋势，其比例从 2006 年的 0.2% 升至 2012 年的 1.8%（表 1-7、图 1-7）。再将江西能源消费构成与全国能源消费构成进行比较分析（表 1-7），发现江西的煤炭消费比例远远高于全国的煤炭消费比例，而石油、天然气与水电、核电、风电等的消费比例则低于全国的平均水平，特别是天然气，2012 年其消费比例仅占全部能源消费的 1.8%，而全国的天然气消费比例则达到了 5.2%。这说明江西在能源消费中偏重于对煤炭的依赖，天然气的消费比例有待进一步提高。

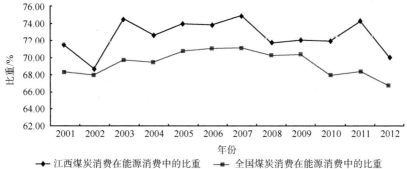

图 1-4　2001～2012 年江西与全国煤炭消费在能源消费中的比重
资料来源：根据历年《中国统计年鉴》《江西统计年鉴》相关数据整理而得

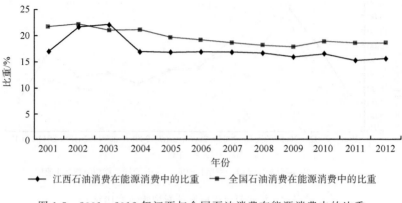

图 1-5　2001～2012 年江西与全国石油消费在能源消费中的比重

资料来源：根据历年《中国统计年鉴》《江西统计年鉴》相关数据整理而得

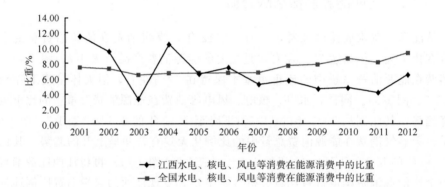

图 1-6　2001～2012 年江西与全国水电、核电、风电等消费在能源消费中的比重

资料来源：根据历年《中国统计年鉴》《江西统计年鉴》相关数据整理而得

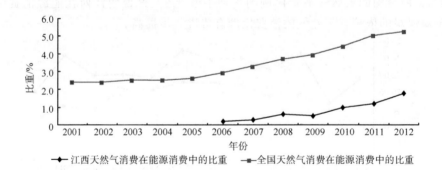

图 1-7　2001～2012 年江西与全国天然气消费在能源消费中的比重

资料来源：根据历年《中国统计年鉴》《江西统计年鉴》相关数据整理而得

从能源消费绝对量来看，江西的煤炭消费从 2001 年的 2 584.96 万吨升至 2012 年的 6 801.85 万吨，增长了 1.63 倍，年均增长 9.19%；石油消费从 2001 年的 273.32 万吨升至 2012 年的 779.83 万吨，增长了 1.85 倍，年均增长 10%；电力消费从 2001 年的 222.29 亿千瓦时升至 2012 年的 867.67 亿千瓦时，增长了 2.90 倍，年均增长 13.18%（表 1-8、图 1-8）。

表 1-8　2001～2012 年江西能源消费量统计

年份	煤炭		石油		电力	
	消费量/万吨	比上年增长/%	消费量/万吨	比上年增长/%	消费量/亿千瓦时	比上年增长/%
2001	2 584.96	4.71	273.32	1.89	222.29	6.16
2002	2 556.60	−1.10	387.22	41.67	246.56	10.92
2003	3 088.60	20.81	471.42	21.74	299.53	21.48
2004	3 943.91	27.69	472.01	0.13	389.20	29.94
2005	4 242.90	7.58	511.29	8.32	413.98	6.37
2006	4 592.26	8.23	544.73	6.54	453.28	9.49
2007	5 169.99	12.58	544.04	−0.13	516.09	13.86
2008	5 267.45	1.89	554.62	1.94	546.77	5.94
2009	5 356.11	1.68	543.49	−2.01	609.22	11.42
2010	6 246.24	16.62	713.89	31.35	700.51	14.98
2011	6 988.41	11.88	727.32	1.88	835.10	19.21
2012	6 801.85	−2.67	779.83	7.22	867.67	3.90

资料来源：根据历年《中国统计年鉴》《江西统计年鉴》相关数据整理而得

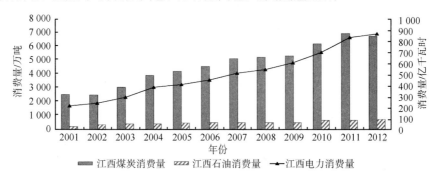

图 1-8　2001～2012 年江西能源消费趋势

资料来源：根据历年《中国统计年鉴》《江西统计年鉴》相关数据整理而得

从以上分析可以看出，电力增长最为迅猛，煤炭、石油的消费量依然不断增长，而且在一次能源的使用情况中，煤炭和石油依然占了消费总量的 90% 左右。江西能源消费的这一特点，一方面会加重江西煤炭资源开发，使江西面临煤炭资源日益枯竭的问题；另一方面则是煤炭消费比重过大，将引发严重的环境污染问题。作为中部省份的江西正处于工业化进程中，随着工业的继续发展，用煤量不断增加，废气的排放将更多。因此，在做好江西工业化进程的同时，应该优化能源消费结构，进一步保护环境，促进经济增长与生态环境保护的协调发展。

1.2.2　江西产业能源消费分析

从产业划分来看，江西第一产业能源消费量呈现先升后降的趋势（表 1-6、图 1-9、图 1-10），其消费量从 2001 年的 138.69 万吨标准煤增至 2005 年的最高峰 246.22 万吨标准煤，年均增长 15.43%，其后，第一产业能源消费量开始减少，到 2012 年，其消费量仅为 121.16 万吨标准煤，年均递减 10.02%；第二产业能源消费量由 2001 年的 1 622.96 万吨标准煤增加到 2012 年的 5 417.91 万吨标准煤，增长 2.34 倍，年均增长 11.58%（表 1-6、图 1-9、图 1-11）；第三产业能源消费量由 2001 年的 289.28 万吨标准煤，增加到 2012 年的 943.22 万吨标准煤，增长 2.26 倍，年均增长 11.34%（表 1-8、图 1-9、图 1-12）。

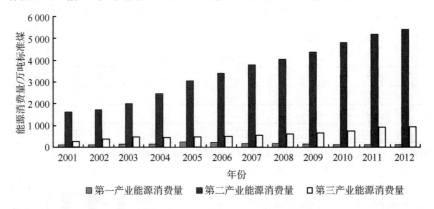

图 1-9　2001～2012 年江西产业能源消费比较

资料来源：根据历年《中国统计年鉴》《江西统计年鉴》相关数据整理而得

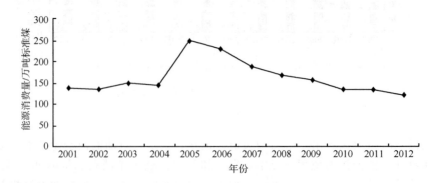

图 1-10　江西第一产业能源消费趋势

资料来源：根据历年《中国统计年鉴》《江西统计年鉴》相关数据整理而得

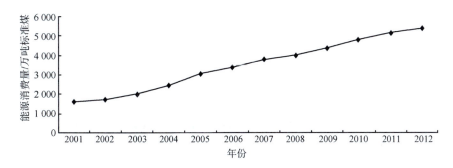

图 1-11　江西第二产业能源消费趋势

资料来源：根据历年《中国统计年鉴》《江西统计年鉴》相关数据整理而得

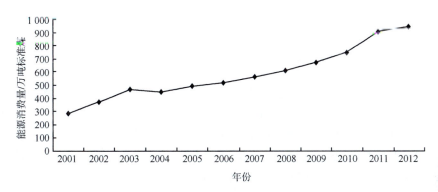

图 1-12　江西第三产业能源消费趋势

资料来源：根据历年《中国统计年鉴》《江西统计年鉴》相关数据整理而得

从产业能源消费量在能源总消费量中所占比重来看（表 1-6、图 1-13），2001～2012 年，第一产业能源消费量在能源总消费量中所占比重呈下降趋势，从 2001 年的 5.45％降至 1.68％，平均消费比重仅为 3.85％。第二产业能源消费量在能源总消费量中所占比重最大，且呈上升趋势，从 2001 年的 69.68％上升到 2012 年的 74.91％，平均消费比重为 72.55％。第三产业能源消费量在能源总消费量中所占比重也呈缓慢上升趋势，从 2001 年的 12.42％上升至 2012 年的 13.04％，平均消费比重为 12.55％。

从以上分析可见，江西产业能源消费中，第二产业能源消费最多，第三产业能源消费次之，第一产业能源消费最少。这与江西"二三一"的产业结构相符合，随着江西工业化进程的继续发展，第二、三产业能源消费将会继续增加。

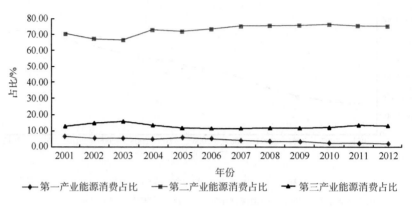

图 1-13　2001～2012 年江西产业能源消费占比比较

资料来源：根据历年《中国统计年鉴》《江西统计年鉴》相关数据整理而得

1.2.3　江西能源消费行业分析

从江西产业能源消费情况可以看出，第二产业能源消费量在能源总消费量中所占比重最大，而其中，工业是江西能源消费的主要领域（表 1-9）。2012 年工业能源消费占全省总能源消费量的 73.87%，工业能源消费量为 5 343.12 万吨标准煤，是 2001 年的 3.3 倍（图 1-14）。其中，煤炭消费量由 2001 年的 2 306.54 万吨增至 2012 年的 6 608.15 万吨，占江西煤炭消费量的 97.15%，年均增长 10.04%（图 1-15）。电力消费量从 2001 年的 157.07 亿千瓦时增至 2012 年的 595.62 亿千瓦时，占江西电力消费量的 68.65%，年均增长 12.88%（图 1-16）。

表 1-9　2001～2012 年江西工业能源消费统计

年份	综合能源			煤炭			电力		
	消费总量 /万吨 标准煤	工业消费 /万吨 标准煤	占比/%	消费总量 /万吨	工业消费 /万吨	占比/%	消费总量 /亿千瓦时	工业消费 /亿千瓦时	占比/%
2001	2 329.18	1 616.69	69.41	2 584.96	2 306.54	89.23	222.29	157.07	70.66
2002	2 599.11	1 730.00	66.56	2 556.60	2 236.65	87.49	246.56	176.35	71.52
2003	3 035.20	1 995.55	65.75	3 088.60	2 747.92	88.97	299.53	206.05	68.79
2004	3 377.00	2 442.76	72.34	3 943.91	3 704.19	93.92	389.20	284.52	73.10
2005	4 286.01	3 034.97	70.81	4 242.90	3 963.06	93.40	413.98	290.60	70.20
2006	4 660.10	3 372.44	72.37	4 592.26	4 336.04	94.42	453.28	316.34	69.79
2007	5 053.76	3 751.29	74.23	5 170.00	4 914.02	95.05	516.09	362.40	70.22

续表

年份	综合能源			煤炭			电力		
	消费总量/万吨标准煤	工业消费/万吨标准煤	占比/%	消费总量/万吨	工业消费/万吨	占比/%	消费总量/亿千瓦时	工业消费/亿千瓦时	占比/%
2008	5 375.76	4 013.91	74.67	5 267.45	5 028.29	95.46	546.77	378.33	69.19
2009	5 812.50	4 336.59	74.61	5 356.11	5 101.85	95.25	609.22	416.62	68.39
2010	6 354.87	4 757.89	74.87	6 016.24	5 759.18	95.73	700.51	496.72	70.91
2011	6 928.21	5 107.38	73.72	6 988.41	6 783.11	97.06	835.10	596.04	71.37
2012	7 232.97	5 343.12	73.87	6 801.85	6 608.15	97.15	867.67	595.62	68.65

资料来源：根据历年《中国统计年鉴》《江西统计年鉴》相关数据整理而得

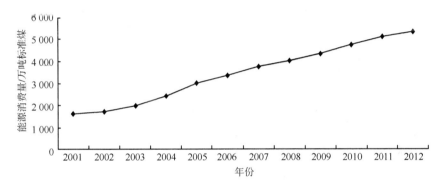

图 1-14 2001～2012 年江西工业能源消费趋势

资料来源：根据历年《中国统计年鉴》《江西统计年鉴》相关数据整理而得

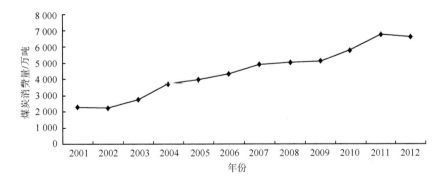

图 1-15 2001～2012 年江西工业煤炭消费趋势

资料来源：根据历年《中国统计年鉴》《江西统计年鉴》相关数据整理而得

具体来看，江西工业能源消费主要集中在黑色金属冶炼及压延加工业、非金

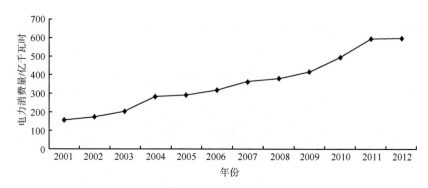

图 1-16　2001～2012 年江西工业电力消费趋势
资料来源：根据历年《中国统计年鉴》《江西统计年鉴》相关数据整理而得

属矿物制品业、电力热力的生产和供应业、有色金属冶炼及压延加工业、化学原料及化学制品制造业、煤炭开采和洗选业、石油加工炼焦及核燃料加工业七个行业，这七个行业占全省工业能源消费比例在 80%～85%，占江西能源消费总量比例在 50%～65%（表 1-10）。黑色金属冶炼及压延加工业能源消费量从 2001 年的 382.61 万吨标准煤，增加到 2012 年的 1 531.77 万吨标准煤，增长了 3 倍，年均增长 13.44%；非金属矿物制品业能源消费量由 2001 年的 282.72 万吨标准煤，增加到 2012 年的 1 398.51 万吨标准煤，增长了 3.95 倍，年均增长 15.64%；电力热力的生产和供应业能源消费量从 2001 年的 106.81 万吨标准煤，增加到 2012 年的 392.97 万吨标准煤，增长了 2.68 倍，年均增长 12.57%；有色金属冶炼及压延加工业能源消费量由 2001 年的 119.89 万吨标准煤，增加到 2012 年的 316.36 万吨标准煤，增长了 1.64 倍，年均增长 9.22%；化学原料及化学制品制造业能源消费量由 2001 年的 160.86 万吨标准煤，增加到 2012 年的 307.03 万吨标准煤，增长了 0.91 倍，年均增长 6.05%；煤炭开采和洗选业能源消费量由 2001 年的 116.33 万吨标准煤，增加到 2012 年的 154.32 万吨标准煤，增长了 0.33 倍，年均增长 2.6%。与其他行业的增长不同，石油加工炼焦及核燃料加工业能源消费量波动较大，最大消费量为 2003 年的 303.00 万吨标准煤，最低消费量为 2011 年的 147.35 万吨标准煤。从能源消费的增速来看，非金属矿物制品业、电力热力的生产和供应业、黑色金属冶炼及压延加工业是江西能源消费增长最快的行业，其次为有色金属冶炼及压延加工业、化学原料及化学制品制造业、煤炭开采和洗选业，而最后的石油加工炼焦及核燃料加工业的能源消耗量波动较大。因此，解决好这几个行业的能源需求问题，对未来江西经济保持高速发展有着重要意义。

表 1-10　2001～2012 年江西工业主要行业能源消费统计

年份	黑色金属冶炼及压延加工业能源消费量/万吨标准煤	非金属矿物制品业能源消费量/万吨标准煤	电力热力的生产和供应业能源消费量/万吨标准煤	有色金属冶炼及压延加工业能源消费量/万吨标准煤	化学原料及化学制品制造业能源消费量/万吨标准煤	煤炭开采和洗选业能源消费量/万吨标准煤	石油加工炼焦及核燃料加工业能源消费量/万吨标准煤	合计/万吨标准煤	七行业占工业能源消费比重/%	七行业占能源消费总量比重/%
2001	382.61	282.72	106.81	119.89	160.86	116.33	148.97	1 318.19	81.54	60.07
2002	483.90	228.82	186.39	72.91	110.42	139.55	220.60	1 442.59	83.39	55.50
2003	526.18	214.62	201.77	126.12	145.69	117.06	303.00	1 634.44	81.90	53.03
2004	728.90	555.00	258.80	117.10	228.77	211.95	163.71	2 264.23	83.10	60.88
2005	787.28	607.07	268.00	137.80	247.56	224.03	174.15	2 445.89	80.59	57.10
2006	979.25	648.62	261.43	165.44	248.33	297.54	172.24	2 772.85	82.22	59.61
2007	1 171.68	733.16	288.89	201.32	240.83	280.31	176.96	3 093.15	82.46	61.30
2008	1 163.30	873.37	312.75	229.80	279.60	263.65	200.40	3 322.87	82.86	61.80
2009	1 512.63	952.79	336.09	252.05	230.13	213.41	168.93	3 666.03	84.54	63.11
2010	1 355.85	964.53	411.64	283.05	298.94	215.02	221.47	3 750.50	81.48	59.07
2011	1 535.37	1 254.68	453.66	320.44	300.79	182.72	147.35	4 195.01	82.14	60.55
2012	1 531.77	1 398.51	392.97	316.36	307.03	154.32	193.75	4 294.71	80.38	59.38

资料来源：根据历年《中国统计年鉴》《江西统计年鉴》相关数据整理而得

1.3　江西能源供需平衡分析

通过对江西能源供给与消费的现状分析，我们发现江西的能源资源十分短缺，本地能源产量有限，能源消费总量一直大于能源生产总量，缺口呈增大趋势。加之江西经济快速增长，对能源消费的需求迅猛增加，能源自给率下降，从外省调入能源的数量和比重迅速增加，这给江西能源安全供应带来巨大压力（表 1-11）。

表 1-11   2001～2012 年江西能源生产与消费统计

年份	能源生产总量/万吨标准煤	能源消费总量/万吨标准煤	能源自给率/%	煤炭生产总量/万吨	煤炭消费总量/万吨	煤炭自给率/%	电力生产总量/亿千瓦时	电力消费总量/亿千瓦时	电力自给率/%
2001	1 242.70	2 329.18	53.35	1 517.45	2 584.96	58.70	216.16	222.29	97.24
2002	1 252.20	2 599.11	48.18	1 375.04	2 556.60	53.78	247.99	246.56	100.58
2003	1 505.40	3 035.20	49.60	1 788.77	3 088.60	57.92	320.94	299.53	107.15
2004	1 902.50	3 377.00	56.34	2 371.76	3 943.91	60.14	388.17	389.20	99.74
2005	2 010.50	4 286.01	46.91	2 565.10	4 242.90	60.46	373.49	413.98	90.22
2006	2 241.00	4 660.10	48.09	2 783.42	4 592.26	60.61	442.86	453.28	97.70
2007	2 253.30	5 053.76	44.59	2 997.24	5 169.99	57.97	499.25	516.09	96.74
2008	2 395.00	5 375.75	44.55	3 152.36	5 267.45	59.85	493.21	546.77	90.20
2009	2 528.80	5 812.54	43.51	3 414.00	5 356.11	63.74	524.43	609.22	86.08
2010	2 299.10	6 354.87	36.18	2 912.22	6 246.24	46.62	637.59	700.51	91.02
2011	2 581.40	6 928.21	37.26	3 236.84	6 988.41	46.32	742.22	835.10	88.88
2012	2 595.90	7 232.97	35.89	2 950.00	6 801.85	43.37	759.58	867.67	87.54

资料来源：根据历年《中国统计年鉴》《江西统计年鉴》相关数据整理而得

具体来看，2001～2012 年，江西能源生产总量与消费总量的缺口呈增大趋势，从 2001 年的 1 086.48 万吨标准煤增至 2012 年的 4 637.07 万吨标准煤，增长了 3.27 倍，年均增长 14.10%，能源消费自给率平均保持在 45% 左右，且呈下降趋势（表 1-11、图 1-17）。煤炭生产与消费的缺口从 2001 年的 1 067.51 万吨增至 2012 年的 3 851.85 万吨，增长了 2.61 倍，年均增长 12.37%，煤炭消费自给率平均保持在 56% 左右，也呈下降趋势（表 1-11、图 1-18）。而电力生产与消费的缺口不大，基本能够维持平衡，但是近几年也呈现缺口增大的趋势（表 1-11、图 1-19）。

从能源生产与消费的增长率来看，能源生产与消费的增长率波动较大，但总体上能源生产增长率赶不上能源消费增长率（表 1-12、图 1-20、图 1-21），2001～2012 年，能源生产增长率为 108.89%，而能源消费增长率为 210.54%；电力生产增长率为 251.40%，而电力消费增长率为 290.33%。

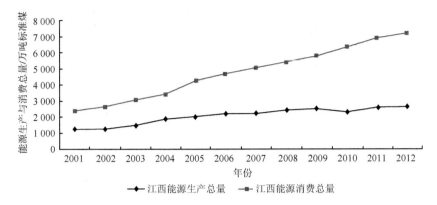

图 1-17　2001～2012 年江西能源生产与消费趋势比较

资料来源：根据历年《中国统计年鉴》《江西统计年鉴》相关数据整理而得

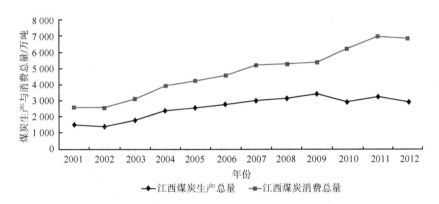

图 1-18　2001～2012 年江西煤炭生产与消费趋势比较

资料来源：根据历年《中国统计年鉴》《江西统计年鉴》相关数据整理而得

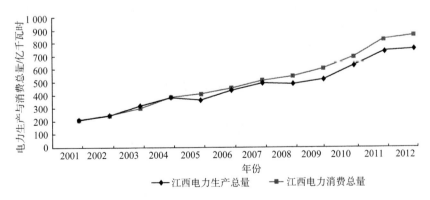

图 1-19　2001～2012 年江西电力生产与消费趋势比较

资料来源：根据历年《中国统计年鉴》《江西统计年鉴》相关数据整理而得

表 1-12　2001～2012 年江西能源生产增长率与消费增长率统计（单位：%）

年份	能源生产 比上年增长	能源消费 比上年增长	电力生产 比上年增长	电力消费 比上年增长
2001	−3.91	4.91	6.85	6.23
2002	0.76	11.61	14.73	11.32
2003	20.22	16.81	22.64	15.54
2004	26.37	11.33	13.85	21.80
2005	5.68	12.38	1.89	6.37
2006	11.47	8.73	16.68	13.83
2007	0.55	8.42	13.42	14.54
2008	6.29	6.54	−0.21	6.98
2009	5.59	7.98	6.33	11.42
2010	−9.08	7.50	21.58	14.98
2011	12.28	10.88	16.41	19.21
2012	0.56	4.40	2.34	3.90

资料来源：根据历年《中国统计年鉴》《江西统计年鉴》相关数据整理而得

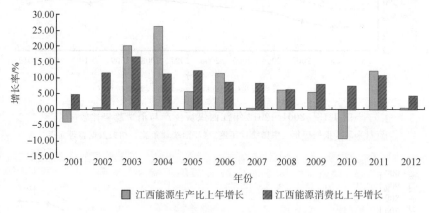

图 1-20　2001～2012 年江西能源生产增长率与消费增长率比较
资料来源：根据历年《中国统计年鉴》《江西统计年鉴》相关数据整理而得

　　目前，随着江西经济的进一步发展，特别是江西工业经济的强劲增长，能源需求的总量将持续增长，并呈现高速增长趋势，这将直接导致能源的供需矛盾趋于严峻，江西能源的缺口将不断加大，江西经济的增长将越来越依赖外来能源。照此态势发展下去，江西经济必然会受到能源供给的影响。因此，江西应优化能源结构，通过节能、增效、开发新能源等方式来保证能源供给，以实现江西的绿色崛起。

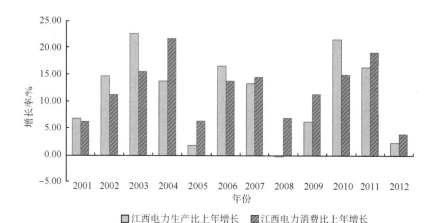

图 1-21   2001～2012 年江西电力生产增长率与消费增长率比较

资料来源：根据历年《中国统计年鉴》《江西统计年鉴》相关数据整理而得

1.4   江西能源利用效率分析

总体而言，2001～2012 年江西能源利用效率得到了稳步提高，但与先进水平相比，仍存在较大差距。

能源消费强度即能源密度或单位产值能耗，是指生产单位产品（产值）所消耗的能量。它用于反映能源利用的经济效益和变化趋向，一般用万元生产总值能耗、产品单位能耗来衡量。

从江西能源消费强度的角度来看，2001～2012 年，江西的单位生产总值能耗有了大幅度的下降（表 1-13、图 1-22）。2001 年江西单位生产总值能耗量为1.21 吨标准煤/万元，到 2012 年时，已经下降到 0.56 吨标准煤/万元，下降了53.76%，可见江西的能源利用效率有了大幅度提高，且高于全国水平。2001～2012 年，江西的能源消费强度始终低于全国的能源消费强度，这说明江西的能源利用效率要高于全国的平均能源利用效率（图 1-22）。

表 1-13   2001～2012 年江西与全国能源消费强度情况

年份	生产总值/亿元		能源消费量/万吨标准煤		能源消费强度/（吨标准煤/万元）	
	江西	全国	江西	全国	江西	全国
2001	2 175.68	109 655.17	2 628.00	150 406.00	1.21	1.37
2002	2 450.48	120 332.69	2 933.00	159 431.00	1.20	1.32
2003	2 807.41	135 822.76	3 426.00	183 792.00	1.22	1.35
2004	3 456.70	159 878.34	3 814.00	213 456.00	1.10	1.34

续表

年份	生产总值/亿元		能源消费量/万吨标准煤		能源消费强度/（吨标准煤/万元）	
	江西	全国	江西	全国	江西	全国
2005	4 056.76	184 937.37	4 286.01	235 997.00	1.06	1.28
2006	4 820.53	216 314.43	4 660.10	258 676.00	0.97	1.20
2007	5 800.25	265 810.31	5 052.50	280 508.00	0.87	1.06
2008	6 971.05	314 045.43	5 382.96	291 448.00	0.77	0.93
2009	7 655.18	340 902.81	5 812.50	306 647.00	0.76	0.90
2010	9 451.26	401 512.80	6 248.45	324 939.00	0.66	0.81
2011	11 702.82	473 104.05	6 928.17	348 002.00	0.59	0.74
2012	12 948.88	518 942.11	7 232.92	361 732.00	0.56	0.70

注：生产总值数据均以当年价格计算

资料来源：根据历年《中国统计年鉴》《江西统计年鉴》相关数据整理而得

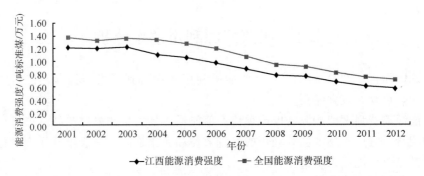

图 1-22　2001～2012 年江西能源消费强度与全国能源消费强度趋势比较

资料来源：根据历年《中国统计年鉴》《江西统计年鉴》相关数据整理而得

2011 年，江西的地区单位生产总值能耗在全国各地区单位生产总值能耗中仅为 0.65 吨标准煤/万元，仅高于北京、广东、浙江、江苏、上海、福建，在全国排名第七（表 1-14）。从规模以上工业企业单位工业增加值能耗指标来看（表 1-15），江西的能源消费强度排在全国中等水平以上。

表 1-14　2005～2011 年我国各地区能源消费强度统计（单位：吨标准煤/万元）

地区	2005 年	2006 年	2007 年	2008 年	2009 年	2010 年	2011 年
北京	0.80	0.76	0.71	0.66	0.61	0.58	0.46
天津	1.11	1.07	1.02	0.95	0.84	0.83	0.71
河北	1.96	1.90	1.84	1.73	1.64	1.58	1.30

续表

地区	2005 年	2006 年	2007 年	2008 年	2009 年	2010 年	2011 年
山西	2.95	2.89	2.76	2.55	2.36	2.24	1.76
内蒙古	2.48	2.41	2.31	2.16	2.01	1.92	1.41
辽宁	1.83	1.78	1.70	1.62	1.44	1.38	1.10
吉林	1.65	1.59	1.52	1.44	1.21	1.15	0.92
黑龙江	1.46	1.41	1.35	1.29	1.21	1.16	1.04
上海	0.88	0.87	0.83	0.80	0.73	0.71	0.62
江苏	0.92	0.89	0.85	0.80	0.76	0.73	0.60
浙江	0.90	0.86	0.83	0.78	0.74	0.72	0.59
安徽	1.21	1.17	1.13	1.08	1.02	0.97	0.75
福建	0.94	0.91	0.88	0.84	0.81	0.78	0.64
江西	1.06	1.02	0.98	0.93	0.88	0.85	0.65
山东	1.28	1.23	1.18	1.10	1.07	1.03	0.86
河南	1.38	1.34	1.29	1.22	1.16	1.12	0.90
湖北	1.51	1.46	1.40	1.31	1.23	1.18	0.91
湖南	1.40	1.35	1.31	1.23	1.20	1.17	0.89
广东	0.79	0.77	0.75	0.72	0.68	0.66	0.56
广西	1.22	1.19	1.15	1.11	1.06	1.04	0.80
海南	0.92	0.91	0.90	0.88	0.85	0.81	0.69
重庆	1.42	1.37	1.33	1.27	1.18	1.13	0.95
四川	1.53	1.50	1.43	1.38	1.34	1.28	1.00
贵州	3.25	3.19	3.06	2.88	2.35	2.25	1.71
云南	1.73	1.71	1.64	1.56	1.50	1.44	1.16
陕西	1.48	1.43	1.36	1.28	1.17	1.28	0.85
甘肃	2.26	2.20	2.11	2.01	1.86	1.13	1.40
青海	3.07	3.12	3.06	2.94	2.69	1.80	2.08
宁夏	4.14	4.10	3.95	3.69	3.45	2.55	2.28
新疆	2.11	2.09	2.03	1.96	1.93	3.31	1.63

注：不包括西藏及港澳台地区

资料来源：根据历年《中国统计年鉴》《江西统计年鉴》相关数据整理而得

表 1-15　2005～2010 年我国各地区规模以上工业企业能源消费强度统计（单位：吨标准煤/万元）

地区	2005 年	2006 年	2007 年	2008 年	2009 年	2010 年
北京	1.50	1.33	1.19	1.04	0.91	0.91
天津	1.45	1.33	1.22	1.05	0.91	0.91
河北	4.41	4.19	3.87	3.32	3.00	3.00
山西	6.57	5.89	5.42	4.89	4.55	4.55
内蒙古	5.67	5.37	4.88	4.19	3.56	3.56
辽宁	3.11	2.92	2.65	2.43	2.26	2.26
吉林	3.25	2.80	2.37	1.98	1.62	1.62
黑龙江	2.34	2.23	2.09	1.90	1.38	1.38
上海	1.18	1.20	1.01	0.96	0.96	0.96
江苏	1.67	1.57	1.41	1.27	1.11	1.11
浙江	1.49	1.43	1.30	1.18	1.12	1.12
安徽	3.13	2.86	2.63	2.34	2.10	2.10
福建	1.45	1.37	1.32	1.18	1.15	1.15
江西	3.11	2.72	2.30	1.94	1.67	1.67
山东	2.15	2.02	1.89	1.70	1.54	1.54
河南	4.02	3.78	3.45	3.08	2.71	2.71
湖北	3.50	3.33	3.02	2.68	2.35	2.35
湖南	2.88	2.74	2.51	1.98	1.57	1.57
广东	1.08	1.04	0.98	0.87	0.81	0.81
广西	3.19	2.88	2.61	2.34	2.24	2.24
海南	3.65	3.15	2.71	2.61	2.61	2.61
重庆	2.75	2.63	2.41	2.11	1.85	1.85
四川	3.52	2.82	2.62	2.48	2.25	2.25
贵州	5.38	5.21	4.89	4.32	4.32	4.32
云南	3.55	3.40	3.16	2.85	2.74	2.74
陕西	2.62	2.46	2.27	2.01	1.37	1.37
甘肃	4.99	4.59	4.29	4.05	3.53	3.53
青海	3.44	3.64	3.47	3.24	2.94	2.94
宁夏	9.03	8.68	8.12	7.13	6.51	6.51
新疆	3.00	2.91	2.78	3.00	3.10	3.10

注：不包括西藏及港澳台地区

资料来源：根据历年《中国统计年鉴》《江西统计年鉴》相关数据整理而得

　　不过应该指出的是，尽管江西的能源消费强度并不高，但这并不完全意味着江西的工业能源利用效率就较高。

首先，江西单位生产总值能耗低于全国单位生产总值能耗主要源于江西仍然是一个农业大省，由于在三大产业结构中仍未摆脱农业比重较大的框架，这使得江西的单位生产总值能耗低于全国水平，这并不能体现江西的经济水平已经发展到高效利用能源的时期。因此，未来江西单位生产总值能耗进一步下降的难度加大，其原因就是在江西工业化、城镇化建设进程中，工业比重相对农业而言将逐步加大，这将增大工业企业单位生产总值能耗的下降难度。

其次，相对于地区生产总值能耗指标而言，江西的规模以上工业企业单位工业增加值能耗一直较高，其原因是江西重工业比重居高不下，能源消费的 70%左右来自工业企业（表 1-9），而江西工业结构又是以重工业为主的耗能型工业企业，重工业能源消费占到全部工业能源消费量的 80%左右（表 1-10）。2010 年，江西规模以上工业企业单位工业增加值能耗为 1.67 吨标准煤/万元，远远高出广东的 0.81 吨标准煤/万元。更进一步地，在能源利用率上，中国更是落后于世界先进地区。2010 年，中国能源消费量跃居世界首位，能源消耗强度仍偏高，是美国的 3 倍、日本的 5 倍（张艳，2011）。籍艳丽（2011）搜集了金砖五国和八个发达国家[①] 1980～2009 年的年度面板数据，对其能源消费强度进行了研究。研究结果显示，2009 年中国的能源消费强度为 25 727 英热[②]/美元，是 13 个国家平均能源消费强度（5 397 英热/美元）的 4.77 倍，仅低于俄罗斯(28 349 英热/美元)，是第二大能源消费强度国家。

正是因为如此，江西更应重视和加强节能工作，加快工业技术水平的提高，通过结构节能、管理节能和技术节能等手段，大力节约和合理利用能源，不断提高能源效率。

1.5　小　　结

通过以上对江西能源供需状况和能源效率的分析，我们发现，2001～2012年，江西经济发展迅速，随之而来的是能源消耗量不断增加，能源短缺日益突出，与能源相关的环境问题亦日趋严重，能源问题成为制约江西经济可持续增长的重要因素。

（1）江西能源资源缺乏，供需矛盾突出，常规一次能源只有煤炭和水电，能源后备储量十分紧缺。

（2）江西能源供给与需求结构不合理。煤炭是主要的供给和消费来源，这一

---

① 共 13 个国家，具体为巴西、德国、俄罗斯、法国、荷兰、加拿大、美国、南非、日本、意大利、印度、英国和中国。

② 1 英热≈1 055.06 焦耳。

方面加大了煤炭资源开发的压力，另一方面又容易造成对环境的污染。

（3）江西能源消费自给率不足 40%，对外依存度呈上升趋势。江西工业化进程的加快使能源消费量增长迅速，能源自给不能满足能源需求，需要从外省调入大量的能源。这导致江西的能源消费高度依赖外部市场，能源安全风险不断增加，江西经济发展必然会受到能源供给的影响。

（4）江西能源产业在能源生产和使用方面技术水平不高，利用效率偏低。在能源生产中，生产工艺技术落后制约了能源使用效率；在能源产品中，多为低附加值的初级产品，产品单一，产业关联度低，无法形成能源产业的区域经济优势，从而阻碍了能源产业的升级发展。此外，可再生能源、清洁能源、替代能源等技术的开发也相对滞后。

正是如此，江西应根据自身能源条件特点，制定合理的能源发展战略，正确处理好能源、经济、环境三者的关系，探索出一条科学发展、绿色崛起的路子，建设富裕和谐秀美的江西。

第2章　江西省工业领域节能的形势和任务

"十一五"期间，按照党中央、国务院的决策部署，江西省省委、省政府高度重视并大力推进节能降耗工作，节能减排成为经济结构调整、经济发展方式转变及科学发展的重点与突破口，并取得了良好效果。"十一五"期间，江西省单位地区生产总值能耗降低了20.04%，较好地实现了"十一五"确定的约束性目标，为"十二五"目标的实现奠定了基础。但同时也必须注意到，"十二五"时期，江西省加快了工业化与城镇化进程建设，消费结构也在持续升级，这带动了江西省能源需求的刚性增长。另外，江西省能源资源供给的制约与全球能源安全和气候变化的影响使得资源消费约束日趋强化，"十二五"时期，江西省节能降耗形势仍十分严峻，任务十分艰巨。

2.1　江西省工业领域节能降耗取得的成就

"十一五"时期，江西省工业经济总体保持了良好的运行态势，工业生产快速增长，工业主导地位继续增强，经济效益显著提高。工业以重大项目为突破口，夯实基础产业，延伸产业链，构建原材料工业、加工制造业、高技术产业相互支撑、协调发展的工业体系，加快汽车航空及精密制造产业、特色冶金和金属制品产业、电子信息和现代家电产业、中成药和生物医药产业、食品工业、精细化工及新型建材六大支柱产业发展。"十一五"期间，江西省工业生产增长较快。2010年，江西省规模以上工业企业有7 976家，比2009年增加647家，增长8.8%。全年全部工业增加值4 359.2亿元，比2009年增长20.0%。其中，规模以上工业增加值由2006年的1 288亿元增加到2010年的3 101.9亿元，占GDP比重由26.7%提高到32.8%。在规模以上工业企业中，国有企业增长11.1%，集体企业增长7.6%，股份制企业增长16.6%，外商及港澳台商投资企业增长34.9%，私营企业增长23.0%；轻工业增长27.4%，重工业增长18.8%。2010年，江西省37个工业行业的规模以上工业企业增加值都比上年有所增长，其中21个行业增幅在20%以上。增长率居前5位的行业分别为电气机械及器材制造业47.08%、家具制造业46.30%、废弃资源和废旧材料回收加工业40.78%、文教体育用品制造业39.86%、工艺品及其他制造业35.93%。通信设备、计算机及其他电子设备制造业，电气机械及器材制造业，非金属矿物制品业，化学原料及化学制品制造业等行业对江西省工业的快速增长起到了强有力的支撑。

在江西省工业经济良好发展的态势下，"十一五"期间，江西省工业领域的节能降耗也取得了很大进步。江西省政府成立节能减排工作领导小组，建立节能减排统计、监测、考核体系，通过强化目标责任、调整产业结构、实施重点工程、推动技术进步、强化政策激励、加强监督管理、开展全民行动等措施，节能降耗取得显著成效。

1. 保障了"十一五"节能减排目标顺利完成

通过努力，江西省万元 GDP 能耗从 2005 年的 1.057 吨标准煤下降至 2010 年的 0.845 吨标准煤，如期完成下降 20% 的节能目标，节约 1 200 多万吨标准煤。2010 年，江西省规模以上工业万元增加值能耗降至 1.33 吨标准煤，比 2005 年下降 38.2%。"十一五"期间，江西省百家重点用能企业全面完成节能目标任务，万元产值能耗由 2005 年的 2.19 吨标准煤/万元下降至 2010 年的 1.41 吨标准煤/万元，累计下降 35.6%，累计节能量为 767.8 万吨标准煤。其中，16 家国家千家节能行动企业万元产值能耗由 2005 年的 2.41 吨标准煤下降至 1.66 吨标准煤，累计下降 31.1%，累计节能量为 467.5 万吨标准煤，超额完成国家下达的"十一五"节能 250.82 万吨标准煤的目标任务。其中，江西铜业集团公司（以下简称江铜）等 78 家企业累计提前一年完成"十一五"节能目标，占考核企业总数的 76.5%。

2. 为保持经济平稳较快发展提供了有力支撑

"十一五"期间，由于江西省万元 GDP 能耗下降 20%，江西省以能源消费总量年均 8.2% 的增幅，支撑江西省生产总值年均增长 13.2%、工业化率累计提高 9.5 百分点、城镇化率累计提高 7.0 百分点（新增城镇人口 370 万人）、人均生产总值突破 3 000 美元，能源消费弹性系数由"十五"时期的 0.97 下降到"十一五"时期的 0.62，能源消费总量年均增幅比"十五"时期下降 3.1 百分点，扭转了工业化与城镇化加快发展阶段能源消耗总量和消耗强度大幅上升的势头。

3. 促进了产业结构优化升级

"十一五"期间，通过加强节能减排考核，实行问责制，全省水泥、钢铁、火电等高耗能行业主要装备的大型化、现代化水平显著提高。江西省水泥旋窑生产线比重达到 85%（比全国高 15 百分点），比 2005 年提高 26 百分点；炼铁主力高炉由 400 立方米上升到 1 200 立方米及以上；火电主力机组由 30 万千瓦转变为 60 万千瓦；建筑陶瓷行业的倒焰窑、抽屉窑基本上改造成大型梭式窑、辊道窑。

4. 能效水平大幅度提高

"十一五"期间，江西省统调火电机组供电煤耗由 450 克标准煤/千瓦时降到

330 克标准煤/千瓦时，下降 26.7%；主要钢铁企业基本安装了高炉压差发电、干熄焦发电等余热余压利用装置，年自发电量达到 16 亿千瓦时，占企业用电量的近五分之一，吨钢综合能耗下降 26.8%；新型旋窑水泥熟料生产线基本配套了低温余热发电装置，解决企业三分之一用电，水泥产品综合能耗下降 42.8%。三基色荧光灯、二级以上能效空调等节能产品市场占有率大幅提升。

5. 综合利用水平提高

江西省认定的资源综合利用企业 732 家（次），减免税收逾 50 亿元。2010 年，江西省工业固体废物综合利用量 4 380 万吨，比"十五"末增长 1.3 倍；"三废"综合利用产品产值 59.3 亿元，比"十五"末增长 2.3 倍；工业固废综合利用率达 46.5%，比"十五"末提高 19.4 百分点；工业用水重复利用率达到 76.8%，比"十五"末提高 15.6 百分点。

6. 节能行业生产发展迅猛

（1）清洁生产全面推进。江西省共有 200 多家企业开展了清洁生产审核，96 家企业通过了省级清洁生产审核评估。这 96 家企业实施 617 个清洁生产中高费方案，年节能 32 万吨标准煤，节水 5 482 万吨，年均创造经济效益 10.6 亿元。目前省内拥有国家级清洁生产审核师 160 余人，累计培训各级政府企业管理和技术人员 6 000 余人。

（2）墙材革新持续进步。江西省新增符合国家产业政策的新型墙体材料生产线 500 余条，新型墙体材料年生产能力达到 200 余亿标块，比"十五"末增长近两倍。江西省生产新型墙体材料 693 亿标块，保护土地 11.4 万亩，节约能源 430 万吨标准煤；建成新型墙体材料建筑 1.2 亿平方米，比"十五"时期增长 3.8 倍。综合利用工业固体废弃物 3 800 万吨，比"十五"时期增长两倍。实心黏土砖年生产量由"十五"末的 106 亿块下降到 52 亿块，减少 51%。

（3）散装水泥取得突破。2010 年，江西省散装水泥供应量达到 2 563 万吨，散装率为 41.2%，创历史最高水平，比"十五"末增加 14.5 百分点。"十一五"全省总计发放散装水泥 8 543 万吨，综合节能折标煤 196 万吨，产生综合经济效益 38 亿元，预拌混凝土和预拌砂浆生产中废弃物综合利用量 544 万吨。

2.2　江西省工业领域节能目标

2.2.1　江西省"十二五"节能主要目标

根据规划目标，到 2015 年，江西省万元 GDP 能耗降至 0.710 吨标准煤（按 2005 年价格计算），比 2010 年的 0.845 吨标准煤下降 16%（比 2005 年的 1.057

吨标准煤下降 33%)。"十二五"期间，实现节约能源 1 200 万吨标准煤。

（1）结构节能取得积极进展。到 2015 年，第三产业增加值占生产总值的比重力争达到 37%，其中现代服务业增加值占服务业比重达到 60% 以上。工业内部六大高耗能行业占规模以上工业增加值比重比 2010 年下降 3 百分点。

（2）主要产品单位能耗达到国内先进水平。到 2015 年，电力、钢铁、水泥、铜、烧碱等行业能耗水平达到国内先进水平（表 2-1）。

表 2-1　"十二五"时期主要领域和行业节能指标

行业		指标	目标
能源、工业	综合	单位工业增加值能耗下降率	下降 26%
	电力	火电供电单位标准煤耗	低于 315 克/千瓦时
		火电厂用电率	低于 6.2%
		电网综合线损率	低于 7.25%
	钢铁	吨钢综合能耗	低于 580 千克标准煤/吨
	水泥	单位产品综合能耗	低于 90 千克标准煤/吨
	铜	铜冶炼综合能耗	低于 300 千克标准煤/吨
	烧碱	单位产品交流电耗	低于 2 480 千瓦时/吨
交通运输	公路	营运车辆单位运输周转量能耗	比 2005 年下降 10%
		内河营运船舶单位运输周转量能耗	比 2005 年下降 15%
	民航	民航业单位运输周转量能耗	下降 5%
	铁路	铁路单位运输工作量综合能耗	下降 5%
公共机构		单位建筑面积能耗	下降 12%
		人均能耗	下降 15%
		2015 年能源消费总量	不超过 100 万吨标准煤

资料来源：《江西省节能减排"十二五"专项规划》

（3）重点领域增加值能耗大幅降低。到 2015 年，单位工业增加值能耗在 2010 年基础上下降 26% 左右。与 2005 年相比，全省营运车辆单位运输周转量能耗下降 10%，内河营运船舶单位运输周转量能耗下降 15%，内河港口生产单位吞吐量综合能耗下降 8% 左右。全省公共机构人均能耗下降 15%，单位建筑面积能耗下降 12%，年能源消耗总量不超过 100 万吨标准煤（表 2-1）。

（4）高效节能设备、产品普及率大幅提升。到 2015 年，一级能效的家用电器、办公设备的市场占有率达到 60%；风机、水泵、变压器等设备能效准入达到国内先进水平（表 2-2）。

表 2-2   "十二五"时期终端用能设备能效指标

指标	单位	2010 年	2015 年
燃煤工业锅炉（运行）	％	65	70～75
三相异步电动机（设计）	％	90	92～94
容积式空气压缩机的输入比功率	千瓦/（立方米·分⁻¹）	10.7	8.5～9.3
电力变压器损耗	千瓦	空载：43 负载：170	空载：30～33 负载：151～153
房间空调器（能效比）	—	3.3	3.5～4.5
电冰箱（能效指数）	％	49	40～46
家用燃气热水器（热效率）	％	87～90	93～97
汽车（乘用车）平均油耗	升/百公里	8	6.9

资料来源：《江西省节能减排"十二五"专项规划》

2.2.2   江西省工业领域"十二五"节能目标

工业领域是节能的主战场，在"十二五"期间，江西省着力优化重化工业发展，推动重化工业产业结构升级、延伸产业链、提高附加值，着力推广运用节能降耗的新工艺、新装备。

1. 钢铁行业

优化高炉炼铁炉料结构，降低铁钢比。推广连铸坯热送热装和直接轧制技术。推动干熄焦、高炉煤气、转炉煤气和焦炉煤气等二次能源高效回收利用，鼓励烧结机余热发电，到 2015 年重点大中型企业余热余压利用率达到 50％以上。延伸发展钢铁产业链，打造钢材深加工基地，通过钢铁制品加工向下游延伸服务，为汽车、船舶、装备制造等用户提供增值服务。加快钢铁能源管理中心的网络化、信息化建设。到 2015 年，重点钢铁企业能耗、水耗达到国内先进水平。吨钢综合能耗低于 580 千克标准煤，吨钢耗用新水量低于 5 吨，主要生产工序能耗全部达到国家的限定值。

2. 有色金属

在铜、钨、稀土的采选冶和加工环节，快速推广一批节能新工艺、新技术，着力延伸产业链，提高有色金属高端加工能力和产品附加值。重点开发短流程连续炼铜清洁冶金技术，提高现有闪速炉床能效 20％。加快短流程连续炼铅节能冶金技术、液态铅渣直接还原炼铅工艺与装备产业化技术开发和推广应用。鼓励研发并推广余热回收利用技术设备。加快城市矿产基地建设，培育龙头企业，促进产业集聚，提升有色金属再生资源回收加工利用水平。到 2015 年，全省有色行业综合能耗总体下降 10%，万元产值能耗下降 15%。其中，铜冶炼综合能耗下降 16%，低于 0.3 吨标准煤/吨；铅冶炼综合能耗下降 31%，低于 0.35 吨标准煤/吨；铝加工综合能耗下降 20%，达到 0.3 吨标准煤/吨；钨冶炼综合能耗下降 20%，从钨精矿至仲钨酸铵综合能耗低于 0.7 吨标准煤/吨；稀土金属冶炼综合能耗下降 20%，低于 1.1 吨标准煤/吨。

3. 水泥行业

重点支持发展日产超万吨熟料生产线，"十二五"期间淘汰所有机立窑生产线。鼓励现有企业采用先进适用技术装备，大力推广低温余热发电技术和装备，高压变频调速系统，立磨、辊压机、高效选粉机等先进节能环保粉磨工艺技术和装备，节能降耗的窑炉、预热器、分解炉、篦冷机等煅烧工艺技术和装备，先进的破碎、冷却、输送、计量及烘干技术和装备，先进、高效及可靠的环保技术和装备，先进的计算机生产监视控制和管理控制系统。到 2015 年新型干法水泥产量比重提高到 95% 以上，纯低温余热发电比例提高到 90% 以上，水泥产品综合能耗下降 6%，低于 90 千克标准煤/吨；推进利用水泥窑协同处置城市垃圾和污泥等工作。

4. 建筑陶瓷行业

重点支持 150 万平方米/年及以上、厚度小于 6 毫米的陶瓷板生产线和工艺装备技术开发与应用以及高效节能窑炉技术改造，鼓励采用干压式陶瓷超薄板类产品及技术，发展挤压类陶瓷产品及技术。推广干法制粉技术与装备，原料标准化体系与技术，窑炉新型燃烧设备与自动化、智能化技术，富氧燃烧技术，新型干燥与烧成技术与装备，窑炉、喷塔余热利用技术，窑炉余热发电技术，高效收尘技术，连续球磨技术。到 2015 年，建筑陶瓷产品综合能耗下降 3%，低于 330 千克标准煤/吨。

5. 石油和化工

积极探索多元化发展途径，重点发展高端石化产品，加快化肥原料调整，持续大幅降低行业增加值能耗。加快发展精细化工，积极发展化工新材料，提高产品质量，提升产品附加值。到 2015 年，石化行业规模以上万元工业增加值能耗下降 15%。其中，原油加工吨产品消耗标油下降 23%，低于 58.2 千克标准煤；吨合成氨综合能耗（规模加权平均）下降 15%，低于 1 223 千克标准煤；吨烧碱综合能耗（规模加权平均）下降 21%，低于 477.9 千克标准煤；吨有机硅单体能耗下降 17%，低于 960 千克标准煤。

6. 太阳能光伏行业

加强多晶硅副产品综合利用。提高多晶硅企业四氯化硅自回收效率，提高三氯氢硅单次转化率，有效利用还原炉余热，提高尾气中氯化氢、氢气的回收利用率。积极探索多晶硅-电厂-化工联营模式，在主要多晶硅生产基地附近，鼓励并支持引进相关配套项目，促进副产品的充分回收利用。

淘汰多晶硅落后产能。全面落实《多晶硅行业准入条件》，认真组织开展多晶硅企业准入申报工作，督促不符合准入条件的多晶硅企业进行技术改造。对于在 2011 年年底前仍未能达标的多晶硅企业，予以停产。鼓励现有多晶硅企业扩大生产规模，鼓励企业通过自主创新改造现有设备和技术，降低能耗水平，淘汰还原电耗高于 60 千瓦时/千克、综合电耗高于 200 千瓦时/千克的太阳能级多晶硅生产线，淘汰还原电耗高于 100 千瓦时/千克的半导体级直拉用多晶硅生产线以及还原电耗高于 120 千瓦时/千克的半导体级区熔用多晶硅生产线。

优化硅片切割工艺和技术。加强拉棒铸锭企业与上下游企业的区域分工协作，加强对熔铸、剖锭及切割工艺等关键技术再创新，提高熔锭容量，降低硅片厚度，减少硅料损耗，提高切片成品率，降低硅片生产成本。引进专业浆料回收企业，提高切割浆料的回收利用率。引进并研究线带硅片等厚度低、耗材少、生产效率高的新技术。

探索冶金法等其他多晶硅生产工艺。鼓励企业自主研发、改进并应用冶金法、硅烷法、流化床法等节能、安全、环保的多晶硅生产工艺。

提高光电转换效率。大力发展具有高稳定性的光伏材料，重点发展光电转换率国际领先的单/多晶硅电池及组件，引进各类工艺成熟、技术先进的薄膜太阳能电池生产技术。支持自主创新，不断改进电池生产和组件封装的关键工艺，加强质量控制，加强国际认证体系建设，稳步提高各类太阳能电池的光电转换效率。

多晶硅生产中，太阳能级多晶硅还原电耗小于 60 千瓦时/千克，综合电耗小于 200 千瓦时/千克；半导体级直拉用多晶硅还原电耗小于 100 千瓦时/千克，半导体级区熔用多晶硅还原电耗小于 120 千瓦时/千克；水循环利用率≥95%；还原尾气中四氯化硅、氯化氢、氢气回收利用率不低于 98.5%、99%、99%，实现闭环生产。到 2015 年，晶体硅电池光电转换效率达到 20% 以上，光伏发电成本控制在 1.0 元/千瓦时以内。

7. 电力行业

提高火电行业能效水平，进一步推进"上大压小"和"燃煤电厂综合升级改造"，采用高参数、大容量的先进机组替代小机组，加强常规燃煤发电机组节能管理。加强节能发电调度。在安排发电量指标时进一步向大容量、高参数、节能机组倾斜，鼓励开展发电权交易。合理安排旋转备用容量。到 2015 年，火电供电标准煤耗下降 4.5％，达到 315 克标准煤/千瓦时，厂用电率下降到 6.2％；大力发展热电联产、天然气冷热电多联供和资源综合利用发电，推进能源梯级利用。提高电网能效水平，加快智能电网建设，推进电网节能改造，进一步降低线损水平，到 2015 年综合线损率低于 7.25％。推进电力需求侧管理，引导用户改进用电方式，推广应用高效节电技术，提高电能使用效率。

8. 可再生能源行业

加快可再生能源开发利用，力争 2015 年实现水电装机 497 万千瓦，风电装机 100 万千瓦，生物质发电装机 70 万千瓦，太阳能发电装机 20 万千瓦以上；推广太阳能热利用、地热能开发利用，积极有序发展生物质成型燃料、非粮燃料乙醇、生物质柴油和生物质气体燃料；推进新能源示范城市及园区、绿色能源示范县、分布式光伏发电集中应用示范区、金太阳示范工程等示范项目建设。

9. 机械

推进绿色设计和绿色制造工艺，提升基础工艺、材料、元器件研发能力和系统集成水平，增强节能关键设备自主研发能力。铸造行业推广高精密近净型、谐波振动消除应力等技术，轴承行业推广精化轴承毛坯推进套锻整径、冷辗扩等工艺，热处理行业推广热处理过程计算机精密控制等技术，锻压行业推广精冲压机和冷锻设备、近净型锻造等工艺，内燃机行业推广高压共轨、涡轮增压、电子控制及后处理等技术。逐步淘汰低效落后机电产品。

10. 其他

完善纺织行业节能设计标准，加强纺织企业与浆料企业和印染的衔接，推进产业链上下游协同开发，全面推行数字化管理系统，加强纺机节能改造。发展以木浆、竹浆、麻浆为原料的再生纤维，替代部分化纤原料。加强化学纤维与天然纤维混纺产品分离等纺织品回收再利用技术研发。

2.3　江西省工业领域节能降耗面临的问题与存在的障碍

按照规划目标，到"十二五"期末，江西省将力争单位 GDP 能耗下降 16％。相对于目前江西省经济发展而言，要完成规划节能目标压力较大。一方面，作为欠发达地区，江西省能耗基数本就相对较低，继续降低能耗水平需要不断加大工作力度。另一方面，"十二五"时期正是江西省工业化转型与城镇化建设快速发展的重要阶段，能源需求将快速增长，对环境的压力不断加大，这进一步加大了节能降耗的难度。总之，今后江西省节能降耗的形势较为严峻。

2.3.1　资源环境约束日益强化

从江西省省内看，江西省是一次能源资源缺乏省份，且工业基础薄弱，环境基础设施相对落后，节能任务十分紧迫、十分艰巨。全省一次能源中常规能源目前只有煤炭及水能资源，省外调入电煤的比例高达 65% 以上，水能资源的理论蕴藏量 684 万千瓦，占全国总量的 1%，进一步开发利用空间有限；全省油气资源对外依存度为 100%。随着工业化、城镇化进程加快和消费结构升级，江西省能源需求呈刚性增长，受资源保障能力和环境容量制约，全省经济社会发展面临的资源环境瓶颈约束更加突出，节能工作难度不断加大。

从国际国内看，国际上围绕能源安全和气候变化的博弈更加激烈，部分发达国家凭借技术优势开征碳税并计划实施碳关税，绿色贸易壁垒日益突出；江西省电煤平均运距 1 500 千米以上，铁路运输能力的制约越来越大。全球范围内绿色经济、低碳技术正在兴起，发达国家和发达地区大幅增加投入，支持节能环保、新能源和低碳技术等领域创新发展，抢占未来发展制高点的竞争日趋激烈。

2.3.2　产业结构失衡

经过多年努力，江西省产业结构调整取得了一定成绩，2012 年三次产业结构比为 11.8：53.6：34.6，其中工业对经济的主导作用增强，为 45%，十大战略性新兴产业增加值增长 15%。但与全国总体水平相比，工业生产技术含金量不高，很多工业企业处于产品生产链条的低端加工和简单组装环节，能源消耗大。2012 年，江西省重工业总产值占工业总产值的比例为 66.4%，其中占工业能源消耗比重 80.38%、占江西省能源消耗比重 59.38% 的七大行业总产值占工业总产值的比例是 47.71%，有色金属冶炼及压延加工业，化学原料及化学制品制造业，非金属矿物制品业，黑色金属冶炼及压延加工业，电力、热力的生产和供应业，石油加工、炼焦及核燃料加工业，煤炭开采和洗选业分别为 18.37%、8.20%、8.00%、5.59%、4.32%、2.24%、0.99%。而同期，全国这七大行业总产值占工业总产值的比例为 43.32%，江西省比全国水平高出 4.39%，尤其是有色金属冶炼及压延加工业竟然高了 14.71%（表 2-3）。

表 2-3　2012 年江西省高耗能行业发展与全国的差距（单位:%）

行业	江西省（行业总产值/工业总产值）	全国（行业总产值/工业总产值）	差距
煤炭开采和洗选业	0.99	5.83	−4.84
石油加工、炼焦及核燃料加工业	2.24	2.72	−0.48
化学原料及化学制品制造业	8.20	6.95	+1.25
非金属矿物制品业	8.00	4.61	+3.39
黑色金属冶炼及压延加工业	5.59	7.57	−1.98
有色金属冶炼及压延加工业	18.37	3.66	+14.71
电力、热力的生产和供应业	4.32	11.98	−7.66
合计	47.71	43.32	+4.39

资料来源：根据《中国统计年鉴 2013》和《江西统计年鉴 2013》计算得出

　　而与之相反的是，江西省技术含量高的行业总产值占工业总产值比例不高，与全国水平有较大差距。以医药制造业，通用设备制造业，专用设备制造业，交通运输设备制造业，电气机械及器材制造业，通信设备、计算机及其他电子设备制造业，仪器仪表及文化、办公用机械制造业，工艺品及其他制造业 8 个行业为例，2012 年江西这 8 个行业总产值占工业总产值比例为 21.89%，而同期全国这一比例是 29.81%，比全国水平低了 7.92%（表 2-4）。相对来说，江西省只有医药制造业和电气机械及器材制造业略占优势。

表 2-4　2012 年江西省高技术含量行业发展与全国的差距（单位:%）

行业	江西省（行业总产值/工业总产值）	全国（行业总产值/工业总产值）	差距
医药制造业	3.44	2.05	+1.39
通用设备制造业	2.14	4.10	−1.96
专用设备制造业	1.47	3.44	−1.97
交通运输设备制造业	4.39	7.69	−3.30
电气机械及器材制造业	6.22	5.51	+0.71
通信设备、计算机及其他电子设备制造业	3.61	6.04	−2.43
仪器仪表及文化、办公用机械制造业	0.46	0.76	−0.30
工艺品及其他制造业	0.16	0.22	−0.06
合计	21.89	29.81	−7.92

资料来源：《中国统计年鉴 2013》和《江西统计年鉴 2013》计算得出

此外，江西省第三产业也比较落后。2012 年全国三大产业比重为 10.1：45.3：44.6，江西省第三产业与全国相差 10 百分点。尤其值得一提的是，江西省第三产业更多偏重于传统服务业，金融服务业比较落后，比全国低 3.20 百分点（表 2-5）。作为资源节约与环境友好型的产业，第三产业的落后显然也会增加节能降耗的难度。

表 2-5　2012 年江西省第三产业构成及与全国的差距（单位：%）

行业	江西省	全国	差距
交通运输仓储和邮政业	14.06	10.79	+3.27
批发零售和住宿餐饮业	27.79	25.87	+1.92
金融业	9.21	12.41	−3.20
房地产业	9.40	12.53	−3.13
其他	39.54	38.40	+1.14

资料来源：根据《中国统计年鉴 2013》计算得出

2.3.3　相关规划、政策与法规不完善

一直以来，江西省针对节能减排工作先后发布过多项政策与法规[①]，但这些"办法""方案"等较为零散，未能形成系统性的专项法规，没有相关的能源专项规划和环保专项规划等。目前节能降耗的主要阶段性成效是通过政府性手段取得的，在政策法规基础上运用经济手段积极导向落后产业转型升级、提升节能降耗水平的机制尚未完全建立，特别是相关配套的激励机制和财税政策还不完善。

2.3.4　节能降耗统计监测体系不完善

目前，江西省已经初步建立起省级能源统计、监测和考核体系，已形成省级节能减排工作领导组，但市、县级的能源统计力量仍然很薄弱，能源统计原始记录不健全，这导致无法真实、有效地记录、反映各地节能降耗工作的实际情况，制约了节能降耗工作的进一步开展。另外，各地区节能减排目标责任制也还不完善，尽管相关节能减排指标已经纳入各市、县政府领导综合考核评价体系中，但很多市、县没有建立相应的节能减排目标责任评价考核制度，导致节能目标责任

---

① 这些政策与法规主要包括《江西省资源综合利用条例》、《江西省实施〈中华人民共和国节约能源法〉办法》、《江西省促进发展新型墙体材料条例》、《江西省公共机构节能管理办法》、《江西省"十一五"循环经济发展规划》、《江西省人民政府关于印发江西省节能减排综合性工作方案的通知》、《江西省人民政府办公厅关于印发加快推进全省县（市）排水管网建设实施方案的通知》、《关于开展"以大代小"发电量计划指标置换交易试行工作的指导意见》、《江西电网发电权交易实施细则》和《江西省人民政府批转节能减排统计监测及考核实施方案和办法的通知》等。

制还不完善。

2.3.5　实现节能目标压力大

目前经济学领域中只有少数学者给出了节能潜力的定义。范维唐（1999）将节能潜力定义为完成某一经济发展目标所消费的能源量与在原来经济增长方式下达到同样经济目标所消费能源的差值。郭丽丽和原毅军（2010）将其定义为既定经济目标下现有经济增长模式的能源消费与最优能源消费之间的差距。而在测算节能潜力时，通常以能源效率来代表节能潜力，效率高就表示节能潜力小，效率低就表示节能潜力大。能源效率定义为能源投入与产出的比，一般而言，通常采用能源强度来代表能源效率。

从国内视角来看，第 1 章已经对我国各地区能源消费强度以及规模以上工业企业能源消费强度进行了分析（表 1-13、表 1-15）。2001～2012 年，江西的能源消费强度始终低于全国的能源消费强度，这说明江西的能源利用效率要高于全国的平均能源利用效率（图 1-22）。2011 年，江西的地区单位生产总值能耗在全国各地区单位生产总值能耗中仅为 0.65 吨标准煤/万元，仅高于北京、广东、浙江、江苏、上海、福建，在全国排名第七（表 1-14）。从规模以上企业工业增加值能耗指标来看（表 1-15），江西的能源消费强度排在全国中等水平以上。不过应该指出的是，相对于地区生产总值能耗指标而言，江西的规模以上工业企业单位工业增加值能耗一直较高，其原因是江西重工业比重居高不下，能源消费的70% 左右来自工业企业（表 1-9），而江西工业结构又是以重工业为主的耗能型工业企业，重工业能源消费占到全部工业能源消费量的 80% 左右（表 1-10）。2010年，江西规模以上工业企业单位工业增加值能耗为 1.67 吨标准煤/万元，远远高出广东的 0.81 吨标准煤/万元。这意味着江西实现节能目标压力不小。

江西作为一个农业比重大的省份，其三大产业结构仍未摆脱农业比重较大的框架，而不是经济水平已经发展到能够高效利用能源的时期。随着江西工业化发展的逐步加快，第二产业的比重将逐步增大，未来江西单位生产总值能耗进一步下降的难度加大。

2.3.6　企业在节能降耗中存在运行障碍

目前，企业在节能降耗工作中存在三大障碍，分别是认识障碍、技术障碍和融资障碍。

（1）企业节能的认识障碍是指企业对节能降耗工作不够重视，缺乏积极性。事实上，企业是节能减排工作的具体执行者，但由于"外部性"原因，企业主要领导更关注企业自身经营发展，对节能减排的重要意义认识不充分。对企业而言，尽管节能减排对企业自身发展也有着重要意义，但企业管理层往往更注重对企业经营发展有直接影响的成本与收益。因此，这就形成了国家宏观层面从中央到地方各级政府对节能减排有了重要认识，而在企业微观层面，企业却往往无法达到国家能源安全的高度来认识节能减排问题。这就直接导致了在各地开展的节能减排工作中，政府成为节能减排的"主导者"，而企业仅仅是节能减排的"跟随者"，没有主动实施节能减排的意愿。

（2）企业节能的技术障碍主要不是在于节能技术的缺乏，而是在于节能技术市场上存在着"不对称"和"不到位"。首先，目前的节能技术市场存在严重的信息不对称，节能技术市场信息混杂，市场混乱，能耗企业难以获得有效的节能技术信息，很难获得适合本企业的节能技术。其次，节能咨询服务不到位。目前，节能市场上节能咨询服务刚刚起步，人员配置不足，服务能力不到位，咨询服务机构得到的政府扶持不够，使得咨询服务机构发展艰难，难以真正为耗能企业提供有效的服务。最后，节能监测能力不到位。在节能业务市场中，节能监测有着重要的地位，通过节能监测，可以对节能技术优劣进行确认。但是目前节能市场中节能监测机构的服务能力严重不足。同时，节能监测机构还往往和耗能企业因为节能监测结果产生纠纷，这也阻碍了节能事业的发展。

（3）企业节能的融资障碍体现在两方面。一是企业节能项目难以通过信贷融通资金。其主要原因在于，节能项目非企业主业，融资成本较高，金融机构缺乏对节能减排项目的评估能力，这导致了银行等金融机构对节能项目的信贷意愿不足。二是节能项目存在投资障碍，拥有节能技术的机构和个人往往缺乏资金将之推向市场，而拥有资金的企业却无法确定节能技术风险和市场风险而导致缺乏投资意愿。

2.3.7　政策宣传教育不到位

尽管政府在推动节能减排中发挥着主导作用，但节能是一项需要政府、企业和民众等利益相关者全面参与、长期坚持的工作。目前，由于对节能的政策宣传教育不到位，企业与民众没有有效参与节能减排。很多政策都是在政府系统内部进行传达，在基层的政府机构，有些甚至被束之高阁，不予传达。由于政策缺乏宣传，很多企业对这些支持政策缺少了解，更不用说享受这些政策。对于民众而言，良好的宣传教育能加大民众积极参与节能减排的广度、深度及持续性，能形成参与节能减排的辐射效应。但目前，部分地方政府忽视了对民众参与节能减排的倡导，这使得舆论环境中对节能减排的宣传极为缺乏，从而导致许多民众的参与意识、权利意识和主体意识不足。广大民众普遍表现为"依赖政府"，缺乏自主参与节能减排的主动性。

2.4　江西省工业领域节能降耗的保障措施

2.4.1　强化目标责任和组织领导

加强组织领导，形成一级抓一级、层层抓落实的工作机制。建立健全工业节能责任制，明确各级政府和有关企业节能责任，签订节能目标责任书，逐级抓好落实。落实全省节能目标责任评价考核制度和全省重点用能企业节能目标责任领导挂点联系制度，建立部门节能减排工作评价制度，由省政府对有关部门落实节能减排工作情况进行评估。节能减排任务完成情况和工作落实情况要纳入各地区、各部门和国有大中型企业领导班子和领导干部综合考核评价体系，提高指标权重，落实奖惩办法，实行严格的问责制。引导各级各部门切实实现节约发展、清洁发展和可持续发展。对在节能管理、节能科学技术研究和推广应用中有显著成绩的单位和个人，给予表彰和奖励。

2.4.2　促进产业结构转型升级

大力发展战略性新兴产业，鼓励发展新上先进生产能力，加快淘汰落后生产能力，强化节能、环保、土地、安全等指标约束，抑制高耗能、高排放行业过快增长。大力运用高新技术和先进适用技术改造提升传统产业，重点提高钢铁、有色、陶瓷、水泥、化工等高耗能行业能源利用效率。坚持把加强自主创新、发展战略性新兴产业与推进节能减排结合起来，将一批战略性新兴产业培育成支柱产业。大力发展循环经济，合理控制能源消费总量，调整能源结构，大力推广煤炭的清洁高效利用，因地制宜发展风能、太阳能等可再生能源，在做好生态保护和移民安置的基础上积极发展水电，在确保安全的基础上高效发展核电。提高节能环保市场准入门槛，优化产业项目的投资结构，严格控制新建高耗能、高污染项目。建立健全落后产能退出机制，有条件的地方安排资金支持淘汰落后产能。清理和纠正各地在电价、地价、税费等方面对高耗能、高污染行业的优惠行为，认真执行差别电价政策。加大实施能效标识和节能产品认证管理力度。大力发展旅游、金融保险、商贸物流、生命健康等服务业。大力发展循环经济，构建覆盖全社会的资源循环利用体系，建成一批省级、国家级循环经济示范单位。

2.4.3　加大节能政策与法规建设

要积极推动节能工作的进行，不仅需要发挥市场机制资源配置功能，也要充分发挥政府作用，加大政策导向和支持力度。健全和完善节能政策法规体系，积极运用财税、信贷、投资和价格等手段，建立引导节能企业自觉节能减排的新机制，保障江西节能规划目标的实现。加强宏观经济政策和法律法规建设，促进节能减排工作，可以从以下几方面入手。

（1）建立健全节能法律法规，通过法律法规规范企业积极实施提高能效的措施，促进江西核能、风能、太阳能等能源资源的进一步开发，对再生能源使用给予价格优惠和免税激励，提高再生能源竞争力。

（2）调整能源结构，实现由以煤为主的能源结构转变为以石油为主的能源结构，并且通过低息贷款和税收优惠政策促进可再生能源产品的技术研发和市场开拓。

（3）不断加大财政投入，支持节能减排技术改造、节能减排技术和产品的推广应用、重点节能减排工程的建设、节能减排管理能力建设及政策研究等。统筹用好省级节能减排专项资金，对省重大节能减排项目和省重大节能减排技术开发、示范项目等予以扶持。大力支持节能减排改造工程、节能产品惠民工程、节能减排技术示范和产业化工程、节能减排市场化工程、绿色照明工程、淘汰落后产能工程。

（4）引导和带动社会民间资金投入节能减排领域。推行污染治理设施建设运行特许经营，完善相关政策措施，依法实行环保设施运营资质许可制度，推进环保设施的专业化、社会化运营服务。

2.4.4　建立健全节能统计监测体系

建立健全节能统计监测体系包括建立和完善适合江西实际的节能减排评估指标体系和加大监督力度。

建立和完善适合江西实际的节能减排评估指标体系，主要包括工业及重点领域能源消耗、能源效率与结构、工农业用水与节水、污染物排放量、污染物治理与利用、环境质量这六部分。从宏观和微观角度，对构建节能减排评估工作需要的能源、原材料、机械制造、轻工烟草、高新技术五类高耗能行业中的指标体系及指标对比值进行对标分析，具体包括：一是宏观指标，即单位工业增加值能耗、单位产值能耗、总能源利用效率等；二是微观指标，即单位产品总能耗、单位产品分项能耗、工序能耗、设备能耗、系统效率、设备效率等；三是指标对比值，即准入值、国内平均值、国内先进值。

加大监督力度，建立健全省节能减排监察工作体系，依法加强节能减排监察，定期组织开展固定资产投资项目节能评估审查执行情况、工业单位产品能耗限额标准执行情况、高耗能落后机电设备淘汰情况、执行节能法律法规标准情况等专项节能监察活动。根据国家统一部署，研究制定全省固定资产投资项目节能评估审查工作收费指导标准。加大对国控重点污染源的执法检查力度，组织开展整治违法排污企业保障群众健康环保专项行动，严肃查处违法违规行为。

2.4.5　理顺企业在节能降耗中的运行机制

（1）强化企业责任。各企业要进一步发挥节能主体作用，主要负责人亲自抓、分管负责人具体抓，要将本企业节能目标逐级逐块分解，完善考核激励办法，落实专职人员，强化内部管理，加大资金投入，实施节能技改，真正把节能降耗工作贯穿于企业生产经营和项目建设全过程。

（2）优化投融资渠道。首先，积极争取国家财政各类节能奖励和补助资金，充分发挥省级节能专项资金的导向作用，引导企业不断加大对节能技术改造和技术创新的投入，鼓励金融机构和民间资金对工业节能项目的资金支持。各设区市、有条件的县（区）人民政府要设立节能专项资金，重点用于工业节能工作。其次，加强信贷支持。各银行业金融机构要充分利用银企合作平台，建立"绿色信贷"工作机制，对工业节能项目要简化贷款手续，实行利率优惠，优先给予信贷支持。对存在淘汰落后产能和未通过节能评估审查的企业（项目），禁止新增任何形式的贷款，并积极采取措施收回和保护已放贷款，加快信贷退出步伐。

（3）加快节能管理与机制创新。加快节能减排技术支撑体系的建立，重点选择与攻克重大关键技术项目。建立节能技术的遴选、评定及推广机制，积极推进产业化示范和推广应用。加快发展合同能源管理服务、生态效率评价服务、清洁生产审核、绿色产品（包括节能产品、环境标志产品等）认证服务等。支持采用融资租赁方式，创新合同能源管理模式。推动节能服务公司为用能单位提供节能诊断、设计、融资、改造、运行"一条龙"服务，以节能效益分享方式回收投资的市场化节能服务模式。鼓励大型重点用能单位利用自己的技术优势和管理经验，组建专业化节能服务公司，为本行业其他用能单位提供节能服务。

2.4.6　强化节能宣传教育培训

开展节能减排全民行动，加强舆论监督，尽快形成政府为主导、企业为主体、全社会共同参与的工作局面。加强节能与资源综合利用法律法规的宣传贯彻，采取群众喜闻乐见的形式，广泛开展宣传和教育。新闻媒体要大力宣传节能降耗的相关法律法规和政策，宣传能源严峻形势、节能降耗的先进典型和经验，对严重浪费能源的行为予以曝光，营造浓厚的社会节能氛围，使节能光荣、浪费可耻的意识深入人心。发挥中介组织、行业协会的作用，推广应用成熟的节能新技术、新产品，组织开展节能经验交流和节能产品展示宣传活动。组织开展经常性的节能技术交流，切实提高基层节能管理水平，同时将节能降耗纳入各级教育和技术培训体系。定期组织节能减排管理部门、重点用能单位、重点减排单位、节能减排中介机构开展业务培训。深入开展家庭社区、青少年、企业、学校、军营、农村、政府机构、科技、科普和媒体十个节能减排专项行动，坚持每年开展节能减排宣传周、能源紧缺体验、绿色出行、媒体宣传等形式多样的节能活动，将节能减排教育纳入国民教育体系，进一步增强全社会的能源忧患意识和节约意识，倡导形成文明、节约、绿色、低碳的生产方式、消费模式和生活习惯。

中篇：财税篇

第3章 江西省促进工业领域节能的财税政策现状

随着经济的发展，中国在资源、环境等方面的问题日益凸显，节能工作已然成为人们普遍关注的焦点，也成为实现经济可持续发展的关键措施之一。这样的状况下，政府如果恰当运用财税手段，不仅有利于经济增长，还有利于节约能源。"十一五"以来，中国出台了一系列旨在促进节能的政策措施，江西省也制订了《江西省节能减排综合性工作方案》，并积极执行和推出了一系列财税政策，大力推动节能工作的开展，取得了不俗的成绩，但也存在一些亟须解决的问题。

3.1 促进工业领域节能的财政政策现状及评价

3.1.1 现行财政投资政策及实施成效

1. 现行财政投资政策

从现行政策来看，中央及地方各级政府并没有制定出台专项、具体的财政投资政策，但是为了有效缓解国内资源、能源和生态环境带来的压力，2006年国务院做出了关于节能工作的决定，各级政府需将节能环保所需经费纳入政府预算，以保障节能环保工作的顺利实施。在此之前，各级政府的财政预算安排中并没有设置节能科目。不过，每年中央和地方安排财政预算支出时，都安排了一定数额的财政资金用于重点行业节能技术改造、重大基础设施建设以及战略性新兴行业的研发投入等方面。

政府财政投资作为政府的基本财政支出项目之一，反映了政府的活动方向和具体内容，通过了解历年省政府在节能领域的投资安排，可以从侧面了解政府在节能领域所做的工作。2007年，为进一步加强新型墙体材料专项基金征收使用管理，加快我国推广新型墙体材料的步伐，促进保护耕地和节约能源，根据《国务院办公厅关于进一步推进墙体材料革新和推广节能建筑的通知》（国办发〔2005〕33号）及有关政府性基金管理规定，财政部、国家发展和改革委员会（以下简称国家发改委）重新修订了《新型墙体材料专项基金征收使用管理办法》（财综〔2007〕77号），该办法明确指出，新型墙体材料专项基金属于政府性基金，全额纳入地方财政预算管理，实行专款专用，年终结余结转下年安排使用。新型墙体材料专项基金征收使用管理政策由财政部会同国家发改委统一制定，由地方各级财政部门和新型墙体材料行政主管部门负责组织实施，由地方各级墙体材料革新办公室具体征收和使用管理。新型墙体材料专项基金征收、使用和管理应当接受财政、审计和新型墙体材料行政主管部门的监督检查。

2008 年，江西省出台了《江西省新型墙体材料专项基金征收和使用管理办法》（赣财综〔2008〕72 号），该办法规定该专项基金属于政府性基金，实行"收支两条线"管理。征收上，按照"票款分离"的原则，按级次及时全额缴入同级国库，纳入同级财政预算；支出上，做到专款专用，年度结余可结转下年度使用。专项基金的使用范围包括：①引进、新建、扩建、改造新型墙体材料生产线工程项目的贴息；②新型墙体材料示范项目（含引进项目）和推广应用试点工程的补贴；③新型墙体材料的科研、新技术与新产品开发及推广；④发展新型墙体材料的宣传；⑤代征手续费；⑥经同级财政部门批准与发展新型墙体材料有关的其他开支。

2. 财政投资政策实施成效

财政投资数额的多少反映了政府对节能工作的重视程度，随着江西省节能工作的推进，政府投资额度也发生了变化，在一定程度上改善了江西省能耗高、能效低的局面，带动了一批新兴产业的发展，促进了江西省的绿色崛起。"十一五"期间，江西省累计争取到中央财政节能专项资金近 40 亿元，江西省财政累计安排各类节能环保资金 10.57 亿元，直接带动节能减排投资 300 多亿元。

1）节能降耗取得突破性进展

"十一五"期间，江西省政府合理安排财政投资资金，高度重视节能工作，成效显著，较好地完成了"十一五"期间节能任务，能源消耗不断降低。2010 年江西省万元 GDP 能耗为 0.85 吨标准煤，比 2009 年降低了 3 百分点，不仅降幅高于全国平均水平，而且超额完成了年初的预期目标。2006～2009 年，累计下降 16.7 百分点，下降幅度高于全国平均水平 1.1 百分点，提前完成"十一五"期间能耗下降总目标的 82%，到 2010 年，全省规模以上企业单位工业增加值能耗为 1.77 吨标准煤/万元，远低于 2005 年 3.11 吨标准煤/万元的水平（表 3-1）。综合以上指标可以推断出经过五年的发展，江西省能耗水平大幅缩减，符合产业政策发展方向。

表 3-1　2005～2010 年江西省节能降耗情况

指标	2005 年	2006 年	2007 年	2008 年	2009 年	2010 年
单位 GDP 能耗 / （吨标准煤/万元）	1.06	1.02	0.98	0.93	0.88	0.85

指标	2005 年	2006 年	2007 年	2008 年	2009 年	2010 年
单位工业增加值能耗 / (吨标准煤/万元)	3.11	2.72	2.30	1.94	1.67	1.77
单位 GDP 电耗 / (千瓦时/万元)	966.30	979.40	993.12	942.16	922.46	930.99

资料来源：江西省统计局．江西能源统计资料．南昌：江西人民出版社，2005～2010

财政投资资金对节约能源和循环经济的发展起到了促进作用，从吉安市的调研数据也得到了充分证明。2011 年，为加快城市集中供气基础设施建设，促进节约能源，改善群众生产、生活条件，国家发改委批准、下达了中央预算内资金 2 100 万元，用于吉安市供气基础设施建设项目，支持吉安市的 3 个县城天然气管网工程建设，这使得吉安地区天然气供给率进一步提升。同时，江西省发展和改革委员会还下达了吉安市 2011 年第一批节能减排和循环经济示范项目省基建投资计划共 130 万元，其中虹博（江西）科技发展有限公司节能减排技术改造项目安排中央预算内投资 20 万元，吉安顺兴纺织有限公司年产 23 000 吨棉布匹节能技改、循环经济项目安排中央预算内投资 15 万元，泰和县云天木业有限公司年产 1 万立方米覆膜高强建筑模板节能技改项目安排中央预算内投资 55 万元，泰和县上模乡污水管网建设项目安排中央预算内投资 40 万元。这批节能和循环经济示范项目的实施对吉安市进一步提高资源利用效率起到了积极作用。

2）能源总体利用率稳步提升

随着对节能降耗工作的重视，江西省充分运用中央及省级预算专项资金，下决心淘汰落后产能，发展循环经济，提高产业集中度和发展水平，并借助中央对十大重点工程的资金支持，以及江西省启动的百家企业耗能监察项目，较好地运用了财政投资资金，加速了重点耗能产品的能源利用效率的提升，如表 3-2 所示。

表 3-2　2007～2010 年江西省主要高耗能产品生产的单位产品能耗

指标	单位	2007 年	2008 年	2009 年	2010 年
原油加工综合能耗	千克标准油/吨	79.98	77.74	69.28	68.20
合成氨综合能耗	千克标准煤/吨	1 751	1 884	1 663	1 771
水泥综合能耗	千克标准煤/吨	115.12	113.03	101.41	93.25
平板玻璃综合能耗	千克标准煤/吨	31.86	31.80	31.80	32.91
铜冶炼综合能耗	千克标准煤/吨	314.21	306.42	288.41	279.82
火力发电煤耗	克标准煤/千瓦时	339.03	324.92	318.32	312.71

资料来源：江西省统计局．江西能源统计资料．南昌：江西人民出版社，2007～2010

表 3-2 列出了主要高耗能产品的 6 项单位产品能耗指标的变化情况，从中可

以看出，江西省总体能耗水平呈下降趋势，能源利用效率提高的倾向明显，其中，原油加工综合能耗水平由 2007 年的 79.98 千克标准油/吨下降至 2010 年的 68.20 千克标准油/吨，下降幅度达 14.7%；火力发电煤耗则由 2007 年的 339.03 克标准煤/千瓦时下降至 2010 年的 312.71 克标准煤/千瓦时，下降了 8 百分点，顺利完成"十一五"期间能耗降低的目标。

　　3）能源行业投资结构得到优化

　　长期以来，江西省的能源结构发展不平衡，能源消费以煤炭为主，天然气等能源主要靠进口。为了实现江西省绿色发展，进位赶超，省政府利用财政投资资金调控能源行业投资方向，重点投资低能耗、低污染的行业。近几年，通过江西省政府的努力，财政投资调控措施成效显著。图 3-1 列出了煤炭采选业及电力、热力生产和供应业等四个能源行业城镇固定资产投资变化情况。从图 3-1 可以看出，2005～2010 年，燃气生产和供应业占能源行业的比重有所增加，由 2005 年的 4.15% 上升至 2010 年的 13.34%，上涨比例高达 9.19%。而电力、热力生产和供应业在 2006～2008 年下降幅度较大，累计下降了 17.55 百分点。

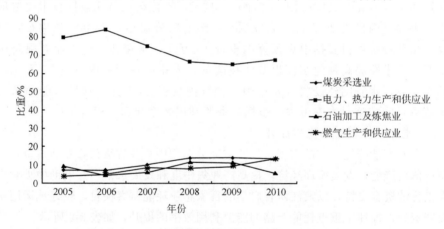

图 3-1　江西省能源行业城镇固定资产投资构成

3.1.2　现行财政奖励政策及实施成效

1. 现行财政奖励政策

　　江西省正处于工业发展中期，产业结构发展趋向重型化，节能任务繁重。为了推进江西省节能任务的顺利实施，充分调动企业节约能源的积极性，省政府认真贯彻落实国家制定的节能奖励政策，同时，结合本省实际，制定了相关的政策及实施细则。具体财政奖励政策体现在以下几个方面。

1) 对重点节能工程、项目的财政奖励政策

2008 年，为加大节能力度，江西省安排节能专项资金 3 000 万元，对 28 个项目进行扶持，并出台了《江西省省级节能专项资金管理暂行办法》，规定节能专项资金将对社会节能投资项目实行无偿补助，对企业节能技术改造项目按改造后实际节能量给予奖励。江西省省级节能专项资金将重点用于三个方面：一是支持建立节能监管体系，包括节能监察能力建设，建立能耗监测平台，开展能源统计、能源审计、能源公示等工作；二是支持企业节能技术改造；三是支持节能有关的基础工作。同时节能专项资金还将支持节能技术研究开发和节能技术、产品的示范与推广。该办法规定，实行"以奖代补"的企业节能技术改造项目，主要是针对《"十一五"十大重点节能工程实施意见》要求的燃煤工业锅炉（窑炉）改造、余热余压利用、节约和替代石油、电机系统节能、能量系统优化等年节能量在 2 000 吨煤以上的节能技术改造项目。专项资金无偿补助的社会投资项目则应当具备以下条件：项目符合国家和本省的产业政策；项目实施后节能效果以及促进循环经济发展等示范带动作用明显；项目已完成前期工作，建设资金落实，基本具备开工条件；项目建设单位节能管理制度健全；等等。

2) 对淘汰落后产能的财政奖励政策

2011 年 4 月，财政部、工业和信息化部（以下简称工信部）及国家能源局颁发了《关于印发〈淘汰落后产能中央财政奖励资金管理办法〉的通知》，该办法的适用行业为国务院明文规定的电力、炼铁、炼钢、焦炭、电石、铁合金、电解铝、水泥、平板玻璃、造纸、酒精、味精、柠檬酸、铜冶炼、铅冶炼、锌冶炼、制革、印染、化纤以及涉及重金属污染的行业。同时，制定了六项奖励条件和标准，并对资金的使用和安排做了详细的说明，为加强对中央财政奖励资金的使用和管理，该办法还制定了对企业的审查、监督和管理细则，督促地方认真执行。为此，江西省财政厅下达了《关于加强淘汰落后产能中央财政奖励资金监督检查的通知》，确保财政奖励资金落到实处。此外，为集中治理煤炭行业，调节煤炭产业结构，财政部联合国家能源局、国家煤矿安全局下达了《关于支持煤炭行业淘汰落后产能的通知》（财建〔2012〕818 号），由中央安排专项资金对经济欠发达地区淘汰煤炭落后产能工作给予奖励。

3) 对节能技术改造的财政奖励政策

2007 年，为实现我国"十一五"期间单位 GDP 能耗降低 20% 左右的约束性指标，财政部、国家发改委印发了《节能技术改造财政奖励资金管理暂行办法》，该节能资金由中央财政预算安排，专门用于奖励企业节能技术改造项目。其奖励对象为《关于印发"十一五"十大重点节能工程实施意见的通知》中确定的燃煤工业锅炉（窑炉）改造、节约和替代石油、余热余压利用、电机系统节能和能量系统优化等项目。节能资金采取奖励方式，实行资金量与节能量挂钩，对完成节

能量目标的项目承担企业给予奖励。申请资金奖励的项目必须符合下述条件："（一）经发展改革委或经贸委、经委审批、核准或备案；（二）属于节能技术改造项目；（三）节能量在1万吨（暂定）标准煤以上；（四）项目承担企业必须具有完善的能源计量、统计和管理体系。"奖励标准为：东部地区节能技术改造项目根据节能量按200元/吨标准煤奖励，中西部地区按250元/吨标准煤奖励。

2011年，为加快推进节能先进技术，提高能源利用效率，实现"十二五"期间单位GDP能耗降低16％的约束性指标，财政部联合国家发改委正式颁发了《节能技术改造财政奖励资金管理办法》。该办法规定中央安排专项资金，采取"以奖代补"的方式，将奖励资金与节能量挂钩，对符合该办法规定条件的节能技术改造项目给予适当支持和奖励。该办法奖励资金主要用于燃煤锅炉（窑炉）改造、节约石油改造、能量系统优化、电机系统节能、余热余压利用等节能技术改造项目，项目完成后其节能量应达到5 000吨标准煤（含）以上。财政奖励对象是针对现有生产工艺和设备实施节能技术改造的项目。奖励标准：东部地区每吨标准煤240元，中西部地区每吨标准煤300元。财政奖励资金的审批程序：先由地方企业申报，经财政部门、地方节能主管部门初步审查后报请财政部、国家发改委，再请专家评审，审查通过才能下批奖励资金。

4）对使用天然气等清洁能源的财政奖励政策

为进一步优化能源结构，实现节能减排目标任务，江西省对利用天然气替代水煤气作为工业燃料的企业，将按照替换后的实际使用量，由省各级财政部门按0.35元/立方米的标准进行补贴。这项奖励资金支持对象为符合国家产业政策，并已使用长输管道天然气替代水煤气作为其生产、生活用燃料的工业企业，且水煤气生产设施已拆除并不再使用。对列入奖励名单的工业企业，将按照其经审核的天然气实际使用量，由省、设区市、县（市、区）三级财政合计按0.35元/立方米的标准给予奖励，其中省财政奖励0.2元/立方米，设区市财政奖励0.1元/立方米，县（市、区）财政奖励0.05元/立方米。奖励政策执行时间为3年，即2011年1月1日起至2013年12月31日止。

符合条件的相关企业可向所在地县（市、区）发展和改革委员会（能源局）、财政局提出申请，经专家审核通过，江西省能源局、财政局将在能源局网站进行为期一周的公示，公示期内无异议的企业才可列入奖励名单。

5）关于合同能源管理项目的财政奖励政策

2010年6月，为加快推行合同能源管理，促进节能服务产业发展，财政部办公厅和国家发改委办公厅联合发文《关于合同能源管理财政奖励资金需求及节能服务公司审核备案有关事项的通知》（财办建〔2010〕60号），请各省（区、市）财政部门会同节能主管部门结合本地实际情况，研究提出本省（区、市）2010年合同能源管理财政奖励资金需求规模，落实好相应配套资金，尽快组织做好本地区节能服务公司备案申请及审核工作。该年 10 月，两部委办公厅就财政奖励合同能源管理项目有关事项又发布了《国家发展改革委办公厅、财政部办公厅关于财政奖励合同能源管理项目有关事项的补充通知》（发改办环资〔2010〕2528 号），进一步明确规定财政奖励资金支持的项目内容主要为锅炉（窑炉）改造、余热余压利用、电机系统节能、能量系统优化、绿色照明改造、建筑节能改造等节能改造项目，且采用的技术、工业、产品先进适用。

2011 年，为贯彻实施《国务院办公厅转发发展改革委等部门关于加快推行合同能源管理促进节能服务产业发展意见的通知》（国办发〔2010〕25 号），推进合同能源管理，引导社会资金投入节能技术改造，规范合同能源管理项目财政奖励资金的管理，提高资金使用效益，江西省财政厅结合本省实际情况制定、颁布了《江西省合同能源管理项目财政奖励资金管理暂行办法》，规定财政奖励资金用于支持采用合同能源管理方式实施的工业、建筑、交通等领域以及公共机构节能改造项目。财政支持对象主要为锅炉（窑炉）改造、余热余压利用、电机系统节能、能量系统优化、绿色照明改造、建筑节能改造等节能改造项目，且采用的技术、工艺、产品先进适用。财政奖励资金标准为 300 元/吨标准煤，由中央财政和省级财政共同负担，其中，中央财政奖励标准为 240 元/吨标准煤，省级财政奖励标准为 60 元/吨标准煤。

2. 财政奖励政策实施成效

财政奖励政策是国家及各级政府支持节能的一个重要手段，各项利好政策的陆续出台及调整，使得江西省工业发展面貌大为改观，企业得到了实惠。

1）产能落后状况得到改善

近年来，江西省认真贯彻执行中央精神，加快淘汰落后产能，健全落后产能退出机制，转变经济发展方式，推进清洁生产。国家相关部门制定的财政奖励政策有力地推动了江西省淘汰落后产能工作。2007～2009 年江西省共下拨财政奖励资金 5.44 亿元，用于奖励淘汰落后产能的企业，其中，中央财政 5.24 亿元，省级财政 0.2 亿元。"十一五"期间，江西省工业单位增加值能耗累计下降42.3%，通过淘汰落后产能实现的节能量达 181 万吨标准煤。其中，2010 年全省工业行业淘汰落后产能如下：炼钢 100 万吨、焦炭 10 万吨、铜冶炼 3 万吨、水泥 161 万吨、造纸 4 万吨、制革 10 万标张、化纤 0.5 万吨。在此基础上，2011 年江西省工业行业淘汰落后产能力度加大，完成淘汰落后产能炼钢 87.8 万吨、炼铁 108 万吨、焦炭 30 万吨、铜冶炼 19.69 万吨、水泥 803.7 万吨、造纸32.76 万吨、化纤 0.7 万吨。总体上看，2010 年江西省淘汰落后产能完成量比2009 年增多，其中贡献最大的是水泥和造纸两个行业，水泥行业淘汰落后产能比 2009 年翻了 5 倍，造纸行业则高达 8 倍，超额完成中央分配的目标任务。由此足以证明江西省调整产业结构，淘汰落后产能，提高经济质量和效益的决心。

2）工业节能技术改造取得新突破

我国中央财政主要是对十大重点节能工程范围内的企业节能技术改造项目，实行"以奖代补"新机制，按改造后实际取得的节能量给予奖励，节能量多者亦多奖励。根据财政部、国家发改委有关规定，节能量达到1万吨标准煤以上的节能技术改造项目，可获中央财政奖励。作为中部地区省份，江西省企业每形成1吨标准煤节约能力，便可获250元奖励。为调动企业积极性，对符合奖励条件的节能技术改造项目，按企业报告节能量先预拨60%的奖励资金，项目完成后再根据审计的节能量进行结算。对不能完成节能目标的企业，将采取收回奖励资金等经济处罚措施。

节能技术改造奖励办法的出台，是实现节能技术改造的关键内容，可促使工业领域的投资建设向节能技术改造转变，稳步推进省内传统优势产业的改造和提升。项目组从江西省财政厅获悉，2008年江西省包括萍乡市华通电瓷制造有限公司的倒焰窑、康舒陶瓷有限公司的节能环保隧道窑在内的47个节能改造项目，共获3.92亿元中央财政奖励资金。截至2011年，全省工业投资多达5 000亿元，其中节能技术改造投资额达3 100亿元，占工业投资额的60%以上，获得中央财政奖励资金2.2亿余元。"十一五"期间，江西省重点用能企业共101户列入节能目标考核范围，截至2010年，全省百家重点用能企业超额完成节能目标任务，万元产值能耗下降至1.41吨标准煤，与2005年的2.19吨标准煤相比，累计下降了35.6%，节能量高达767.8万吨标准煤，超额完成江西省下达的万元产值耗能下降25%的节能目标。其中，16户国家千家节能行动企业万元产值能耗由2005年的2.41吨标准煤下降至2010年的1.66吨标准煤，累计下降31.4%，累计节能量为467.5万吨标准煤，超额完成国家下达的"十一五"节能250.82万吨标准煤的目标任务（江西省节能监察总队，2011）。

3.1.3　现行财政补贴政策及实施成效

通过政府政策的驱动，有选择地实施激励性政策，降低企业等相关主体开展节能的成本，提高生产效率，可以有效解决市场失灵问题。在政府推行的这些政策中，财政补贴的激励政策也是将节能工作外部性内在化的重要方式。

1. 现行财政补贴政策

一直以来，我国政府高度重视财政补贴政策在推进节能工作中的作用，陆续出台了一些针对企业生产节能产品、新能源技术开发及个人购买节能产品等方面的激励政策，使节能产品得以有效地推广使用。目前政府推行的财政补贴政策体现在以下领域。

1）对节能产品的财政补贴政策

"十一五"期间，为实现单位 GDP 能耗降低 20% 的目标，国家出台了十大重点节能工程的实施意见，后来政府陆续制订了一系列有关财政补贴激励方面的政策文件和计划，几乎涉及全部十大重点节能工程。随着经济产业结构的调整和人民生活水平的提高，人们的消费结构发生了重大变化，一些家用耐用品走进了千家万户，由此政府顺势推出了节能产品惠民工程，拉动消费者对节能产品的消费需求，促进消费意愿。

2007 年，为促进高效照明产品的推广使用，财政部、国家发改委制定了《高效照明产品推广财政补贴资金管理暂行办法》（财建〔2007〕1027 号），财政补贴资金用于支持采用高效照明产品替代在用的白炽灯和其他低效照明产品，主要包括高效照明产品补贴资金和推广工作经费。补贴资金采取间接补贴方式，由财政补贴给中标企业，再由中标企业按中标协议供货价格减去财政补贴资金后的价格销售给终端用户，最终受益人是大宗用户和城乡居民。财政补贴的高效照明产品主要是普通照明用自镇流荧光灯、金属卤化物灯和三基色双端直管荧光灯（T8、T5 型）、半导体（LED①）照明产品、高压钠灯等电光源产品，以及必要的配套镇流器。财政补贴的受益对象包括城乡居民用户和大宗用户。大宗用户是指工矿企业、宾馆、商厦、写字楼、学校、医院、车站、码头、机场、道路等采用照明产品集中的场所，采用合同能源管理推广高效照明产品的节能服务公司可视为大宗用户；居民用户是指以行政村或社区为购买单位的用户。补贴标准为：①大宗用户每只高效照明产品，中央财政按中标协议供货价格的 30% 给予补贴；②城乡居民用户每只高效照明产品，中央财政按中标协议供货价格的 50% 给予补贴。财政补贴高效照明产品具有价格实惠（财政补贴 30% 或 50%）、质量过硬（政府招标）、节能省电（比普通白炽灯泡节能 80%）、售后保障（质保两年）等特点。节能灯主要产品型号及居民购买价格为：贵雅照明，高频 T5 及电子支架 14 瓦、28 瓦每只分别为 11 元、17.5 元；立达信照明，半螺旋形 8 瓦、14 瓦、24 瓦、25 瓦每只分别为 3.9 元、4.4 元、5.4 元、6 元；欧司朗照明，工频 T8 型 18 瓦、36 瓦每只分别为 2 元、3.4 元；150 瓦、250 瓦、400 瓦高压钠灯每只分别为 17.5 元、23.5 元、25.25 元。

2009 年，为组织实施"节能产品惠民工程"，财政部、国家发改委联合出台了《高效节能产品推广财政补助资金管理暂行办法》（财建〔2009〕213 号）。此工程节能产品涵盖了高效照明产品、新能源节能汽车和能效等级 1 级或 2 级以上的空调、冰箱、洗衣机等十大类高效节能产品。财政补贴的对象是高效节能产品的购买者，由于采用间接补贴的方式，实际是通过对生产企业的价格差异进行补

---

① LED：light emitting diode，即发光二极管。

贴,购买者仍是最终受益人。财政补贴标准依据普通产品与节能产品的价格差异的一定比例确定。国家定期公布节能惠民产品的企业名单,以便于地方执行和消费者购买。2012 年国家制定了热水器等五大类节能家电产品推广实施细则,燃气热水器取代了电热水器享受补贴的地位,同年 9 月,财政部又将节能台式计算机、风机、变压器等六类节能产品纳入补贴范围,充分发挥财政政策促进节能消费的作用。2013 年,江西省财政厅、工业和信息化委员会、发展和改革委员会联合制定了《江西省节能产品惠民工程高效节能产品补贴资金管理暂行办法》,该办法明确规定凡购买并安装高效节能容积式空气压缩机、高效节能通风机、高效节能清水离心泵、高效节能配电变压器(具体品牌和型号由国家发改委、财政部、工信部确定公布)的单位和企业均可申请、享受财政补贴,补贴资金由中央财政负担。

2)有关小企业和民航节能减排的财政补贴政策

为使关闭落后小企业工作顺利实施,做好职工安置工作,财政部联合工信部发布了《关于印发〈中央财政关闭小企业补助资金管理办法〉的通知》。该办法针对的是存在产能过剩、资源能源浪费、环境污染等各种问题的小企业,每年由省级工业和信息化主管部门联合财政部门根据相关法律和产业政策向上级部门上报关闭小企业年度计划,中央采取以奖代补的形式给予关闭的小企业适当的补助资金。财政补助资金主要用于关闭企业职工安置等支出,补助金额按照该办法制定的计算公式加以发放。同时,省级相关部门应做好关闭小企业的申报、检查和监督管理工作。

随着经济往来的频繁和交通设施的便利,民航迅速发展,其发展也带来了能源消耗与环境污染问题。为保证各单位发展绿色民航事业所需资金,2012 年 8 月,财政部、民政局联合制定了《民航节能减排专项资金管理暂行办法》,规定补助资金用于民航节能技术改造、民航管理节能、节能产品及新能源应用、机场污水设施建设等方面。补助标准按照项目承担主体与节能减排受益主体是否为同一单位进行划分,若为同一单位,则按照不超过项目实际投资额的 30% 予以补助,否则按照不超过项目投资额的 60% 予以补助。具体标准由民航局综合考虑行业发展的重点和项目达到的节能减排效果等因素加以确定。

3)有关清洁生产、绿色建筑等方面的财政补贴政策

在绿色建筑发展方面,为助推绿色建筑的发展,2006 年江西省财政厅制定了《江西省省级新型墙体材料专项基金补贴暂行办法》(赣财企〔2006〕106 号),以支持、积极引导新型墙体材料发展,规范省级新型墙体材料专项基金补助工作。专项基金由省财政预算安排,用于新型墙体材料的生产、应用及科研开发等方面。由企业向相关部门提出基金申请,经审查合格后,对符合条件的企业进行无偿拨付,专项基金的补助方式采用无偿资助或贷款贴息方式。新型墙材科研开

发、应用项目和全套引进国外先进生产工艺设备的生产项目一般采取无偿资助方式，其他新型墙材生产项目一般采取贷款贴息方式。新型墙材项目可选择其中一种补助方式，但不得同时以两种方式申请专项基金补助。基金补贴额度一般控制在项目总投资额的 5% 以内，并且每个项目控制在 100 万元以内。专项基金贷款贴息的额度，根据项目贷款额度及中国人民银行公布的同期贷款利率确定，每个项目的贴息期限一般不超过两年，贴息额度最多不超过 50 万元。

同年，为积极引导江西省散装水泥事业的发展，规范省级散装水泥专项资金补贴工作，江西省财政厅制定了《江西省省级散装水泥专项资金补贴暂行办法》，规定了省级散装水泥专项资金的补贴范围：新建、改建和扩建散装水泥、预拌混凝土和预拌砂浆专用设施，购置和维修散装水泥、预拌混凝土和预拌砂浆专用设备；散装水泥、预拌混凝土和预拌砂浆建设项目贷款贴息；散装水泥、预拌混凝土和预拌砂浆的科研与新技术开发、示范与推广。专项资金的补助方式采用无偿资助或贷款贴息方式。散装水泥科研开发、生产项目和应用项目一般采取无偿资助方式，其他散装水泥项目一般采取贷款贴息方式，但不得同时以两种方式申请专项资金补贴。对于专项资金无偿补贴的额度，每个项目一般控制在 50 万元以内。

为了推动工业领域清洁生产，提高生产水平，2012 年 7 月江西省财政厅会同工业和信息化委员会下发了《江西省省级工业清洁生产专项资金管理暂行办法》，该办法详细规定了专项资金的使用范围、奖励方式、申报程序、资金管理等，对符合不同条件的项目补助数目不等的金额。此外，财政部于 2009 年印发了《太阳能光电建筑应用财政补助资金管理暂行办法》，中央财政从可再生能源专项基金中抽取部分资金，用于支持太阳能光电在城乡的发展应用，该办法对资金的使用范围、条件等做了明确规定。

4）对电力需求侧管理的财政补贴政策

2011 年，为做好电力需求侧管理专项资金的筹集、使用与管理，优化电力资源配置，改善能源消耗结构域方式，提高电能利用效率，江西省财政厅、能源局制定了《江西省电力需求侧管理专项资金管理办法》，规定该专项资金使用范围包括：①实施试点、示范和重点项目的补贴；②用电企业实行有序用电的补贴；③电力负荷管理系统建设管理和维护；④电力需求侧管理的宣传、培训、评估和课题研究等。专项资金采取拨款补助和贷款贴息两种方式。其中，采取拨款补助形式的补助金额一般不超过项目总投资的 50%；采取贷款贴息形式的贴息金额一般不超过项目单位年应支付利息总额。

2. 财政补贴政策实施成效

财政补贴操作较为简便，覆盖领域范围广，产生影响大，对江西省的节能工作产生了显著影响。单位 GDP 能耗下降幅度增大，能源利用效率提高，全省公民的节能意识进一步提升。

1）财政补贴加快了高效节能产品的推广使用

因为高效节能产品因前期科研投入大、生产推广成本高、市场销售份额小等，销售价格比普通产品高出 30%～50%，虽然其产品性能好，节能又环保，但销量始终处于低谷。

"十一五"期间，江西省通过财政补贴推广高效照明产品取得显著成效。累计推广高效照明产品 1 500 多万只，每年节电 18 亿多千瓦时，若按照每千瓦时 0.7 元的价格计算，可为用户节省电费 12.6 亿多元。2011 年，江西省继续安排 2 000 万元省级财政资金，补贴推广省内企业生产的高效照明产品 203 万只，居民购买可享受 50% 的优惠价格。

据调查，2008 年，景德镇市经济贸易委员会会同财政等部门积极主动做好推广照明工作，积极协调城建、交警和县（市、区）经济贸易委员会，分别在人员密集的市休闲广场和社区，以及乐平市、浮梁县等县城和乡镇先后组织了 22 场现场推介会，并设置了推广及售后服务点，为城乡居民提供了购买的便利，得到了群众的好评，推广工作也取得了显著成效，在社会上取得了良好反响，超额完成江西省下达的 20 万只推广任务，名列全省前茅。

财政补贴政策的出台，大大提升了高效节能产品的普及率，进一步促使企业积极投入研发节能产品，努力提高能效等级，同时为江西省带来了巨大的节能效果。

2）中小企业产业结构调整初见成效

江西省中小企业数量居多，工业类中小企业占工业的比重超过八成。中小企业多采用粗放式的发展方式，生产工艺及设备落后。财政补贴政策的出台，有效地解决了这一难题，促进了中小企业积极参与结构调整及产业升级。

2011 年江西省组织 211 家高耗能小企业申请关闭计划，181 家获得中央财政补助资金 2.3 亿元，妥善安置职工 30 783 人。仅南昌市关闭的 9 家中小企业，每年可节约标煤 1.2 万吨，减少二氧化碳、二氧化硫等废气排放量约 2.8 万吨。2012 年江西省加大对中小企业的整改力度，对 274 家中小企业实行行政性关闭，涉及职工人数达 47 116 人。中小企业的顺利关闭，对江西省节能降耗，产业优化升级起到了积极的作用。

3）提高了能源利用效率

"十一五"以来，江西省政府充分认识到当前节能减排的形式，利用财政补贴的杠杆作用，淘汰落后产能，关闭能耗高的中小企业，鼓励工业耗能企业改造生产工艺，推动它们进行节能技术改造，取得了显著的效果，工业领域能源利用效率得到提升。

江西省内能源供应以煤炭为主，天然气等能源对外依存度高，短期内这种状况不能改变，提高能源利用效率是唯一出路。如表 3-3 所示，江西省自 2006 年以来，能源消费总量整体呈下降趋势，虽然各能源消费下降幅度不大，能源加工转化率不明显，但足以证明江西省能源利用效率在逐步改变，能源利用率有足够的提升空间。

表 3-3　万元生产总值能源消费量和能源加工转化率

年份	能源消费总量/（吨标准煤/万元）	煤炭/（吨/万元）	焦炭/（吨/万元）	石油/（吨/万元）	原油/（吨/万元）	燃料油/（吨/万元）	电力/（万千瓦时/万元）	能源加工转化率/%
2006	1.02	1.04	0.12	0.12	0.09	0.01	0.10	64.38
2007	0.98	1.05	0.12	0.12	0.08	—	0.10	64.48
2008	0.92	0.94	0.10	0.11	0.07	0.01	0.09	65.64
2009	0.88	0.88	0.11	0.10	0.07	—	0.09	66.51
2010	0.85	0.83	0.10	0.09	0.06	—	0.09	65.82

注：生产总值按 2005 年可比价格计算

资料来源：江西省统计局. 江西能源统计资料. 南昌：江西人民出版社，2006～2010

4）促进了经济结构调整和发展方式转变

"十一五"期间，江西省万元 GDP 能耗由 1.06 吨标准煤下降到 0.845 吨标准煤，下降 20.28%，超额完成国家下达的 20% 的目标任务；全省以年均 8.2% 的能源消费增长速度支撑了 13.2% 的国民经济增长速度，节约能源 1 200 万吨标准煤，能源消费弹性系数由"十五"时期的 0.97 下降到"十一五"时期的 0.62。全省水泥行业旋窑生产线比重达到 85%（比全国高 15 百分点），比 2005 年提高 26 百分点，绝大部分水泥企业配套余热发电装置，解决企业三分之一用电；钢铁行业基本安装了高炉压差发电、干熄焦发电等节能装置，全年自发电量 16 亿千瓦时，占企业用电量的近五分之一；火电行业通过"上大压小"，全省火电主力机组由 30 万千瓦转变为 60 万千瓦，火电统调机组每千瓦供电煤耗由 357 克下降到 331 克，下降 7.3%。

3.1.4　现行财政贴息政策及实施成效

江西省作为经济欠发达省份，发展缓慢、资金匮乏仍是其主要矛盾。工业节能技术改造及新兴产业发展缺乏资金、技术等支持，企业发展资金难以自筹。企业贷款财政贴息作为政府扶持的重要手段，对江西省部分能耗企业缓解资金压力、降低企业节能成本发挥了较好的促进作用。

1. 现行财政贴息政策

现行的政府财政贴息主要是为江西省内重大基础设施建设、重点行业发展提供资金支持。

1）针对工业企业技术改造的财政贴息政策

江西省财政厅联合工业和信息化委员会于 2010 年 11 月 15 日发布了《江西省省级工业企业技术改造专项资金管理办法》，用于支持工业企业技术改造。该办法规定了资金的使用范围，重点用于扶持工业和信息化领域重点企业、重大项目和重大专项活动。主要包括：①支持经技术改造投资主管部门审批、核准或备案的省战略性新兴产业、高新技术产业化和传统产业技术改造等重大项目；②支持全省重点产业和重点企业融资、上市等产业投资；③支持开展全省技术改造重大项目前期、规划、重大项目推进等重点专项活动；④支持符合国家和省有关规定的其他项目。其中，符合①的主要采取投资补助和贷款贴息方式；符合②的主要采取资本金注入方式；符合③的主要采取经费补助方式。同时该办法对项目的申请、审定、管理和监察等也做了详细说明。从国家层面上看，"十一五"期间，中央对重大项目的技术改造主要采用财政补助奖励政策，直到 2012 年国务院发布了关于促进企业技术改造的指导意见，其中提到要对技术改造项目提供融资便利，采用贴息贷款、知识产权抵押等方式支持国家重点项目和符合产业升级方向的技术改造项目。

2）有关基本建设投资的财政贴息政策

各地政府为了合理规划产业布局，吸引投资，带动地方经济，陆续申请建立经济技术开发区。为了促进中西部地区国家经济技术开发区的发展，加快建设资源节约型和环境友好型社会，2010 年 3 月财政部颁布了《中西部等地区国家级经济技术开发区基础设施项目贷款财政贴息资金管理办法》，以更好地发挥中央财政支持引导的作用。该贷款贴息主要用于开发区内的污水、生活垃圾处理及供水、供电等基础设施项目，只要在国家级经济技术开发区管辖范围内的基础设施在建项目，并且贷款已落实并支付贷款利息，均可向国家申请贴息，贴息方式为先付后贴，贴息年限为 2～5 年，贴息率由财政部依据标准一年一定，对申请财政贴息的企业有严格的审查监督程序，以提高资金使用率。2012 年 3 月，财政部又出台了《基本建设贷款中央财政贴息资金管理办法》，其中包括国家级经济技术开发区内的基础设施建设，贴息方式方法没有变化，只是覆盖范围更广。

3）扶持地方特色产业中小企业发展的财政贴息政策

中小企业是经济发展的中坚力量，在企业总量中的比重较大，维护和发展好中小企业，对推动技术创新、节能减排等工作具有举足轻重的作用。2010 年 6 月财政部出台了《地方特色产业中小企业发展资金管理暂行办法》，特色产业资金主要用于支持中小企业产业升级和延伸、鼓励中小企业节能减排与促进技术创新和成果转化等方面，每一年企业只能申请一个项目的贷款资助，总额不超过300 万元。同年，江西省依照国家精神，结合本省特色，制定了《江西省地方特色产业、中小企业发展资金项目验收管理暂行办法》（赣财企〔2011〕21号），资金的申请、使用范围、审查等遵照国家文件执行，贴息额度最大不超过150万元。

2. 财政贴息政策实施成效

1）优化了江西省内国家级经济技术开发区项目

国家级经济技术开发区是江西省集中投资建设的符合国际标准的投资环境，是江西省实施对外开放的重要平台，通过吸收利用外资，形成高新技术产业的现代工业结构。国家通过贴息贷款的方式帮助省、市、县各级政府投资建设国家级经济技术开发区，主要针对开发区内的污水、生活垃圾处理及供热、供电等一系列基础设施建设，目的是保障开发区内的生态环境，节约资源。在中央财政资金的支持下，迄今为止，江西省投资建成了南昌经济技术开发区、九江经济技术开发区、赣州经济技术开发区等6个国家级经济技术开发区，获得财政贴息5 665万元。其中，南昌经济技术开发区率先被国家批准升级为国家级经济技术开发区，园区面积达158平方千米，基础设施健全，集绿色园区、生态园区为一体，交通便利，具有天然的区位优势，以科技发展为中心，成为江西省对外开放的窗口和连接国际市场的桥梁。截至2011年，吸引国内外投资项目近300个，逐步形成了具有特色的高科技园区。

2）带动了一批具有地方特色的中小企业的发展

江西省按照产业振兴发展规划，严格落实中央和地方制定的促进中小企业发展的政策文件，财政贴息支持本省地方特色中小企业科技成果转化、节能减排、产业升级和延伸等传统优势产业的发展，提高资金使用效益，有利于传统优势产业的发展壮大。

通过专项资金的使用，具有地方特色的中小企业快速发展。据统计，2010年获得地方特色产业中小企业发展专项资金的企业有98户，项目资金下达后，2010年总产值达655 641.58万元，比同期增长43.27%。其中，工业增加值为155 086.57万元，比同期增长48.93百分点；主营业务收入884 499.28万元，与同期相比，增长81.13%；利润总额高达43 862.47万元，比同期高出199.33百分点；资产总额793 903.77万元，比同期增长33.06%；上缴税金23 756.11万元，比同期增长149.32%；从业人数27 638人，比同期增长32.41%；销售收入543 536.21万元，比同期增长51.4%。

3.1.5　现行政府采购政策及实施成效

1. 现行政府采购政策

为了引领绿色节能产品消费市场，推广使用节能产品，政府从自身做起，率先购买绿色产品，充分发挥政府采购的政策导向作用。政府绿色采购制度作为推进节能环保工作的最后一道防护墙，有力地引导了社会的消费观念，助推国内相关行业和产业的发展，有利于环境友好型社会的建设。

目前各地方政府采购的绿色节能产品依照国家发布的节能环保清单执行。为了发挥政府机构节能的表率作用，2004 年 12 月，财政部会同国家发改委颁布了《节能产品政府采购实施意见》，该实施意见以《中华人民共和国节约能源法》（以下简称《节约能源法》）和《中华人民共和国政府采购法》（以下简称《政府采购法》）为法律保障，以相关的规章制度为依据，以《节能产品政府采购清单》为基础，各级政府按照国家发布清单遵照执行。该实施意见指出，政府采购的产品范围为国家认可的节能产品，国家定期以节能产品政府采购清单的形式加以公布，其有效期以国家节能产品认证证书的有效截止日期为准，到期后，对节能产品政府采购清单中的产品依据新的标准进行调整，对节能产品政府采购清单实行动态管理。为了切实加强环境保护，2006 年财政部、国家环境保护总局联合发布了《财政部环保总局关于环境标志产品政府采购实施的意见》（财库〔2006〕90 号），该意见要求政府优先采购带有环保标志的产品，国家也定期发布环保标志清单，环保标志清单中的产品受环保认证证书的期限限制，到期自动推出环保标志清单，对清单亦采用动态管理的方式。在政策实施的过程中，由于一些地区和部门认识不到位、实施措施不力等，政府机构采购节能产品的比例较低，在这种情况下，国务院于 2007 年下发了《国务院办公厅关于建立政府强制采购节能产品制度的通知》（国办发〔2007〕51 号），对政府绿色采购提出总体要求，规范了政府采购节能产品管理。

2. 政府采购政策实施成效

1）政府发挥了节能表率作用

政府绿色采购政策作为实施宏观调控的政策手段，促进了节能产品的推广，在政府采购活动中倡导节能环保产品，是利国利民的好事，充分发挥了政府部门带头节约资源的"示范效应"，同时把节约资源与政府采购很好地结合在一起。

江西省自出台《关于加强政府机构节约资源工作实施意见》后，认真落实执行，政府办公室采用高效节能的空调，空调开设温度符合国家标准，尽量使用自然风；减少计算机、打印机等用电设备的能耗，及时关闭设备；使用高效照明节能灯具，白天充分利用自然光，养成了随手关灯的习惯。据统计，到 2010 年，全省政府机构水电消耗比 2005 年节约 20%。同时，政府公务用车采购 1.8 升以下、价格不超过 18 万元的车，淘汰掉油耗高、环保不达标的车辆，转而购买低油耗、小排量、低排放的车，实现了政府机构节油节电的目标。此外，政府加大了对节能产品的采购力度，优先采购节能环保清单中的产品，每年政府采购计划根据"清单"的调整而相应改变,明令禁止采购资源利用率低的产品。

2) 政府采购机制日趋完善

近年来,江西省各级政府认真落实《政府采购法》等各项法律法规,政府采购招标、评审等工作规范化水平得到提高,但在实际工作过程中难免出现这样那样的问题,如虚假申报、权利义务不分、职责不清等问题。面对工作中出现的不规范现象,省政府高度重视,以进一步加强对政府采购的管理和监督。为了严格执行政府采购的各项法律法规,2007 年 11 月江西省财政厅下发了《江西省财政厅关于进一步规范政府采购资金支付工作的通知》(赣财购〔2007〕25 号),该通知明确了政府采购资金支付的操作流程,要求各部门严格执行,以保证政府采购工作的公正、公开、公平;2012 年 7 月,江西省财政厅转发了《财政部关于进一步规范政府采购评审工作有关问题的通知》,以加强对政府采购工作的管理,该通知详细阐述了政府评审工作的职责、纪律等问题,以及对工作中特殊情形的处理,规范了政府采购评审工作,增强了政府采购的透明度。

3.1.6　现行财政政策存在的问题

节约能源是政府财政支持的重要内容之一,近年来,中国政府以及江西省地方政府为了促进节约能源、减少环境污染,出台了一系列的财政扶持政策,并取得了一定的成效。然而,中国现行财政政策在促进节能工作上还存在许多不足,亟须进一步补充和完善。

1. 财政投资力度稍显不足,难以满足节能发展需要

为改变能源短缺的状况,中国过去长时期政府预算的基本政策取向是加大财政投资力度,提高能源产出,甚至一度通过建立能源交通基金方式向能源投资倾斜,从而有效地缓解了能源"瓶颈"的约束,支持了国民经济发展。这在当时特定的历史背景下有其一定的必然性和合理性。然而,国家节能发展战略却未能得到切实有效的贯彻和实施,中国长期存在重能源供给、轻能源节约的倾向,在政府预算资金的分配结构中,节能始终未能放到应有的位置,真正用于节能的资金投入远远不能满足中国节能事业发展的需要。可以说,政府资金投入不足是中国节能及能源效率水平滞后于国外的一个重要原因。从江西省来看,"十二五"期间,技术成熟、节能量大的节能技改项目越来越少,负成本技术(可以产生正的投资回报的技术)的比例将会降低至 60% 以下;节能投入的边际成本增加。从完成节能目标的现实需求来看,财政节能投入需大幅增加。

1) 预算内节能投资资金有待整合

政府对节能的投入应是通过政策引导和优化管理,从而提高企业和公众的节能意识,提高终端产品能效,达到节能产品的研究、生产、销售、使用、服务、回收等良性循环的目的，而不仅仅表现为政府通过财政出资建设几个节能示范项目以及完成若干节能技改项目，或者对某些节能项目进行某种税收优惠。而现行的做法是，预算内投资由江西省财政厅切块，交由省发展和改革委员会等相关部门负责分配管理，这部分投资安排了少量的节能投资，起到了一定作用，但总体效果并不理想。这是因为，一方面，节能投资较为有限，力度不够；另一方面，同属于财政资金的节能投资却分散管理，财政支持的范围过于分散，重点不突出，难以形成合力。

2）现有专项资金、基金难以满足节能发展的需求

20世纪80年代以来，中央和地方政府制定了一系列鼓励节能、发展电力事业、开发可再生能源的政策和措施，包括设立了若干专项基金、资金，如三峡建设基金、电力建设基金、农网改造资金、三电资金、电力需求侧管理专项资金（地方）等。为了节约和合理用能，提高能源效率，从1981年起，中国将节能计划纳入国民经济和社会发展的中长期计划中，推动了节能工作的开展。从资金使用效果上看，国内各种基金、资金在不同程度上达到了预期的目标。节能专项资金的建立和投入使用，产生了显著的节能和经济效益。然而，客观地看，必须承认国内现有的专项基金、资金难以满足节能发展的巨大支持需求。在国家层面，专项用于支持节能的基金总量较少，难以满足节能事业发展的需要。在地方政府层面，用于支持节能的资金也很有限，而且资金来源的稳定性存在问题。以2012年为例，江西省安排的节能专项资金只有3 000万元，仅对28个项目进行扶持，重点用于节能监管体系的建立、企业节能技术改造和与节能有关的基础工作，但成效不明显。在课题组的实地调研中，被调查的企业普遍反映，企业资金紧张、政府扶持力度小是其节能技改的主要困难（表3-4）。

表3-4　样本企业在节能减排中存在的主要困难（单位：%）

主要困难	占比
政府扶持力度小	32.6
力量薄弱，缺乏新技术	27.3
企业资金紧张	39.4
其他	0.8

注：由于四舍五入原因，表中数据相加不等于100%

2. 财政奖励力度小，申报手续繁杂，受益面窄

1）财政奖励力度小

资金问题已经普遍成为节能产品推广、节能技术改造的主要瓶颈。目前，政府对节能鼓励的资金投入范围只涉及研发和生产领域，而在节能产品销售、使用、服务、回收等方面涉及较少，且资金安排具有一定的随意性，节能投入得不

到很好保障。相对于节能项目所需资金，财政扶持资金较少。近年来，江西省财政安排的节能奖励资金有了较大幅度的增长，其总量已达到一定规模，但因其照顾面过宽，资金使用范围过散，其激励效应始终难以充分发挥。

2）申报手续繁杂，受益面窄

企业申请财政扶持资金手续繁杂，动力不足。降低生产成本是企业节能降耗最根本的动力。从目前各类节能减排专项资金申请的程序来看，其过程烦琐、材料繁多、时间冗长，企业尤其是具体经办人员缺少申请专项资金的积极性，缺乏驱动机制。由于节能资金数额太少，大企业不愿意花费大量人力、物力去申请数额不多的节能财政资金；小型企业由于发展程度不够，可能达不到财政补贴的标准；中型企业发展到一定规模且面临融资困难的问题，愿意申请财政补贴资金，故一般真正享受财政扶持资金的大多是中型企业。

从我们的实地调研情况来看，中央专项资金申报难，审计严格，查得严，门槛高。企业必须列入"万家节能企业名单"才有资格申报，私人企业申报需要财政担保。企业做申报材料前期投入大，回报低，缺乏申报项目的积极性。很多企业反映节能不节钱，环保指标能完成，但节能指标不一定完成，这也直接抑制了企业申报的动力。

3. 财政补贴有一定随意性，激励作用有限

江西省政府贯彻执行的财政补贴政策多是由中央制定的，我国对开展资源综合利用和节能技改的企业实施财政补贴的仅限于少数几项间接补贴，如利润不上缴、减免税收、税收先征后返等，缺乏经常性的直接补贴。从目前江西省实施的财政补贴政策来看，补贴政策目标的制定带有随意性，缺乏长期目标的支持，可操作性不强，补贴方式不科学、结构不合理。在我们调研的样本企业中，节能企业能够享受政府财政补贴的比例较小，占 12.8%（表 3-5）。

表 3-5　公司（企业）节能产品享受财政补贴的比重（单位:%）

是否享受财政补贴	占比
是	12.8
否	64.1
缺失值	23.1

一般而言，绝大部分企业会根据自身的经营发展状况自觉进行节能改造，国家的财政补贴不是企业进行节能改造的主要动力。相对于节能项目所需资金，财政补贴资金较少。据财政部门统计，大部分技改项目所需资金都达到几亿元，而中央财政补贴资金往往只有几百万元，很少超过 1 000 万元，财政帮助的实际效果并不大。

4. 政府采购政策扶持力度有限

尽管财政部和国家发改委已经颁布了一些政策和法律文件，江西省也出台了节能产品采购的实施意见，为推行节能产品采购制度提供了一定的政策和法律基础，但在整体上还存在功能性与结构性的欠缺，主要体现在政策、法律之间的协调性差，绿色采购清单的制定、公布和调整机制不够完善，存在制度不完备、操作不规范、范围不明确、程序不公开等问题。

1）节能产品认证力度有待进一步加强

节能产品认证是政府采购的物质基础。根据《中华人民共和国能源法》（以下简称《能源法》）的有关规定，我国于 1998 年 11 月正式推出节能产品认证制度，经过近二十年努力，我国节能产品认证工作取得长足的发展。但总体看，我国参与节能产品认证的企业还不太多，节能产品认证的社会知名度还比较低。江西省作为经济欠发达的中部省份，其节能产品认证更显落后，还有更多的工作要做。工业节能是全社会节能的重要组成部分，为了推进工业节能政府采购，首要的是抓好工业节能产品认证，扩大产品品种范围，为规范工业节能产品市场和纳入政府采购做好技术准备。

2）节能产品政府采购宣传工作有待加强

由于政府公务员的理性预期，其节能降耗、节约资金的自主意识不强，缺乏节能采购的积极性。因此，有必要加强对各级政府机关、事业单位和社会团体的培训及宣传教育，以使政府采购人员明确实施节能产品政府采购的重要意义和应承担的职责义务，从而在具体的政府采购活动中能够增强采购节能产品的主动性和责任感。同时，不少企业对节能产品的政府采购的重要性认识不足。从实地调研的问卷分析来看，在政府出台的节能财税政策中，较为认可的措施是财政奖励、财政补贴、税收返还和财政投资，而对政府采购促进节能的认可只占 1.7%（表 3-6）。它们要么认为政府采购对节能产品的推广不重要，要么认为节能产品难以纳入政府采购目录，很难获得政府采购政策扶持。甚至有些企业主对政府采购政策知之甚少，不了解节能产品的政府采购流程与申请程序。

表 3-6　公司（企业）对节能财政政策的评价（单位:%）

企业认为促进节能较为有效的财政政策	占比
财政投资	18.9
财政补贴	25.0
财政贴息	9.4
财政奖励	26.1
税收返还	18.9
政府采购	1.7

3）节能产品政府采购实施步伐有待加快

目前，江西省政府认真贯彻实施《国务院办公厅关于开展资源节约活动的通知》(国办发〔2004〕30 号)和《财政部　环保总局关于环境标志产品政府采购实施的意见》（财库〔2006〕90 号)，根据两者定期公布的"清单"进行绿色节能采购，通过政府优先采购具有绿色标志的产品及清洁节能产品，引导社会公众的消费行为和企业的生产行为，促进节能降耗和绿色环保。但我们也应该意识到政府采购节能产品的比例相对较低，对相关节能企业的扶持力度较为有限（表 3-7)。政府机构人均能耗高于社会平均水平，节能潜力大，环境标志产品的工作不全面，政府采购机制有待改进。对于已经得到认证的节能产品，应及时将那些社会需求量大、节能效益显著的产品纳入政府采购，以后逐步拓宽范围。进一步扩大中央二级预算单位、地市预算单位与县级预算单位实行节能产品政府采购的范围，在实施中，各级政府和预算单位可以根据实际情况，提前开展节能产品政府采购工作。

表 3-7　样本企业纳入政府采购产品产值占全部产值比重（单位:％)

政府采购产品产值占全部产值比重	占比
几乎没有	73.1
10％以下	5.1
10％～20％	1.3
20％～30％	2.6
缺失值	17.9

5. 财政政策引导、市场发挥作用的机制有待完善

作为一个发展中国家，我国建设节约型、友好型社会是一个长期的过程，需要政府正确的导向、法律的严格监管和财税等政策的支持。从经济学角度来考量，承担节能任务的各个主体有着不同的节能边际成本，在不考虑交易费用的情况下，通过交易能够使参与交易各方的边际节能成本相等，完成节能总目标所需的总成本最低。目前，江西省节能交易市场尚未建立，没有形成以市场为导向、企业为主体、政策作支撑的节能技术创新体系，也没有形成较为完善的节能服务市场，这些问题都影响了我国当前财政政策作用的发挥。

3.2　促进工业领域节能的税收政策现状及评价

作为最具市场效率的经济手段之一，税收政策在促进节能和低碳经济发展上起到的重要作用不可忽视。江西省积极落实国家所制定的促进节能的税收政策，取得了积极效果，但也存在不少问题。

3.2.1 税收促进节能的效应——基于协整分析方法

为了定量分析税收与节能的关系，本章选取江西省工业领域中能耗高的煤炭开采和洗选业，纺织业，木材加工及木竹藤棕草业，造纸及制品业，石油加工、炼焦及核燃料加工业，化学原料及化学制品业，非金属矿物制品业，黑色金属冶炼及压延加工业，有色金属冶炼及压延加工业，电力、热力生产和供应业 10 个行业，根据《中国税务年鉴》《江西统计年鉴》相关数据计算得到 10 个行业 1996～2010 年万元 GDP 单位能耗、主营业务税金及附加、增值税、企业所得税和税收收入总额 5 个指标数据，利用协整分析方法逐一分析所有高耗能行业以及每一个行业万元 GDP 能耗与税收的关系。

需要说明的是，由于《中国税务年鉴》税收收入总额、企业所得税自 2007 年才有分产业分地区数据，而增值税和工业领域涉及的其他税种没有分产业分地区数据，因此，除了 2007～2010 年税收收入总额和企业所得税数据来源于《中国税务年鉴》外，其他数据都是根据《江西统计年鉴》规模以上工业经济指标计算得来的。主营业务税金及附加是指规模以上工业主营业务税金及附加，包括消费税、城建税、教育费附加及资源税；企业所得税则用规模以上工业应交所得税代替；由于《江西统计年鉴》中并无规模以上工业应交增值税，因此，增值税指标通过"增值税＝利税总额－主营业务税金及附加－利润"公式计算得出；税收收入指标通过"税收收入＝主营业务税金及附加＋增值税＋企业所得税"计算得出。另外，1996～2000 年万元 GDP 能耗根据"能源消费量÷全部工业总产值（按当年价）"计算得出，2001～2010 年万元 GDP 能耗根据"能源消费量÷规模以上工业总产值（按当年价）"计算得出。之所以按当年价工业总产值计算单位能耗，是因为税收指标都只有当年价，没有可比价，所有数据见附表 1。

1. 整个高耗能行业税收政策效应分析

1）模型设定与数据说明

为了消除异方差的影响，我们对五个变量数据进行了对数化处理，并引入随机误差项，设定多元对数回归模型，如式（3-1）所示。

$$\ln Y = \beta_0 + \beta_1 \ln X_1 + \beta_2 \ln X_2 + \beta_3 \ln X_3 + \beta_4 \ln X_4 + \xi \qquad (3\text{-}1)$$

其中，Y 为单位 GDP 能耗；X_1 为主营业务税金及附加；X_2 为增值税；X_3 为企业所得税；X_4 为税收收入。

在式（3-1）中，我们选择了 1996～2010 年的相关样本数据。由于时间数列数据中的变量存在不平稳的现象，因此，在进行回归分析时，必须首先对时间数列中的变量进行平稳性检验，以防止出现统计理论上的伪回归现象。本章采用

ADF 法检验时间数列各变量的平稳性。

第一，lnY 数列的平稳性验证。

表 3-8 检验结果显示，lnY 数列接受原假设，因此是一个非平稳的数列。对原数列进行一阶差分，再对新的一阶差分数列进行 ADF 检验，结果见表 3-9。

表 3-8　lnY 数列的平稳性检验

置信水平	临界值	ADF 检验值	P 值
1%水平	−4.800 0	−2.436 9	0.348 2
5%水平	−3.791 1		
10%水平	−3.342 2		

表 3-9　lnY 一阶差分数列的平稳性检验

置信水平	临界值	ADF 检验值	P 值
1%水平	−2.755 0	−4.817 1	0.000 1
5%水平	−1.971 0		
10%水平	−1.603 7		

由表 3-9 可以发现，一阶差分 DlnY 数列在置信水平为 1%的情况下拒绝原假设，表明是一个平稳的数列，这说明 lnY 数列是一阶单整数列。

第二，lnX_1 数列的平稳性验证。

由表 3-10 可以发现，lnX_1 数列以较大的 P 值即 99.92%的概率接受原假设，表明存在单位根，因此是一个非平稳的数列。对原数列进行一阶差分，再对新的一阶差分数列进行 ADF 检验，结果见表 3-11。

表 3-10　lnX_1 数列的平稳性检验

置信水平	临界值	ADF 检验值	P 值
1%水平	−4.992 3	0.972 2	0.999 2
5%水平	−3.875 3		
10%水平	−3.388 3		

表 3-11　lnX_1 一阶差分数列的平稳性检验

置信水平	临界值	t 检验值	P 值
1%水平	−4.992 3	−4.114 1	0.035 4
5%水平	−3.875 3		
10%水平	−3.388 3		

由表 3-11 可以发现，$DlnX_1$ 数列在置信水平为 5%的情况下拒绝原假设，表

明不存在单位根，所以 $\ln X_1$ 数列是一阶单整数列。

第三，$\ln X_2$ 数列的平稳性验证。

由表 3-12 可以发现，$\ln X_2$ 数列接受原假设，表明存在单位根。对原数列进行一阶差分，再对新的一阶差分数列进行 ADF 检验，结果见表 3-13。

表 3-12 $\ln X_2$ 数列的平稳性检验

置信水平	临界值	ADF 检验值	P 值
1%水平	−4.886 4	−2.118 7	0.489 4
5%水平	−3.829 0		
10%水平	−3.363 0		

表 3-13 $\ln X_2$ 一阶差分数列的平稳性检验

置信水平	临界值	ADF 检验值	P 值
1%水平	−4.057 9	−3.036 0	0.057 6
5%水平	−3.119 9		
10%水平	−2.701 1		

由表 3-13 可以发现，$D\ln X_2$ 数列在置信水平为 10%的情况下拒绝原假设，表明不存在单位根，所以 $\ln X_2$ 数列是一阶单整数列。

第四，$\ln X_3$ 数列的平稳性验证。

由表 3-14 可以发现，$\ln X_3$ 数列接受原假设，表明存在单位根。对原数列进行一阶差分，再对新的一阶差分数列进行 ADF 检验，结果见表 3-15。

表 3-14 $\ln X_3$ 数列的平稳性检验

置信水平	临界值	ADF 检验值	P 值
1%水平	−4.800 1	−2.309 2	0.403 4
5%水平	−3.791 2		
10%水平	−3.342 3		

表 3-15 $\ln X_3$ 一阶差分数列的平稳性检验

置信水平	临界值	ADF 检验值	P 值
1%水平	−2.755 0	−3.620 8	0.001 6
5%水平	−1.971 0		
10%水平	−1.603 7		

由表 3-15 可以发现，$D\ln X_3$ 数列在置信水平为 1%的情况下拒绝原假设，表

明不存在单位根，所以 $\ln X_3$ 数列是一阶单整数列。

第五，$\ln X_4$ 数列的平稳性验证。

由表 3-16 可以发现，$\ln X_4$ 数列接受原假设，表明存在单位根。对原数列进行一阶差分，再对新的一阶差分数列进行 ADF 检验，结果见表 3-17。

表 3-16　$\ln X_4$ 数列的平稳性检验

置信水平	临界值	ADF 检验值	P 值
1%水平	−4.800 1	−2.843 1	0.207 4
5%水平	−3.791 2		
10%水平	−3.342 3		

表 3-17　$\ln X_4$ 一阶差分数列的平稳性检验

置信水平	临界值	ADF 检验值	P 值
1%水平	−4.057 9	−3.956 3	0.011 9
5%水平	−3.119 9		
10%水平	−2.701 1		

由表 3-17 可以发现，$D\ln X_4$ 数列在 5%水平下拒绝原假设，表明不存在单位根，所以 $\ln X_4$ 数列是一阶单整数列。

由以上对式（3-1）中各变量平稳性的检验结果发现，模型中各变量数列在置信水平为 10%的情况下均为一阶单整数列，根据协整理论，式（3-1）中各变量之间可能存在一种长期均衡的关系。本书使用恩格尔-格兰杰两步检验法来检验这些变量是否存在协整关系。这种方法主要通过对回归方程的残差进行单位根检验来进行。协整理论表明，如果模型中的自变量与因变量之间存在协整关系，那么自变量的某种线性组合能解释因变量。由于随机因素的存在，不能被自变量解释的部分构成一个残差数列。一般情况下，恩格尔-格兰杰两步检验法可以检验模型的残差数列是否是一个平稳数列。这种方法可以通过对模型进行回归，提取其残差数列，通过 ADF 检验方法判定残差数列是否具有平稳性，如残差数列平稳，表明模型中的自变量与因变量之间存在协整关系；反之，不存在协整关系。

实际操作过程中，本书首先运用最小二乘法对模型（3-1）回归，提取其残差数列。最小二乘法估计结果见表 3-18。

表 3-18　最小二乘法估计结果

变量	系数	标准差	t 检验值	P 值
C	0.374 7	1.429 7	0.262 1	0.798 6
$\ln X_1$	−0.053 9	0.224 6	−0.239 8	0.815 3
$\ln X_2$	−2.843 4	0.647 1	−4.394 0	0.001 3
$\ln X_3$	−0.105 2	0.236 1	−0.445 5	0.665 5
$\ln X_4$	2.810 6	0.860 5	3.266 0	0.008 5
R^2	0.950 3	因变量均值		0.545 6
调整的 R^2	0.930 4	因变量标准差		0.594 4
回归标准误	0.156 8	赤池信息准则		−0.606 0
残差平方和	0.246 0	施瓦茨准则		−0.369 9
对数似然函数值	9.544 7	F 统计量		47.766 7
杜宾统计量	2.379 2	P 值		0.000 0

由表 3-18，可得模型方程式为

$$\ln Y = 0.374\ 7 - 0.053\ 9\ln X_1 - 2.843\ 4\ln X_2$$
$$- 0.105\ 2\ln X_3 + 2.810\ 6\ln X_4 \qquad (3\text{-}2)$$

同时，对式（3-2）的残差数列进行 ADF 检验，结果见表 3-19。

表 3-19　回归方程残差数列的平稳性检验

置信水平	临界值	ADF 检验值	P 值
1%水平	−4.800 1	−4.475 4	0.016 8
5%水平	−3.791 2		
10%水平	−3.342 3		

由表 3-19 发现，残差数列在置信水平为 5% 的情况下是平稳的。因此，通过恩格尔-格兰杰两步检验法，可以发现模型（3-1）中各变量之间存在协整关系，也表明式（3-2）中的模型为它们之间的长期稳定关系均衡式。

2）结论

主营业务税金及附加与企业所得税对节能效应影响不显著，但增值税与税收收入对节能效应影响显著。其中，增值税对高耗能企业能耗呈负向的影响关系，即增值税的增加有利于企业节能；税收收入对高耗能企业能耗呈正向的影响关系，即税收收入的增加会遏制高耗能企业节能，因此，总体而言，江西省如果能降低税收收入会促进企业节能。

　　需要指出的是，由于各个行业能耗水平有较大差异，对税收的敏感性是存在差异的，因此，虽然从总体上分析了税收对高耗能行业的效应，还需要逐一分析每一行业能耗水平对税收的反应程度。为此，按照同样的方法，分别分析税收对10个高耗能行业税收政策的节能效应。

2. 各高耗能行业税收政策效应分析

1）煤炭开采和洗选业税收政策效应分析

　　Y 为单位 GDP 能耗，X_1 为主营业务税金及附加，X_2 为增值税，X_3 为企业所得税，X_4 为税收收入。

　　由表 3-20 可以发现，表中各变量数列在置信水平为 5% 的情况下均为一阶单整数列，这表明各变量之间可能存在长期的均衡关系，即存在协整关系。本书使用恩格尔-格兰杰两步检验法来检验这些变量是否存在协整关系。先建立因变量为 $\ln Y$ 和自变量为 $\ln X_1$、$\ln X_2$、$\ln X_3$ 与 $\ln X_4$ 的回归方程，对模型进行回归，提取其残差数列，通过 ADF 检验方法判定残差数列是否具有平稳性，如残差数列平稳，表明模型中的自变量与因变量之间存在协整关系；反之，不存在协整关系。

表 3-20　煤炭开采和洗选业变量平稳性检验

变量	ADF 检验	AEG（5%）	P 值	检验形式（C，T，N）	单整阶数
$\ln Y$	-1.72	-3.79	0.686 6	（C，T，3）	1
$D\ln Y$	-3.63	-1.97	0.001 6	（0，0，0）	0
$\ln X_1$	-3.20	-3.83	0.127 1	（C，T，3）	1
$D\ln X_1$	-3.70	-1.97	0.001 3	（0，0，0）	0
$\ln X_2$	-3.26	-3.83	0.116 9	（C，T，3）	1
$D\ln X_2$	-2.21	-1.97	0.031 3	（0，0，0）	0
$\ln X_3$	-1.54	-3.79	0.762 9	（C，T，3）	1
$D\ln X_3$	-2.14	-1.97	0.035 5	（0，0，0）	0
$\ln X_4$	-2.87	-3.83	0.201 7	（C，T，3）	1
$D\ln X_4$	-2.18	-1.97	0.033 3	（0，0，0）	0

注：检验形式（C，T，N）中的 C 为模型常数项，T 为模型时间趋势项，N 为模型滞后期数

　　模型回归结果见表 3-21。

表 3-21　煤炭开采和洗选业回归方程

变量	系数	标准差	t 检验值	P 值
C	3.251 9	0.892 6	3.643 3	0.004 5
$\ln X_1$	0.758 5	0.338 1	2.243 5	0.048 7
$\ln X_2$	0.275 0	0.783 0	0.351 3	0.732 7
$\ln X_3$	−0.035 7	0.201 3	−0.177 5	0.862 7
$\ln X_4$	−1.525 6	0.761 8	−2.002 6	0.073 1

由表 3-21，可将回归估计的结果写成式（3-3）。

$$\ln Y = 3.251\ 9 + 0.758\ 5\ln X_1 + 0.275\ 0\ln X_2$$
$$- 0.035\ 7\ln X_3 - 1.525\ 6\ln X_4 \qquad (3\text{-}3)$$

接着，对式（3-3）的残差数列进行 ADF 单位根检验，检验结果见表 3-22。

表 3-22　煤炭开采和洗选业回归方程残差的平稳性检验

变量	ADF 检验	AEG（5%）	P 值	检验形式（C，T，N）	单整阶数
ξ	−4.15	−1.97	0.000 5	(0, 0, 0)	0

注：检验形式（C，T，N）中的 C 为模型常数项，T 为模型时间趋势项，N 为模型滞后期数

结果显示，残差数列在置信水平为 5% 的情况下是平稳的。因此，通过恩格尔-格兰杰两步检验法，可以发现 $\ln Y$、$\ln X_1$、$\ln X_2$、$\ln X_3$、$\ln X_4$ 之间存在协整关系，即式（3-3）为它们之间的长期稳定关系均衡式。

结论：增值税及企业所得税对煤炭开采和洗选业节能效应影响不显著，但主营业务税金及附加与税收收入对节能效应影响显著。其中，税收收入对煤炭开采和洗选业能耗呈负向的影响关系，即税收收入的增加有利于企业节能；主营业务税金及附加对高耗能企业能耗呈正向的影响关系，即主营业务税金及附加的增加会遏制高耗能企业节能。

因此，要降低煤炭开采和洗选业的单位能源消耗，一方面应加强税收征管，提高该行业的总体税负；另一方面，应适当降低煤炭开采和洗选业的主营业务税金及附加。

2）纺织业税收政策效应分析

Y 为单位 GDP 能耗，X_1 为主营业务税金及附加，X_2 为增值税，X_3 为企业所得税，X_4 为税收收入。

通过表 3-23 可知，$\ln Y$ 数列和 $\ln X_3$ 数列均为一阶单整，$\ln X_1$、$\ln X_2$ 与 $\ln X_4$ 变量数列均为平稳数列，符合协整条件。在这里，本书运用恩格尔-格兰杰两步检验法判定各个变量之间是否存在长期的协整关系。先建立因变量为 $\ln Y$ 和自变量为 $\ln X_1$、$\ln X_2$、$\ln X_3$ 与 $\ln X_4$ 的回归方程，对模型进行回归，提取其残差数列，通过 ADF 检验方法判定残差数列是否具有平稳性，如残差数列平稳，

表明模型中的自变量与因变量之间存在协整关系；反之，不存在协整关系。

表 3-23　纺织业变量平稳性检验

变量	ADF 检验	AEG（5%）	P 值	检验形式 （C，T，N）	单整阶数
$\ln Y$	−2.00	−3.79	0.547 2	（C，T，3）	1
$D\ln Y$	−3.25	−1.97	0.003 5	（0，0，0）	0
$\ln X_1$	−5.13	−3.83	0.007 0	（C，T，3）	0
$\ln X_2$	−5.00	−3.79	0.007 3	（C，T，3）	0
$\ln X_3$	−1.06	−3.88	0.890 9	（C，T，3）	1
$D\ln X_3$	−7.67	−1.97	0.000 0	（0，0，0）	0
$\ln X_4$	−3.84	−3.83	0.049 0	（C，T，3）	0

注：检验形式（C，T，N）中的 C 为模型常数项，T 为模型时间趋势项，N 为模型滞后期数

模型回归结果见表 3-24。

表 3-24　纺织业回归方程

变量	系数	标准差	t 检验值	P 值
C	−1.414 3	0.416 3	−3.397 1	0.006 8
$\ln X_1$	−0.657 4	0.203 6	−3.228 6	0.009 0
$\ln X_2$	−0.592 6	0.204 0	−2.905 0	0.015 7
$\ln X_3$	0.069 6	0.148 4	0.469 2	0.649 0
$\ln X_4$	0.838 1	0.364 1	2.302 0	0.044 1

由表 3-24，可将回归估计的结果写成式（3-4）。

$$\ln Y = -1.414\ 3 - 0.657\ 4\ln X_1 - 0.592\ 6\ln X_2$$
$$+ 0.069\ 6\ln X_3 + 0.838\ 1\ln X_4 \qquad (3\text{-}4)$$

接着，对式（3-4）的残差数列进行 ADF 单位根检验，检验结果见表 3-25。

表 3-25　纺织业回归方程残差的平稳性检验

变量	ADF 检验	AEG（5%）	P 值	检验形式（C，T，N）	单整阶数
ξ	−3.86	−1.97	0.000 9	（0，0，0）	0

注：检验形式（C，T，N）中的 C 为模型常数项，T 为模型时间趋势项，N 为模型滞后期数

结果显示，残差数列在置信水平为 5% 的情况下是平稳的。因此，通过恩格尔-格兰杰两步检验法，可以发现 $\ln Y$、$\ln X_1$、$\ln X_2$、$\ln X_3$、$\ln X_4$ 之间存在协整关系，即式（3-4）为它们之间的长期稳定关系均衡式。

结论：企业所得税对纺织业节能效应影响不显著，但增值税、主营业务税金

及附加与税收收入对纺织业节能效应影响显著。另外，税收收入对纺织业万元 GDP 能耗呈正向的影响关系，即税收收入的减少有利于较好地促进纺织业节能。

因此，一方面应加强增值税征管，另一方面应实行结构性的减税，减轻纺织业的总体税负，促使纺织业降低万元 GDP 能耗，实现节能。

3）木材加工及木竹藤棕草业税收政策效应分析

Y 为单位 GDP 能耗，X_1 为主营业务税金及附加，X_2 为增值税，X_3 为企业所得税，X_4 为税收收入。

由表 3-26 可知，$\ln Y$、$\ln X_2$ 和 $\ln X_4$ 数列均为一阶单整数列，而其他变量数列均为平稳数列，符合协整条件。本书运用恩格尔-格兰杰两步检验法判定各个变量之间是否存在长期的协整关系。先建立因变量为 $\ln Y$ 和自变量为 $\ln X_1$、$\ln X_2$、$\ln X_3$ 与 $\ln X_4$ 的回归方程，对模型进行回归，提取其残差数列，通过 ADF 检验方法判定残差数列是否具有平稳性，如残差数列平稳，表明模型中的自变量与因变量之间存在协整关系；反之，不存在协整关系。

表 3-26　木材加工及木竹藤棕草业变量平稳性检验

变量	ADF 检验	AEG（5%）	P 值	检验形式（C，T，N）	单整阶数
$\ln Y$	−2.16	−3.79	0.470 4	（C，T，3）	1
$D\ln Y$	−4.87	−1.97	0.000 1	（0，0，0）	0
$\ln X_1$	−2.68	−3.83	0.258 3	（C，T，3）	0
$D\ln X_1$	−5.43	−1.97	0.000 1	（0，0，0）	0
$\ln X_2$	−3.60	−3.93	0.078 8	（C，T，3）	1
$D\ln X_2$	−2.97	−1.97	0.006 3	（0，0，0）	0
$\ln X_3$	−5.84	−3.83	0.002 5	（C，T，3）	0
$\ln X_4$	−3.41	−3.93	0.101 1	（C，T，3）	1
$D\ln X_4$	−4.73	−1.97	0.000 2	（0，0，0）	0

注：检验形式（C，T，N）中的 C 为模型常数项，T 为模型时间趋势项，N 为模型滞后期数

模型回归结果见表 3-27。

表 3-27　木材加工及木竹藤棕草业回归方程

变量	系数	标准差	t 检验值	P 值
C	0.130 2	0.691 8	0.188 3	0.854 4
$\ln X_1$	−0.003 6	0.209 4	−0.017 2	0.986 6
$\ln X_2$	−0.805 5	0.250 3	−3.218 3	0.009 2
$\ln X_3$	0.263 8	0.191 5	1.378 0	0.198 3
$\ln X_4$	0.149 5	0.540 0	0.276 9	0.787 5

由表 3-27，可将回归估计的结果写成式（3-5）。

$$\ln Y = 0.130\,2 - 0.003\,6\ln X_1 - 0.805\,5\ln X_2$$
$$+ 0.263\,8\ln X_3 + 0.149\,5\ln X_4 \qquad (3\text{-}5)$$

接着，对式（3-5）的残差数列进行 ADF 单位根检验，检验结果见表 3-28。

表 3-28　木材加工及木竹藤棕草业回归方程残差的平稳性检验

变量	ADF 检验	AEG（5%）	P 值	检验形式（C，T，N）	单整阶数
ξ	−4.57	−1.97	0.000 2	(0, 0, 0)	0

注：检验形式（C，T，N）中的 C 为模型常数项，T 为模型时间趋势项，N 为模型滞后期数

由表 3-28 可知，残差数列在置信水平为 5% 的情况下是平稳的。因此，通过恩格尔-格兰杰两步检验法，可以发现 $\ln Y$、$\ln X_1$、$\ln X_2$、$\ln X_3$、$\ln X_4$ 之间存在协整关系，即式（3-5）为它们之间的长期稳定关系均衡式。

结论：主营业务税金及附加、企业所得税和税收收入对木材加工及木竹藤棕草业节能效应影响不显著，但增值税对节能效应影响显著。其中，增值税对木材加工及木竹藤棕草业万元 GDP 能耗呈负向的影响关系，即增值税的增加有利于木材加工及木竹藤棕草类企业节能。

4）造纸及制品业税收政策效应分析

Y 为单位 GDP 能耗，X_1 为主营业务税金及附加，X_2 为增值税，X_3 为企业所得税，X_4 为税收收入。

由表 3-29 发现，$\ln Y$、$\ln X_1$、$\ln X_2$、$\ln X_3$ 和 $\ln X_4$ 数列均为一阶单整数列，符合协整条件。本书运用恩格尔-格兰杰两步检验法判定各个变量之间是否存在长期的协整关系。先建立因变量为 $\ln Y$ 和自变量为 $\ln X_1$、$\ln X_2$、$\ln X_3$ 与 $\ln X_4$ 的回归方程，对模型进行回归，提取其残差数列，通过 ADF 检验方法判定残差数列是否具有平稳性，如残差数列平稳，表明模型中的自变量与因变量之间存在协整关系；反之，不存在协整关系。

表 3-29　造纸及制品业变量平稳性检验

变量	ADF 检验	AEG（5%）	P 值	检验形式（C，T，N）	单整阶数
$\ln Y$	−1.99	−3.79	0.558 9	(C，T，3)	1
$D\ln Y$	−3.93	−1.97	0.000 8	(0, 0, 0)	0
$\ln X_1$	−2.15	−3.79	0.475 6	(C，T，3)	1
$D\ln X_1$	−4.25	−1.97	0.000 4	(0, 0, 0)	0
$\ln X_2$	−2.69	−3.79	0.254 2	(C，T，3)	1
$D\ln X_2$	−2.93	−1.97	0.006 8	(0, 0, 0)	0
$\ln X_3$	−3.25	−3.87	0.121 9	(C，T，3)	1
$D\ln X_3$	−5.15	−1.98	0.000 1	(0, 0, 0)	0

变量	ADF 检验	AEG（5%）	P 值	检验形式（C，T，N）	单整阶数
$\ln X_4$	−3.34	−3.83	0.101 3	（C，T，3）	1
$D\ln X_4$	−3.41	−1.97	0.002 5	（0，0，0）	0

注：检验形式（C，T，N）中的 C 为模型常数项，T 为模型时间趋势项，N 为模型滞后期数

模型回归结果见表 3-30。

表 3-30　造纸及制品业回归方程

变量	系数	标准差	t 检验值	P 值
C	0.144 2	0.460 9	0.312 8	0.760 9
$\ln X_1$	−0.028 4	0.155 4	−0.182 7	0.858 7
$\ln X_2$	−0.864 3	0.312 2	−2.768 2	0.019 8
$\ln X_3$	−0.012 1	0.181 0	−0.067 1	0.947 9
$\ln X_4$	0.516 0	0.505 9	1.019 9	0.331 8

由表 3-30，可将回归估计的结果写成式（3-6）。

$$\ln Y = 0.144\ 2 - 0.028\ 4\ln X_1 - 0.864\ 3\ln X_2 - 0.012\ 1\ln X_3 + 0.516\ 0\ln X_4$$

$$(3-6)$$

接着，对式（3-6）的残差数列进行 ADF 单位根检验，检验结果见表 3-31。

表 3-31　造纸及制品业回归方程残差的平稳性检验

变量	ADF 检验	AEG（5%）	P 值	检验形式（C，T，N）	单整阶数
ξ	−3.69	−1.97	0.001 3	（0，0，0）	0

注：检验形式（C，T，N）中的 C 为模型常数项，T 为模型时间趋势项，N 为模型滞后期数

由表 3-31 可知，残差数列在置信水平为 5% 的情况下是平稳的。因此，通过恩格尔-格兰杰两步检验法，可以发现 $\ln Y$、$\ln X_1$、$\ln X_2$、$\ln X_3$、$\ln X_4$ 之间存在协整关系，即式（3-6）为它们之间的长期稳定关系均衡式。

结论：主营业务税金及附加、企业所得税与税收收入对造纸及制品业节能效应影响不显著，但增值税对造纸及制品业节能效应影响显著。其中，增值税对造纸及制品业万元 GDP 能耗呈负向的影响关系，即增值税的增加有利于造纸及制品类企业节能。

5）石油加工、炼焦及核燃料加工业税收政策效应分析

Y 为单位 GDP 能耗，X_1 为主营业务税金及附加，X_2 为增值税，X_3 为企业所得税，X_4 为税收收入。

由表 3-32 可知，$\ln Y$、$\ln X_1$、$\ln X_2$、$\ln X_3$ 和 $\ln X_4$ 数列均为一阶单整数列，符合协整条件。本书运用恩格尔-格兰杰两步检验法判定各个变量之间是否存在

长期的协整关系。先建立因变量为 $\ln Y$ 和自变量为 $\ln X_1$、$\ln X_2$、$\ln X_3$ 与 $\ln X_4$ 的回归方程，对模型进行回归，提取其残差数列，通过 ADF 检验方法判定残差数列是否具有平稳性，如残差数列平稳，表明模型中的自变量与因变量之间存在协整关系；反之，不存在协整关系。

表 3-32　石油加工、炼焦及核燃料加工业变量平稳性检验

变量	ADF 检验	AEG（5%）	P 值	检验形式（C，T，N）	单整阶数
$\ln Y$	−1.99	−3.79	0.559 0	（C，T，3）	1
$D\ln Y$	−3.47	−1.97	0.002 2	（0，0，0）	0
$\ln X_1$	−3.82	−3.88	0.054 6	（C，T，3）	1
$D\ln X_1$	−4.41	−1.98	0.000 4	（0，0，0）	0
$\ln X_2$	−3.26	−3.93	0.125 3	（C，T，3）	1
$D\ln X_2$	−4.54	−1.97	0.000 3	（0，0，0）	0
$\ln X_3$	−2.30	−3.79	0.408 5	（C，T，3）	1
$D\ln X_3$	−5.25	−1.97	0.000 1	（0，0，0）	0
$\ln X_4$	−0.83	−3.79	0.935 4	（C，T，3）	1
$D\ln X_4$	−3.19	−1.97	0.004 0	（0，0，0）	0

注：检验形式（C，T，N）中的 C 为模型常数项，T 为模型时间趋势项，N 为模型滞后期数

模型回归结果见表 3-33。

表 3-33　石油加工、炼焦及核燃料加工业回归方程

变量	系数	标准差	t 检验值	P 值
C	2.238 0	0.754 7	2.965 2	0.014 2
$\ln X_1$	0.282 1	0.195 9	1.439 8	0.180 5
$\ln X_2$	1.731 7	1.227 2	1.411 1	0.188 6
$\ln X_3$	−0.095 2	0.119 4	−0.797 3	0.443 8
$\ln X_4$	−2.150 4	1.005 3	−2.139 1	0.058 1

由表 3-33，可将回归估计的结果写成式（3-7）。

$$\ln Y = 2.238\,0 + 0.282\,1\ln X_1 + 1.731\,7\ln X_2 - 0.095\,2\ln X_3 - 2.150\,4\ln X_4$$

$$(3-7)$$

接着，对式（3-7）的残差数列进行 ADF 单位根检验，检验结果见表 3-34。

表 3-34　石油加工、炼焦及核燃料加工业回归方程残差的平稳性检验

变量	ADF 检验	AEG（5%）	P 值	检验形式（C，T，N）	单整阶数
ξ	−2.97	−1.97	0.006 1	（0，0，0）	0

注：检验形式（C，T，N）中的 C 为模型常数项，T 为模型时间趋势项，N 为模型滞后期数

由表 3-34 可知，残差数列在置信水平为 5% 的情况下是平稳的。因此，通过恩格尔-格兰杰两步检验法，可以发现 $\ln Y$、$\ln X_1$、$\ln X_2$、$\ln X_3$、$\ln X_4$ 之间存在协整关系，即式（3-7）为它们之间的长期稳定关系均衡式。

结论：主营业务税金及附加、企业所得税对石油加工、炼焦及核燃料加工业节能效应影响不显著，税收收入及增值税对石油加工、炼焦及核燃料加工业节能效应影响显著。其中，税收收入对石油加工、炼焦及核燃料加工业万元 GDP 能耗呈负向的影响关系，即税收收入的增加有利于石油加工、炼焦及核燃料加工业企业节能；增值税对石油加工、炼焦及核燃料加工业万元 GDP 能耗呈正向的影响关系，即增值税的减少有利于石油加工、炼焦及核燃料加工类企业节能。

6）化学原料及化学制品业税收政策效应分析

Y 为单位 GDP 能耗，X_1 为主营业务税金及附加，X_2 为增值税，X_3 为企业所得税，X_4 为税收收入。

通过表 3-35 发现，$\ln X_3$ 数列平稳，而其他变量数列均为一阶单整数列，符合协整条件。本书运用恩格尔-格兰杰两步检验法判定各个变量之间是否存在长期的协整关系。先建立因变量为 $\ln Y$ 和自变量为 $\ln X_1$、$\ln X_2$、$\ln X_3$ 与 $\ln X_4$ 的回归方程，对模型进行回归，提取其残差数列，通过 ADF 检验方法判定残差数列是否具有平稳性，如残差数列平稳，表明模型中的自变量与因变量之间存在协整关系；反之，不存在协整关系。

表 3-35　化学原料及化学制品业变量平稳性检验

变量	ADF 检验	AEG（5%）	P 值	检验形式（C，T，N）	单整阶数
$\ln Y$	−1.22	−3.79	0.865 0	（C，T，3）	1
$D\ln Y$	−4.12	−3.12	0.009 0	（C，0，0）	0
$\ln X_1$	−2.97	−3.79	0.172 3	（C，T，3）	1
$D\ln X_1$	−5.48	−3.12	0.001 0	（C，0，0）	0
$\ln X_2$	−2.10	−3.79	0.501 0	（C，T，3）	1
$D\ln X_2$	−3.23	−3.12	0.041 0	（C，0，0）	0
$\ln X_3$	−4.17	−3.83	0.029 7	（C，T，3）	0
$\ln X_4$	−2.78	−3.79	0.225 3	（C，T，3）	1
$D\ln X_4$	−4.07	−3.12	0.009 8	（C，0，0）	0

注：检验形式（C，T，N）中的 C 为模型常数项，T 为模型时间趋势项，N 为模型滞后期数

模型回归结果见表 3-36。

表 3-36　化学原料及化学制品业回归方程

变量	系数	标准差	t 检验值	P 值
C	0.578 8	0.666 6	0.868 3	0.405 6
$\ln X_1$	−0.334 3	0.267 9	−1.248 1	0.240 4
$\ln X_2$	−0.850 7	0.384 3	−2.213 7	0.051 2
$\ln X_3$	0.041 0	0.175 9	0.233 1	0.820 4
$\ln X_4$	0.668 3	0.361 7	1.847 7	0.094 4

由表 3-36，可将回归估计的结果写成式（3-8）。

$$\ln Y = 0.578\ 8 - 0.334\ 3\ln X_1 - 0.850\ 7\ln X_2$$
$$+ 0.041\ 0\ln X_3 + 0.668\ 3\ln X_4 \tag{3-8}$$

接着，对式（3-8）的残差数列进行 ADF 单位根检验，检验结果见表 3-37。

表 3-37　化学原料及化学制品业回归方程残差的平稳性检验

变量	ADF 检验	AEG（5%）	P 值	检验形式（C，T，N）	单整阶数
ξ	−2.79	−1.97	0.009 7	(0, 0, 0)	0

注：检验形式（C，T，N）中的 C 为模型常数项，T 为模型时间趋势项，N 为模型滞后期数

由表 3-37 可知，残差数列在置信水平为 5% 的情况下是平稳的。因此，通过恩格尔-格兰杰两步检验法，可以发现 $\ln Y$、$\ln X_1$、$\ln X_2$、$\ln X_3$、$\ln X_4$ 之间存在协整关系，即式（3-8）为它们之间的长期稳定关系均衡式。

结论：主营业务税金及附加与企业所得税对化学原料及化学制品业节能效应影响不显著，但增值税与税收收入对化学原料及化学制品业节能效应影响显著。其中，增值税对化学原料及化学制品业万元 GDP 能耗呈负向的影响关系，即增值税的增加有利于企业节能；税收收入对化学原料及化学制品业万元 GDP 能耗呈正向的影响关系，即税收收入的增加会遏制化学原料及化学制品类企业节能。

7）非金属矿物制品业税收政策效应分析

Y 为单位 GDP 能耗，X_1 为主营业务税金及附加，X_2 为增值税，X_3 为企业所得税，X_4 为税收收入。

通过表 3-38 发现，$\ln Y$ 和 $\ln X_2$ 数列均为一阶单整数列，$\ln X_1$ 和 $\ln X_4$ 数列均为二阶单整数列，$\ln X_3$ 数列平稳，符合协整条件。本书运用恩格尔-格兰杰两步检验法判定各个变量之间是否存在长期的协整关系。先建立因变量为 $\ln Y$ 和自变量为 $\ln X_1$、$\ln X_2$、$\ln X_3$ 与 $\ln X_4$ 的回归方程，对模型进行回归，提取其残差数列，通过 ADF 检验方法判定残差数列是否具有平稳性，如残差数列平稳，表明模型中的自变量与因变量之间存在协整关系；反之，不存在协整关系。

表 3-38　非金属矿物制品业变量平稳性检验

变量	ADF 检验	AEG（5%）	P 值	检验形式（C，T，N）	单整阶数
$\ln Y$	−1.73	−3.79	0.681 3	（C，T，3）	1
$D\ln Y$	−4.07	−1.97	0.000 6	（0，0，0）	0
$\ln X_1$	−1.82	−3.93	0.627 4	（C，T，3）	2
$D\ln X_1$	0.45	−1.98	0.790 9	（0，0，0）	1
$D（\ln X_{1.2}）$	−5.53	−1.98	0.000 1	（0，0，0）	0
$\ln X_2$	−3.10	−3.93	0.152 3	（C，T，3）	1
$D\ln X_2$	−3.22	−1.97	0.003 7	（0，0，0）	0
$\ln X_3$	−3.96	−3.93	0.048 1	（C，T，3）	0
$\ln X_4$	−1.62	−3.93	0.717 5	（C，T，3）	2
$D\ln X_4$	0.69	−1.98	0.848 3	（0，0，0）	1
$D（\ln X_{4.2}）$	−4.70	−1.98	0.000 3	（0，0，0）	0

注：检验形式（C，T，N）中的 C 为模型常数项，T 为模型时间趋势项，N 为模型滞后期数

模型回归结果见表 3-39。

表 3-39　非金属矿物制品业回归方程

变量	系数	标准差	t 检验值	P 值
C	1.666 4	0.859 6	1.938 6	0.081 3
$\ln X_1$	0.063 9	0.311 2	0.205 4	0.841 4
$\ln X_2$	−0.337 7	0.553 7	−0.609 9	0.555 6
$\ln X_3$	−0.151 3	0.200 0	−0.756 1	0.467 0
$\ln X_4$	−0.041 5	0.706 7	−0.058 7	0.954 4

由表 3-39，可将回归估计的结果写成式（3-9）。

$$\ln Y = 1.666\ 4 + 0.063\ 9\ln X_1 - 0.337\ 7\ln X_2$$
$$- 0.151\ 3\ln X_3 - 0.041\ 5\ln X_4 \tag{3-9}$$

接着，对式（3-9）的残差数列进行 ADF 单位根检验，检验结果见表 3-40。

表 3-40　非金属矿物制品业回归方程残差的平稳性检验

变量	ADF 检验	AEG（5%）	P 值	检验形式（C，T，N）	单整阶数
ξ	−2.94	−1.97	0.006 4	（0，0，0）	0

注：检验形式（C，T，N）中的 C 为模型常数项，T 为模型时间趋势项，N 为模型滞后期数

由表 3-40 发现，残差数列在置信水平为 5% 的情况下是平稳的。因此，通过恩格尔-格兰杰两步检验法，可以发现 $\ln Y$、$\ln X_1$、$\ln X_2$、$\ln X_3$、$\ln X_4$ 之间存在协整关系，即式（3-9）为它们之间的长期稳定关系均衡式。

结论：主营业务税金及附加、增值税、税收收入与企业所得税对非金属矿物制品业节能效应影响均不显著。

8）黑色金属冶炼及压延加工业税收政策效应分析

Y 为单位 GDP 能耗，X_1 为主营业务税金及附加，X_2 为增值税，X_3 为企业所得税，X_4 为税收收入。

根据协整理论，在检验时间数列中各变量之间是否存在协整关系时，如果回归模型中的解释变量个数超过一个，那么模型中被解释变量数列的单整阶数不能高于任一个解释变量数列的单整阶数；同时，当解释变量数列的单整阶数高于被解释变量数列的单整阶数时，则需要有两个以上的解释变量数列单整阶数高于被解释变量数列单整阶数。通过表 3-41 发现，$\ln X_1$ 数列平稳，其他数列均为二阶单整数列，符合协整条件。本书运用恩格尔-格兰杰两步检验法判定各个变量之间是否存在长期的协整关系。先建立因变量为 $\ln Y$ 和自变量为 $\ln X_1$、$\ln X_2$、$\ln X_3$ 与 $\ln X_4$ 的回归方程，对模型进行回归，提取其残差数列，通过 ADF 检验方法判定残差数列是否具有平稳性，如残差数列平稳，表明模型中的自变量与因变量之间存在协整关系；反之，不存在协整关系。

表 3-41　黑色金属冶炼及压延加工业变量平稳性检验

变量	ADF 检验	AEG（5%）	P 值	检验形式（C，T，N）	单整阶数
$\ln Y$	-3.32	-3.79	$0.103\,0$	（C，T，3）	2
$\text{D}\ln Y$	-0.77	-1.98	$0.355\,7$	（0，0，0）	1
$\text{D}(\ln Y_{,2})$	-5.71	-1.98	$0.000\,1$	（0，0，0）	0
$\ln X_1$	-3.83	-3.83	$0.049\,8$	（C，T，3）	0
$\ln X_2$	2.17	-3.93	$1.000\,0$	（C，T，3）	2
$\text{D}\ln X_2$	-1.56	-1.97	$0.108\,3$	（0，0，0）	1
$\text{D}(\ln X_{2,2})$	-4.62	-1.97	$0.000\,3$	（0，0，0）	0
$\ln X_3$	-0.92	-3.83	$0.920\,6$	（C，T，3）	2
$\text{D}\ln X_3$	-1.53	-1.97	$0.113\,8$	（0，0，0）	1
$\text{D}(\ln X_{3,2})$	-8.46	-1.97	$0.000\,0$	（0，0，0）	0
$\ln X_4$	-0.07	-3.83	$0.988\,1$	（C，T，3）	2
$\text{D}\ln X_4$	-0.95	-1.97	$0.286\,4$	（0，0，0）	1
$\text{D}(\ln X_{4,2})$	-6.41	-1.97	$0.000\,0$	（0，0，0）	0

注：检验形式（C，T，N）中的 C 为模型常数项，T 为模型时间趋势项，N 为模型滞后期数

模型回归结果见表 3-42。

表 3-42　黑色金属冶炼及压延加工业回归方程

变量	系数	标准差	t 检验值	P 值
C	3.030 6	0.414 5	7.311 2	0.000 0
$\ln X_1$	−0.094 7	0.103 9	−0.911 6	0.383 4
$\ln X_2$	0.977 0	0.312 8	3.123 9	0.010 8
$\ln X_3$	0.172 0	0.029 2	5.894 5	0.000 2
$\ln X_4$	−1.653 0	0.348 1	−4.748 9	0.000 8

由表 3-42，可将回归估计的结果写成式（3-10）。

$$\ln Y = 3.030\ 6 - 0.094\ 7\ln X_1 + 0.977\ 0\ln X_2 + 0.172\ 0\ln X_3 - 1.653\ 0\ln X_4$$

$$(3\text{-}10)$$

接着，对式（3-10）的残差数列进行 ADF 单位根检验，检验结果见表 3-43。

表 3-43　黑色金属冶炼及压延加工业回归方程残差的平稳性检验

变量	ADF 检验	AEG (5%)	P 值	检验形式（C，T，N）	单整阶数
ξ	−3.38	−1.97	0.002 5	(0, 0, 0)	0

注：检验形式（C，T，N）中的 C 为模型常数项，T 为模型时间趋势项，N 为模型滞后期数

由表 3-43 发现，残差数列在置信水平为 5% 的情况下是平稳的。因此，通过恩格尔-格兰杰两步检验法，可以发现 $\ln Y$、$\ln X_1$、$\ln X_2$、$\ln X_3$、$\ln X_4$ 之间存在协整关系，即式（3-10）为它们之间的长期稳定关系均衡式。

结论：主营业务税金及附加对黑色金属冶炼及压延加工业节能效应影响不显著，但增值税、企业所得税与税收收入对黑色金属冶炼及压延加工业节能效应影响显著。其中，税收收入对黑色金属冶炼及压延加工业万元 GDP 能耗呈负向的影响关系，即税收收入的增加有利于企业节能；增值税、企业所得税对黑色金属冶炼及压延加工业万元 GDP 能耗呈正向的影响关系，即增值税、企业所得税的增加会遏制高耗能企业节能。

9）有色金属冶炼及压延加工业税收政策效应分析

Y 为单位 GDP 能耗，X_1 为主营业务税金及附加，X_2 为增值税，X_3 为企业所得税，X_4 为税收收入。

通过表 3-44 发现，$\ln X_1$ 数列平稳，其他数列均为二阶单整数列，符合协整条件。本书运用恩格尔-格兰杰两步检验法判定各个变量之间是否存在长期的协整关系。先建立因变量为 $\ln Y$ 和自变量为 $\ln X_1$、$\ln X_2$、$\ln X_3$ 与 $\ln X_4$ 的回归方程，对模型进行回归，提取其残差数列，通过 ADF 检验方法判定残差数列是否具有平稳性，如残差数列平稳，表明模型中的自变量与因变量之间存在协整关系；反之，不存在协整关系。

表 3-44　有色金属冶炼及压延加工业变量平稳性检验

变量	ADF 检验	AEG（5%）	P 值	检验形式（C，T，N）	单整阶数
$\ln Y$	-2.35	-3.79	0.384 1	（C，T，3）	2
$D\ln Y$	-1.51	-1.97	0.118 5	（0，0，0）	1
$D(\ln Y_{,2})$	-7.66	-1.97	0.000 0	（0，0，0）	0
$\ln X_1$	-3.38	-3.79	0.094 1	（C，T，3）	1
$D\ln X_1$	-3.60	-1.97	0.001 7	（0，0，0）	0
$\ln X_2$	-2.88	-3.93	0.206 4	（C，T，3）	2
$D\ln X_2$	0.05	-1.98	0.676 4	（0，0，0）	1
$D(\ln X_{2,2})$	-3.11	-1.98	0.005 6	（0，0，0）	0
$\ln X_3$	-3.27	-3.87	0.118 6	（C，T，3）	1
$D\ln X_3$	-2.23	-1.97	0.029 8	（0，0，0）	0
$\ln X_4$	-2.12	-3.88	0.484 8	（C，T，3）	2
$D\ln X_4$	-1.47	-1.98	0.125 4	（0，0，0）	1
$D(\ln X_{4,2})$	-7.33	-1.97	0.000 0	（0，0，0）	0

注：检验形式（C，T，N）中的 C 为模型常数项，T 为模型时间趋势项，N 为模型滞后期数

模型回归结果见表 3-45。

表 3-45　有色金属冶炼及压延加工业回归方程

变量	系数	标准差	t 检验值	P 值
C	4.087 2	0.565 3	7.230 4	0.000 0
$\ln X_1$	0.220 3	0.098 3	2.241 0	0.048 9
$\ln X_2$	$-1.387 0$	0.178 2	$-7.784 1$	0.000 0
$\ln X_3$	0.735 7	0.123 4	5.962 9	0.000 1
$\ln X_4$	$-0.739 0$	0.201 0	$-3.676 5$	0.004 3

由表 3-45，可将回归估计的结果写成式（3-11）。

$$\ln Y = 4.087\ 2 + 0.220\ 3\ln X_1 - 1.387\ 0\ln X_2$$
$$+ 0.735\ 7\ln X_3 - 0.739\ 0\ln X_4 \tag{3-11}$$

同时，对式（3-11）的残差数列进行 ADF 单位根检验，检验结果见表 3-46。

表 3-46　有色金属冶炼及压延加工业回归方程残差的平稳性检验

变量	ADF 检验	AEG（5%）	P 值	检验形式（C，T，N）	单整阶数
ξ	-3.83	-1.97	0.000 9	（0，0，0）	0

注：检验形式（C，T，N）中的 C 为模型常数项，T 为模型时间趋势项，N 为模型滞后期数

　　由表 3-46 发现，残差数列在置信水平为 5% 的情况下是平稳的。因此，通过恩格尔-格兰杰两步检验法，可以发现 $\ln Y$、$\ln X_1$、$\ln X_2$、$\ln X_3$、$\ln X_4$ 之间存在协整关系，即式（3-11）为它们之间的长期稳定关系均衡式。

　　结论：主营业务税金及附加、企业所得税、增值税与税收收入对有色金属冶炼及压延加工业节能效应影响显著。其中，增值税与税收收入对有色金属冶炼及压延加工业万元 GDP 能耗呈负向的影响关系，即增值税与税收收入的增加有利于企业节能；主营业务税金及附加、企业所得税对有色金属冶炼及压延加工业万元 GDP 能耗呈正向的影响关系，由于有色金属冶炼及压延加工业不缴纳消费税和资源税，因此实际是城建税及教育费附加、企业所得税的增加会遏制高耗能企业节能。

　　10）电力、热力生产和供应业税收政策效应分析

　　Y 为单位 GDP 能耗，X_1 为主营业务税金及附加，X_2 为增值税，X_3 为企业所得税，X_4 为税收收入。

　　通过表 3-47 发现，$\ln Y$、$\ln X_3$ 和 $\ln X_4$ 数列均为一阶单整数列，其他数列均为二阶单整数列，符合协整条件。本书运用恩格尔-格兰杰两步检验法判定各个变量之间是否存在长期的协整关系。先建立因变量为 $\ln Y$ 和自变量为 $\ln X_1$、$\ln X_2$、$\ln X_3$ 与 $\ln X_4$ 的回归方程，对模型进行回归，提取其残差数列，通过 ADF 检验方法判定残差数列是否具有平稳性，如残差数列平稳，表明模型中的自变量与因变量之间存在协整关系；反之，不存在协整关系。

表 3-47　电力、热力生产和供应业变量平稳性检验

变量	ADF 检验	AEG（5%）	P 值	检验形式（C，T，N）	单整阶数
$\ln Y$	−2.49	−3.79	0.325 5	（C，T，3）	1
$D\ln Y$	−3.28	−1.97	0.003 3	（0，0，0）	0
$\ln X_1$	−3.03	−3.83	0.162 7	（C，T，3）	2
$D\ln X_1$	−0.38	−1.98	0.521 4	（0，0，0）	1
$D（\ln X_{1,2}）$	−5.75	−1.98	0.000 1	（0，0，0）	0
$\ln X_2$	−2.87	−3.88	0.203 9	（C，T，3）	2
$D\ln X_2$	−0.99	−1.97	0.270 6	（0，0，0）	1
$D（\ln X_{2,2}）$	−13.02	−1.97	0.000 1	（0，0，0）	0
$\ln X_3$	−2.73	−3.79	0.240 9	（C，T，3）	1
$D\ln X_3$	−4.69	−1.97	0.000 0	（0，0，0）	0
$\ln X_4$	−2.73	−3.79	0.241 1	（C，T，3）	1
$D\ln X_4$	−4.50	−1.97	0.000 3	（0，0，0）	0

注：检验形式（C，T，N）中的 C 为模型常数项，T 为模型时间趋势项，N 为模型滞后期数

模型回归结果见表 3-48。

表 3-48　电力、热力生产和供应业回归方程

变量	系数	标准差	t 检验值	P 值
C	1.126 3	1.247 5	0.902 8	0.387 8
$\ln X_1$	−0.009 4	0.440 6	−0.021 4	0.983 3
$\ln X_2$	−1.639 0	1.265 7	−1.294 9	0.224 5
$\ln X_3$	−0.250 3	0.246 0	−1.017 5	0.332 9
$\ln X_4$	1.187 3	1.337 1	0.888 0	0.395 4

由表 3-48，可将回归估计的结果写成式（3-12）。

$$\ln Y = 1.126\ 3 - 0.009\ 4\ln X_1 - 1.639\ 0\ln X_2 - 0.250\ 3\ln X_3 + 1.187\ 3\ln X_4$$

$$(3-12)$$

同时，对式（3-12）的残差数列进行 ADF 单位根检验，检验结果见表 3-49。

表 3-49　电力、热力生产和供应业回归方程残差的平稳性检验

变量	ADF 检验	AEG（5%）	P 值	检验形式（C，T，N）	单整阶数
ξ	−3.85	−1.97	0.000 9	(0，0，0)	0

注：检验形式（C，T，N）中的 C 为模型常数项，T 为模型时间趋势项，N 为模型滞后期数

由表 3-49 发现，残差数列在置信水平为 5% 的情况下是平稳的。因此，通过恩格尔-格兰杰两步检验法，可以发现 $\ln Y$、$\ln X_1$、$\ln X_2$、$\ln X_3$、$\ln X_4$ 之间存在协整关系，即式（3-12）为它们之间的长期稳定关系均衡式。

结论：增值税与税收收入对电力、热力生产和供应业节能效应影响显著。其中，增值税对电力、热力生产和供应业万元 GDP 能耗呈负向的影响关系，即增值税的增加有利于企业节能；税收收入对电力、热力生产和供应业万元 GDP 能耗呈正向的影响关系，即税收收入的减少有利于企业节能。

11）小结

通过以上协整分析，我们发现税收对江西工业节能具有一定影响，归纳起来表现为以下几点。

（1）从总体上来讲，主营业务税金及附加和企业所得税对节能效应影响不显著，但增值税与税收收入对节能效应影响显著。其中，增值税对高耗能企业能耗呈负向的影响关系，即增值税的增加有利于企业能耗；税收收入对高耗能企业能耗呈正向的影响关系，即税收收入的增加会遏制高耗能企业节能。

（2）从具体行业看，税收作用方向和力度因行业而异。

第一，税收收入对煤炭开采和洗选业万元 GDP 能耗呈负向关系，即税收收

入的增加有利于万元 GDP 能耗的下降；主营业务税金及附加对煤炭开采和洗选业万元 GDP 能耗呈正向关系，即主营业务税金及附加的减少有利于万元 GDP 能耗的下降。因此，要降低煤炭开采和洗选业的万元 GDP 能耗，一方面应加强税收征管，提高该行业的总体税负；另一方面，应适当降低煤炭开采和洗选业的主营业务税金及附加。

第二，增值税对纺织业、化学原料及化学制品业万元 GDP 能耗呈负向的影响关系，增值税的增加有利于纺织业、化学原料及化学制品业节能；税收收入对纺织业、化学原料及化学制品业万元 GDP 能耗呈正向的影响关系，即税收收入的减少有利于较好地促进这两个行业节能。因此，应加强增值税征管，实行结构性的减税，减轻这两个行业的总体税负，促使它们降低万元 GDP 能耗，实现节能。

第三，增值税对木材加工及木竹藤棕草业、造纸及制品业万元 GDP 能耗呈负相关关系，即增值税的增加有利于这两个行业的节能。增值税对石油加工、炼焦及核燃料加工业万元 GDP 能耗呈正向的影响关系，增值税的减少有利于这个行业的节能。

第四，税收收入对石油加工、炼焦及核燃料加工业万元 GDP 能耗呈负向的影响关系，即税收收入的增加有利于石油加工、炼焦及核燃料加工类企业节能。

第五，税收收入对黑色金属冶炼及压延加工业万元 GDP 能耗呈负向的影响关系，即税收收入的增加有利于企业节能；增值税、企业所得税对黑色金属冶炼及压延加工业万元 GDP 能耗呈正向的影响关系，即增值税、企业所得税的增加会遏制高耗能企业节能。

第六，增值税与税收收入对有色金属冶炼及压延加工业万元 GDP 能耗呈负向的影响关系，即增值税与税收收入的增加有利于企业节能；城建税及教育费附加、企业所得税对有色金属冶炼及压延加工业万元 GDP 能耗呈正向的影响关系，即城建税及教育费附加、企业所得税的增加会遏制高耗能企业节能。

第七，主营业务税金及附加、企业所得税、增值税与税收收入对非金属矿物制品业节能效应影响均不显著。这意味着税收对该行业节能作用不明显，要降低这个行业的单位能耗，应主要发挥价格政策、行政命令和财政政策的调节作用，尤其是价格政策。因为根据调查问卷显示，59.0%的企业认为价格对产品单耗下降作用明显，15.4%的企业认为行政命令对产品单耗下降作用明显，5.4%的企业认为财政补贴对产品单耗下降作用明显，只有 3.8%的企业认为税收优惠对产品单耗下降作用明显。

总之，税收政策总体上对高耗能行业节能有较强的作用，但调节的力度和方向应根据不同行业情况酌情调整，具体见表 3-50。

表 3-50　税收政策对江西工业领域不同行业节能调节作用

税种	调节方向	影响行业	说明
税收收入	正向	纺织业 化学原料及化学制品业 电力、热力生产和供应业	税收收入↑，万元 GDP 能耗↑ 税收收入↓，万元 GDP 能耗↓
	负向	石油加工、炼焦及核燃料加工业 煤炭开采和洗选业 黑色金属冶炼及压延加工业 有色金属冶炼及压延加工业	税收收入↑，万元 GDP 能耗↓ 税收收入↓，万元 GDP 能耗↑
增值税	正向	黑色金属冶炼及压延加工业 煤炭开采和洗选业	增值税↑，万元 GDP 能耗↑ 增值税↓，万元 GDP 能耗↓
	负向	纺织业 化学原料及化学制品业 木材加工及木竹藤棕草业 石油加工、炼焦及核燃料加工业 造纸及制品业 有色金属冶炼及压延加工业 电力、热力生产和供应业	增值税↑，万元 GDP 能耗↓ 增值税↓，万元 GDP 能耗↑
企业所得税	正向	黑色金属冶炼及压延加工业 有色金属冶炼及压延加工业	企业所得税↑，万元 GDP 能耗↑ 企业所得税↓，万元 GDP 能耗↓
	负向	—	
城建税及教育费附加	正向	有色金属冶炼及压延加工业	城建税及教育费附加↑，万元 GDP 能耗↑ 城建税及教育费附加↓，万元 GDP 能耗↓
	负向	—	

3.2.2　现行增值税政策及执行效果

1. 现行增值税政策

自 1994 年开征增值税以来，为了支持资源综合利用，鼓励节能减排，国家对资源综合利用企业实行增值税优惠政策。1995 年，《财政部、国家税务总局关于对部分资源综合利用产品免征增值税的通知》（财税字〔1995〕44 号）开始对利用废弃资源生产的建材产品实行免征增值税政策，此后根据资源综合利用范围的扩大，国家陆续出台了一系列文件，如《财政部　国家税务总局关于污水处理费有关增值税政策的通知》(财税〔2001〕97号)、《财政部、国家税务总局关于部分资源综合利用及其他产品增值税政策问题的通知》(财税〔2001〕198号)、《财政部　国家税务总局关于加快煤层气抽采有关税收政策问题的通知》(财税〔2007〕16号)、《财政部　国家税务总局关于资源综合利用及其他产品增值税政策的通知》(财税〔2008〕156号)、《财政部　国家税务总局关于以农林剩余物为原料的综合利用产品增值税政策的通知》(财税〔2009〕148号)、《财政部　国家税务总局关于资源综合利用及其他产品增值税政策的补充的通知》(财税〔2009〕163号)、《财政部、国家税务总局关于以蔗渣为原料生产综合利用产品增值税政策的补充通知》(财税〔2010〕114号)等22个文件。2011年,经国务院批准,又发布了《财政部　国家税务总局关于调整完善资源综合利用产品及劳务增值税政策的通知》(财税〔2011〕115号),对农林剩余物资源综合利用产品增值税政策进行了较大调整完善,并增加了部分资源综合利用产品及劳务使用增值税优惠政策。目前生效的主要有财税〔2001〕97号、财税〔2007〕16号、财税〔2008〕156号、财税〔2009〕163号、财税〔2011〕115号5个文件。根据这几个文件的规定,对资源综合利用产品实行的增值税优惠形式主要有免税、即征即退、先征后退三种形式。

2. 政策效应

1) 积极效应

中国增值税围绕节能减排的刺激政策主要表现为资源综合利用和再生资源回收利用两方面。这些政策的实施在一定程度上对江西省工业企业节能减排产生了积极效果。调查问卷显示,有39.2%的受访企业认为在促进节能减排的税收政策中,影响最为关键的税种是增值税,其次是企业所得税(33.0%)。

根据江西省国家税务局提供的资料,2008年,享受资源综合利用增值税优惠政策的企业有175户,退免增值税2.5亿元;有11户企业享受资源综合利用企业所得税优惠政策,综合利用产值8.94亿元,减免企业所得税额共0.34亿元。2009年,享受资源综合利用增值税优惠的企业有95户,退免增值税1.44亿元;有12户企业享受资源综合利用企业所得税优惠政策,综合利用产值8.27亿元,减免企业所得税额0.24亿元。2010年1~9月,享受资源综合利用增值税优惠的企业有139户,退免增值税1.08亿元。

2008年,享受农林剩余物税收优惠的企业有118户,退免增值税7 329万元;2009年,享受农林剩余物税收优惠的企业有116户,退免增值税3 945万元。

2009年1月1日,国家对再生资源回收企业恢复征收增值税,2009年按照实征增值税额先征后退70%,2010年按照实征增值税额先征后退50%,2011年后不再退税。2009 年，江西省享受再生资源增值税先征后退政策的企业 926 户，累计实现销售额 769.64 亿元，先征后退增值税额 91.57 亿元；2010 年 1~9 月，全省享受再生资源增值税先征后退政策的企业 1 231 户，累计实现销售额 500.32 亿元，先征后退增值税额 42.53 亿元。这一政策导致江西省再生资源加工行业税负率持续下降。2008 年对再生资源回收行业实行免征增值税政策时，回收企业开具的增值税专用发票由再生资源加工企业按照 10% 的税率抵扣，江西省再生资源行业平均增值税税负率为 4.09%；2009 年对回收企业实行增值税先征后退政策之后，回收企业开具的增值税发票按 17% 的税率抵扣，致使加工企业税负率下降为 1.64%，2010 年 1~7 月再生资源加工企业税负率继续下降到 1.56%，这一下降趋势在加工业密集地区表现得尤为明显。

2）负面效应

第一，增值税的刺激力度在逐年下降。

2008 年，江西省享受资源综合利用增值税优惠政策的企业有 175 户，2009 年只有 95 户，各地区也存在同样情况。以景德镇市为例，2006~2010 年，景德镇市企业在节能减排方面享受的增值税优惠主要有免税和即征即退两种形式，企业数量总体上呈减少趋势（表 3-51）。

表 3-51   景德镇市享受增值税优惠企业情况

优惠项目	2006 年		2007 年		2008 年		2009 年		2010 年	
	金额	户数/户	金额	户数/户	金额	户数/户	金额	户数/户	金额	户数/户
即征即退	1 544.6	13	3 042.18	11	2 652.11	9	1 279.53	2	3 113.66	6
免税	47.66	1	53.17	1	49.86	1	119.91	1	103.69	1

资料来源：景德镇市国家税务局

此外，即使已享受优惠的企业所获得的优惠力度也不大。2009 年江西省享受资源综合利用增值税优惠的 95 户企业平均退免增值税 143 万元，而有的地区还达不到该水平。例如，2011 年吉安市享受节能减排增值税优惠政策的企业有 19 户，其中 12 户享受免税，平均每户免税 29 万元；不过相对来说即征即退的力度要大些。2010 年吉安市有 6 户企业享受该政策，平均每户即征即退 312 万元。

第二，再生资源回收行业受政策调整影响大。

近几年再生资源回收政策调整幅度加大，在一定程度上紧缩了再生资源产业规模。

2001 年以来，由于国家对再生资源回收行业给予增值税免征的优惠，很大程度上减轻了废旧物资回收行业的负担，并在一定程度上鼓励了下游生产企业利用废旧物资进行生产的积极性，推动了再生资源产业迅速发展壮大。目前，我国资源再生利用和循环利用产业不断壮大，年产值已经超过 1 万亿元，就业人数超过 2 000 万人（程晖和苗露，2012）。但是，再生资源回收环节免税造成整个产业链条税款流失的弊端，再者利用关联企业掩护偷漏税的行为普遍。为此，自 2009 年起，国家对再生资源的增值税政策由免征调整为按一定比例退税，以鼓励收废转为鼓励利废，从而促进整个再生资源产业的发展壮大。

但是这一政策的调整增加了企业的资金占用成本，一度导致行业规模萎缩，江西省该行业销售额由 2008 年的 927 亿元下降为 2009 年的 770 亿元（含税销售额 901 亿元），缩水 26 亿元，下降幅度达 2.80%。2011 年"先征后返"政策结束后，再生资源企业销售收入滑坡更明显。因为销售废旧物资的主要是居民、拾荒人员、机关事业单位及个人废品收购站，这些出售单位和个人不具备开具发票的资格，无法开具增值税专用发票。对于回收企业来说，没有取得增值税专用发票就不能抵扣进项税，实际相当于按 17% 税率全额缴纳增值税。即使能取得 50% 左右的专用发票，增值税税负也在 8% 左右。增值税税负高，附带的地方附加税也就高。此外，目前小型再生资源回收企业一般实行增值税定额纳税政策，也难以提供增值税专用发票，从它们那里购进废旧物资的大型回收企业实际也是全额缴纳增值税，构成了重复纳税，进一步增加了经营负担。根据对再生资源回收行业的调查，再生资源领域的企业税负比一般的商品流通企业高 5% 左右（吴松和荆文娜，2012）。

为了应对税收政策调整带来的不利影响，目前再生资源回收企业纷纷调整了经营策略：一是尽量放弃面向社会居民和非增值税单位的收购业务；二是继续经营能够取得增值税专用发票的购进业务，对不能提供增值税专用发票的购进业务，要求对方降价销售，以加大毛利来抵消税负的增加；三是加强同下游利废企业的沟通和谈判，尽量向后者转嫁出一部分税负，可是提高的废旧物资价格又导致下游利废企业减少再生资源的使用，而改用原生资源或进口废旧资源。例如，原来在废旧资源市场每吨电解铜价格约 52 700 元，而目前废杂铜加上税收则要 54 000 多元，电解铜的价格反而比废杂铜还便宜。不少废杂铜利用企业就不再使用废杂铜，而改为使用电解铜。再以废铝利用企业为例，现在经常选择双零铝作为原料，而不用废杂铝，原因也是原铝的价格比废杂铝每吨还便宜几百元（吴松和荆文娜，2012）。同样的理由，不少再生铜、再生铝的使用企业和钢厂为了降低成本，选择了进口废铜、废铝或铁矿石，而不愿从国内购进。在这种局面下，江西不少废旧物资回收基地受冲击明显，行业的收购可选择范围和利润空间较从前有所缩减。

3. 存在的问题

1) 政策可操作性有待加强

第一，资源综合利用税收优惠项目多且复杂，操作难度大。

目前资源综合利用享受增值税优惠的项目较多，内容较细也较复杂，在所有的减免退税项目中，都规定了产品合格标准、生产许可证、废资源的掺兑比例和计算方法以及污染排放标准等，并且减免方式比较多样。此外，还存在部分优惠设定条件太高；范围较窄并且采用列举法，使许多企业不能对号入座；部分税收优惠政策规定条件含糊等问题。再加上企业在进行项目开发时，往往好几个技术和收入混在一起，但操作时却有政策无实施细则，政策操作层面难以分开，导致企业在实际工作中难以把握。

另外，税务人员受时间和专业知识的限制也难以保证其准确性和科学性，从而存在一定的政策执行风险。

第二，合同能源管理优惠规定不够明朗，影响政策的执行。

我国的合同能源管理尽管起步较晚，但近一两年发展很迅猛。据资料统计，目前我国已有节能服务公司近 2 000 家。不过江西相对来说发展势头较弱，调查显示，只有 14.1% 的受访企业进行了合同能源管理，但本土投资的节能服务公司几乎没有，基本是浙江、江苏等发达省份企业过来投资。但即使这样，在调查过程中企业也反映国家对节能服务公司业务运作规定尚不规范。由于节能服务公司多数是以前从事节能设备销售和安装的生产或施工企业，现在虽然通过了国家发改委的节能服务企业认证，但其法定名称中多数没有"节能服务"的字样，合同能源管理项目大多处于起步阶段和兼营状态。国家发改委对通过认证的节能服务公司仅在其网站上公布名单，并未向企业颁发"节能服务企业"之类的证书。而按照国家发改委的解释，节能服务公司属于服务业，应该缴纳营业税[①]，可是在实际中相当一部分的节能服务公司因历史延续等种种原因却是增值税的一般纳税人。法定名称不规范、手中没有节能服务企业证书、兼营的合同能源管理项目会计核算不准确、纳税人身份的定位错误等问题，给节能服务公司享受税收优惠政策带来了障碍(杨继美，2012)。

此外，由于合同能源管理和节能服务公司是最近几年才在我国出现的新生事物，很多基层税务机关对此还缺乏认知，对营改增政策不熟悉。在实际工作中，基层税务人员往往把节能服务公司看做节能设备销售商，把节能服务公司与用能单位的节能服务合同看成设备购销合同。在这种情况下，税收优惠政策自然难以落到实处。

第三，再生资源范畴界定不清，税务部门难以把握。

由于国家对再生资源范畴的界定不明晰、政策执行标准不统一，再生资源(尤其是金属再生资源)品目繁多、成色复杂、价格波动、数量隐蔽，企业之间资金流动大多采用个人信用卡结算，再加上再生资源回收行业设立门槛低、收购对象广泛、经营方式灵活、资金流动与货物运动分离、跨区域交易普遍的特点，

---

① 2013 年 8 月 1 日营改增后，节能服务适用增值税，税率为 6%，不过享受免税政策。但如果之前已经是增值税一般纳税人，适用税率是 17%。

税收人员对货物交易真实性的鉴别要求远远超出现有税收征管能力。尽管各地税务机关采取了验货、评估等一些管理措施，但收效甚微，使税收管理难以到位。

2）政策统一性不够，增加了执行难度

尽管增值税与企业所得税都对资源综合利用实行优惠政策，但在调查中发现两个税种对享受资源综合利用税收优惠政策的资质标准不一。目前增值税资源综合利用政策适用的范围根据《财政部　国家税务总局关于污水处理费有关增值税政策的通知》（财税〔2001〕97号）、《财政部　国家税务总局关于资源综合利用及其他产品增值税政策的通知》（财税〔2008〕156号）、《财政部　国家税务总局关于资源综合利用及其他产品增值税政策的补充的通知》（财税〔2009〕163号）、《财政部　国家税务总局关于调整完善资源综合利用产品及劳务增值税政策的通知》（财税〔2011〕115号）四个文件规定的目录享受，而企业所得税则依据《资源综合利用企业所得税优惠目录（2008年版）》。两个税种目录有较大差别，增值税因为财税〔2011〕115号的发布，目录范围大于企业所得税目录，如污泥发电、废旧电机、废旧汽车、废弃动物油、植物油利用等企业所得税都没有纳入；一些项目的掺渣比例也不同，如建材产品的掺渣比例，增值税优惠规定要达到30%以上，而企业所得税优惠规定标准为70%以上；农作物秸秆等发电，增值税优惠规定要达到80%以上，而企业所得税优惠规定标准为70%以上。企业所得税与增值税优惠政策优惠标准不统一增加了基层政策执行难度，给企业和税务机关执行带来一定困难。

3）政策存在漏洞，企业享受大打折扣

第一，资源综合利用自产自用不能享受优惠，企业反响大。

根据现行规定，资源综合利用必须产生销售收入才能享受增值税优惠，自产自用（如余热发电自用）不视同销售，不能享受优惠。但是在调查中发现企业对此反映强烈。企业认为自产自用实际也是进行了节能减排，达到了国家所希望的目的，目前不给予优惠享受影响了企业的积极性。于是不少企业采取变通措施，另外成立一家企业，将自产自用变成形式上的销售，从而套上有关政策。以上做法使该政策形成漏洞，为企业创造了避税机会。但是必须指出，如果资源综合利用自产自用可以享受优惠，如何准确核定内部流转的难度也将很大。

与此同时，不少企业还反映目前享受资源综合利用税收优惠政策的对象是工业企业，贸易企业（即再生资源回收企业）自2011年起就不能享受任何优惠，不完全符合政策导向，不利于城市矿山的发展。

第二，部分优惠规定违背了增值税抵扣机制。

理论上增值税最大的优点是体现了经济中性原则，对所有经济体一视同仁，并通过税款抵扣机制实现环环相扣，纳税人互相监督的目的。因此，为了充分发挥这一特点，一般不建议增值税实行免税和低税率政策，因为实践已证明，除非对所有环节或最终进入消费环节实行免税或低税率，否则最终都会被补征，并破坏流通环节征收增值税之和等于消费者承担税款之和的基本原则。

我国对符合条件的再生水、废旧轮胎、特定建材、污水处理等实行免税，本意是鼓励这些项目的发展，却违背了增值税普遍征收、环环相扣的原理，破坏了增值税抵扣链条，也加大了税收管理的难度，有待完善和规范。例如，污水处理厂收取污水处理费免征增值税，但享受优惠的前提是必须检测，但企业反映检测费高，增加了成本，但有些地方却又存在未达到污水处理量，政府给予优惠现象。又如，《财政部　国家税务总局关于促进节能服务产业发展增值税　营业税和企业所得税政策问题的通知》（财税〔2010〕110 号）规定，"节能服务公司实施符合条件的合同能源管理项目，将项目中的增值税应税货物转让给用能企业，暂免征收增值税"。由于合同能源管理项目的节能设备先进，采购节能设备支付的进项税金额往往很大，节能服务公司实施符合条件的合同能源管理项目，将项目中的增值税应税货物转让给用能企业，虽然享受免征增值税优惠，但由于没有了销项税，采购设备的进项税得不到抵扣，只能自己承担，客观上导致节能服务公司负担比不享受免税还大。再者，由于节能服务公司免增值税，无法提供专用发票给客户，客户往往要求降价，影响了免税效果。为此，很多节能服务公司宁愿选择正常征税，而不是申请免税。

第三，固定资产抵扣规定有时界定不清。

国家先后出台了增值税固定资产抵扣政策及资源综合利用等相关政策，进一步完善了固定资产抵扣制度，准确划分了动产与不动产、不动产建筑与成本费用、建筑性附属设备及设施与生产性设备之间的界限，进一步明确了抵扣标准，但是采掘业固定资产投资规模大、项目复杂，有时在固定资产抵扣方面出现界定不清问题。

4）政策落实容易受地方干扰，影响政策实施效果

（1）各地政策解读不一。由于目前政策规定有些不明朗，出现各地税收政策解读不一致现象。有时某地企业经税务机关审核，享受了某种税收优惠，于是其他地方同行企业希望自己也能享受该税收优惠，但其主管税务机关拿不定主意，往往建议企业向省局税政部门咨询，可是省局税政部门解释的同时提醒以主管税务机关为准。此外，还出现了税收管理员与稽查部门税务处理不一致、税务局专家与企业意见不一致情况。

（2）申报材料复杂，存在地方干扰现象。调查反映，税务局要求材料齐全，而各口径部门所需材料又不统一，却未明确告知纳税人，江西省又规定资源综合利用税收政策企业资质两年审核一次，企业为了申请优惠往往要跑很多次。再加上税务人员本身业务也不熟，税收优惠办理过程漫长。在实际中还存在如果纳税人有资格享受优惠但不提交相关材料，税务局不会主动提醒的现象。甚至还出现

符合条件企业因优惠金额过高，考虑当地财政收入，地方拒绝给予优惠情况。

3.2.3　促进工业领域节能的现行消费税政策及执行效果

为调整产业结构和消费结构，1994 年我国在普遍开征增值税的基础上选择部分具有污染性质的产品包括小汽车、汽车轮胎和摩托车等开征消费税。随着我国经济的快速发展，原消费税税制设计征税范围偏窄，环境保护功能不突出，难以在更大范围内发挥调节作用的缺陷不断显现，为进一步促进资源节约和环境保护，2006 年 4 月 1 日，将石脑油、润滑油、溶剂油、航空煤油、燃料油等成品油以及木制一次性筷子和实木地板等均纳入征税范围，并根据排气量的大小大幅度提高大排量汽车的消费税税率，消费税节能减排的环保功能进一步强化。

1. 石脑油消费税政策及实施效果

1）石脑油消费税政策的演进

石脑油是一部分石油轻馏分的泛称。因用途不同有各种不同的馏程。它可分离出多种有机原料，如汽油、苯、煤油、沥青等。自 2006 年石脑油被纳入消费税征收范围后，我国对进口石脑油从消费税免税到 2009 年 1 月 1 日起开始恢复征收消费税，并提高了对进口成品油的消费税。对企业销售的一部分石脑油从享有税收优惠到恢复征收消费税，这些举措都说明在节约能源上政府运用税收杠杆进行了一系列调控。

2006 年 3 月 20 日，财政部、国家税务总局下发《财政部　国家税务总局关于调整和完善消费税政策的通知》（财税〔2006〕33 号）。该通知取消汽油、柴油税目，增列成品油税目。汽油、柴油改为成品油税目下的子目（税率不变）。另外，新增石脑油、溶剂油、润滑油、燃料油、航空煤油五个子目。首次将石脑油纳入征税范围，按每升 0.2 元从量征收消费税，暂按应纳税额 30％征税。

多年以来，对石脑油免征消费税这项规定，政府一直在加强管理，平衡进口和国产石脑油为原料的生产企业的税收负担，2008 年 4 月 30 日，国家税务总局颁布《石脑油消费税免税管理办法》（国税发〔2008〕45 号）。该办法指出：对进口石脑油免征消费税的政策从 2008 年 1 月 1 日起开始实行。《石脑油使用管理证明单》的适用范围是乙烯、芳烃类产品生产企业从销售方购进的作为生产乙烯、芳烃类产品原料的那部分石脑油。在购货前，购货方应主动向其主管税务部门领取《石脑油使用管理证明单》。销货方为取得石脑油免征消费税的优惠必须在销货前凭借此《石脑油使用管理证明单》向有关税务机关申报。有直接将自产石脑油直接销售给上述类型生产企业以外的单位和个人的，按照规定申报缴纳消费税。

成品油价格形成机制的建立和完善以及交通税费制度的逐步规范对建立环境

友好型社会，促进产业结构的调整的作用不可小觑。同时对于公平负担，依法筹措交通基础设施维护和建设资金有着重要的推动作用。2008 年 12 月 18 日，国务院印发的《国务院关于实施成品油价格和税费改革的通知》（国发〔2008〕37 号）规定：将石脑油的进口环节消费税单位税额提高到每升 1.0 元。对作为乙烯、芳烃类产品原料的石脑油，返还进口环节已征收的消费税。2008 年 12 月 19 日，财政部、国家税务总局联合颁布的《财政部　国家税务总局关于提高成品油消费税税率后相关成品油消费税政策的通知》（财税〔2008〕168 号）中指出：自 2009 年 1 月 1 日起对进口石脑油恢复征收消费税。2009 年 1 月 1 日至 2010 年 12 月 31 日，对国产的用做乙烯、芳烃类产品原料的石脑油免征消费税，生产企业直接对外销售的不作为乙烯、芳烃类产品原料的石脑油应按规定征收消费税。

为促进我国烯烃类化工行业的发展，经国务院批准，财政部、中国人民银行和国家税务总局于 2011 年 9 月 15 日联合发布了《财政部　中国人民银行　国家税务总局关于延续执行部分石脑油　燃料油消费税政策的通知》（财税〔2011〕87 号）。该通知规定自 2011 年 10 月 1 日起恢复征收石脑油、燃料油生产企业（以下简称生产企业）对外销售的作为生产乙烯、芳烃类化工产品的石脑油、燃料油的消费税。同期，对购进石脑油、燃料油并使用其作为乙烯、芳烃类化工产品原料的企业（以下简称使用企业）给予按实际消耗量暂时退还所含消费税的税收优惠。

2012 年 7 月 12 日，国家税务总局颁布的《用于生产乙烯、芳烃类化工产品的石脑油、燃料油退（免）消费税暂行办法》（国家税务总局公告〔2012〕36 号）规定：生产企业在 2011 年 1 月 1 日至 2011 年 9 月 30 日期间取得《石脑油使用管理证明单》并已缴纳消费税的，税务机关予以退还消费税或准予抵减下期消费税；未缴纳消费税并未取得《石脑油使用管理证明单》的，生产企业应补缴消费税。

2006 年以来，我国将一系列成品油纳入消费税征收范围之后，政府运用税收等经济手段对该类能源进行税收调控，对能源的使用进行制约的意图明显。能源征税，使生产企业在资源价格上涨、利润缩小的压力下，开始改变以往的粗放式生产方式，逐步向集约式生产、精细化管理迈进。

2）石脑油消费税政策的效果

乙烯是石油化工的基本有机原料，大约 75% 的石油化工产品由乙烯生产，而石脑油又是乙烯的主要生产原料。乙烯产业链超长，涉及纺织、服装、汽车、电子、建材、塑料及化工等众多行业，与国民经济和百姓日常生活的各个方面联系紧密，因此在我国经济仍处于高速发展阶段之际，在乙烯需求量快速增长的同时，我国对石脑油的需求也在不断增多。2000 年我国乙烯需求量为 478.89 万吨，到 2007 年达到 1 093.69 万吨，增加 1.28 倍。而国内乙烯产量只有 1 047.68 万吨，供需缺口达到 46 万吨。

　　2008 年，由于受到国际金融危机的影响，国内和国外对石油的需求都有所减少，我国石脑油的进出口量纷纷下滑。2008 年我国石脑油全年进口总量为 77.27 万吨，同比减少 27.66%；出口总量为 151.37 万吨，同比减少 12.95%。到了 2009 年，随着国际经济形势的好转，石脑油需求量开始回升，当年我国石脑油总产量达 1 582.3 万吨，累计同比增长 80.15%，其中，因为相比 2008 年的高油价，2009 年国际原油价格便宜了一半以上，石脑油进口大增，达到 265.11 万吨，出口 85.47 万吨，大跌 44%。2010 年我国石脑油总产量达 2 527.25 万吨，其中进口 290.7 万吨，累计同比增长 10%，出口 86.6 万吨，累计同比小增 1%。2011 年以来，国内部分炼厂扩能和新建投产，带动全国石脑油产量保持较快增速。我国化工等行业开始呈现恢复性增长，对石脑油的需求量增加。消费市场的复苏在一定程度上驱使国内炼厂加大石脑油的生产力度，产出率有明显提升。随着石脑油进口量的快速增长，我国石脑油出口急剧萎缩，石脑油净出口量呈逐年递减趋势。2011 年石脑油产量 2 450.2 万吨，同比减少 3.05%，进口 245 万吨，同比下降 15.72%，出口 50 万吨，同比下降 42.26%。2012 年石脑油进口量突破 300 万吨，同比增长 22.45%，出口量则降到 13 年来的低点 21.6 万吨，致使净进口量增至创纪录的 278.4 万吨。进口来源地主要是韩国、伊朗和印度，分别占 41%、12% 和 11%。进口石脑油最多的省份是辽宁省和山东省，分别占总进口量的 45% 和 41%。我国成为亚太地区仅次于日本和韩国的石脑油净进口国（表 3-52）。

表 3-52　2008～2012 年我国石脑油产业指标（单位：万吨）

日期	产量	进口量	出口量
2008 年 1～12 月	878.30	77.27	151.37
2009 年 1～12 月	1 582.30	265.11	85.47
2010 年 1～12 月	2 527.25	290.70	86.60
2011 年 1～12 月	2 450.20	245	50
2012 年 1～12 月	2 779.78	300	21.60

资料来源：国家统计局、国家海关总署

　　石脑油出口的大幅下降很大程度上是由石脑油消费税的开征和恢复法定税率所带来的外销成本上升导致的。征收消费税之前，市场上品质较好的石脑油的价格在 7 800～8 000 元/吨，恢复征收消费税以后，石脑油采购需要缴纳 1 385 元/吨的消费税，其采购成本涨至 9 100～9 300 元/吨。这也使得炼油厂更多地将石脑油等资源自用或内部企业间互供基本原材料，抑制初级产品的销售，促进企业进行产品深加工，提高附加值，提升产品的级次。与此同时，石脑油的消费税税收收入也呈现出先升后降的趋势。2009 年，江西省石脑油消费税的税收收入为 1.2 亿元，2010 年增加到 2.2 亿元，2011 年更是达到 2.3 亿元。

　　（1）石脑油消费税的开征与退税、免税的结合，兼顾经济发展与环境保护双重目标。

2006 年 4 月 1 日有关部门对消费税政策进行了调整和完善，集中体现了环境保护和节约资源的理念并且间接调节收入分配，合理引导消费。为进一步建设环境友好型社会，国家扩大了消费税的征收范围，将石脑油与溶剂油、润滑油和燃料油一并纳入其中，与汽油、柴油共同构成"成品油"税目。石脑油、润滑油、溶剂油以每升 0.2 元的标准征收消费税。因为国际市场原油和成品油价格在当时上涨较快，上述四类成品油纳入消费税征收范围后，如果征税力度过大，将不利于价格的稳定，因此，石脑油、溶剂油、润滑油、燃料油享受应纳税额 30% 的税收优惠。

医药、农药、染料、化工新材料、日用化工产品、合成橡胶、合成塑料、合成纤维的生产都离不开乙烯。作为用途最广的基本有机化工原料，乙烯是石油化工业的主力军。除乙烯外还有许多重要的基础化工原料，芳烃类产品也是其中之一。我国乙烯产量由于受原料资源、生产规模等诸多条件的限制，离满足国内需求的目标还有一定的距离。我国的乙烯及下游产品的比例约为 55%，化纤原料对外依赖程度较高，65% 从国外进口。我国经济发展蒸蒸日上，国际地位节节攀升，已成为欧美、中东等跨国公司最重要的目标市场之一。为扩大在我国的市场份额，这些国家纷纷利用其资源优势、技术优势和规模优势积极开拓中国市场。一直以来，欧美、中东国家对作为生产原料的乙烯免征消费税，基于这种情况，乙烯及其下游产品的价格普遍不高。我国自加入世界贸易组织以来，乙烯的进口关税维持在 2%，且目前的暂定关税为 0，对进口配额没有管制，基本放开乙烯及下游石化产品价格。在这样的情况下如果对进口的石脑油和国产用做化工原料的石脑油征收消费税，无疑会降低我国乙烯行业的竞争力，与此同时挤压国产乙烯及下游产品的利润空间，将阻碍我国乙烯行业的发展。因此，国家继续实行对进口的石脑油和国产用做乙烯、芳烃类产品原料的石脑油暂免征收消费税的办法，并将原使用两年的购货商凭"五联单"申请免税的政策正式取消，进一步从税收征管角度提供服务便利。

（2）石脑油消费税"宽进严出"政策的贯彻落实，有利于实现节约能源的目标。

我国乙烯缺口巨大，石脑油又不能满足乙烯生产的需要，这给原本就供应紧张的成品油供应带来很大的压力。随着石脑油消费税"宽进严出"政策的贯彻落实，加大石脑油的进口，是缓解这一现状的有效途径之一。尽量减少生产乙烯对石油、汽油的资源消耗要求我国加大对石脑油的进口力度，一方面填补乙烯的缺口，另一方面对当前我国能源短缺起到良好的缓解作用，还可以在一定程度上降低我国能源的过高使用量，在一定程度上解决国内石脑油供需矛盾，平抑石脑油价格。国内石脑油供应紧张的问题一直受到有关部门和企业的重视，实行宽进严出的政策，鼓励进口限制出口，在一定程度上解决了这个问题，同时也可以控制国内石脑油的生产量和使用量，合理利用国际资源，使国际资源能够优化分配，从而可以达到节约能源的目的。

2. 乘用车消费税政策及实施效果

1）乘用车消费税政策的演进

2006 年 3 月 21 日，财政部、国家税务总局联合下发通知，从 4 月 1 日起，对我国现行消费税的税目、税率及相关政策进行调整，其中新汽车消费税对乘用车按排量大小分别适用于六档税率，并对中轻型商用车单独纳税。新汽车消费税的调整包括：把小轿车、越野车、小客车从小汽车税目子目中取消，乘用车、中轻型商用客车子目被分设在小汽车税目下，此外还对小汽车税目税率进行了调整。同时将乘用车消费税分为六档，即排气量小于 1.5 升（含）的税率为 3%；排气量 1.5 升至 2.0 升（含）的税率为 5%；排气量 2.0 升至 2.5 升（含）的税率为 9%；排气量 2.5 升至 3.0 升（含）的税率为 12%；排气量 3.0 升至 4.0 升（含）的税率为 15%；排气量 4.0 升（含）以上征收 20% 消费税。中轻型商用客车均为 5% 税率。摩托车也被纳入消费税调整范围，按照 250 毫升的界限，排气量在 250 毫升（含）以下的摩托车税率由原来的 10% 下降到 3%，而排气量超过 250 毫升的摩托车将仍然维持原来 10% 的税率不变。在汽车零部件领域，汽车轮胎中斜交轮胎的税率由原来的 10% 下降到 3%，而子午线轮胎继续免征消费税。

财政部、国家税务总局联合颁布的《财政部　国家税务总局关于调整部分乘用车进口环节消费税的通知》（财关税〔2008〕73 号）和《财政部　国家税务总局关于调整乘用车消费税政策的通知》（财税〔2008〕105 号）中指出：原税率为 3% 的气缸容量（排气量）在 1.0 升以下（含）的乘用车的消费税率下调至 1%；原税率为 15% 的气缸容量在 3.0 升以上至 4.0 升（含）的乘用车，消费税率上调至 25%；原税率为 20% 的气缸容量在 4.0 升以上的乘用车的消费税率上调至 40%。此次调整对于节能减排有着重大的促进作用，从 2008 年 9 月 1 日起开始实行。

2）乘用车消费税政策的效果

（1）积极作用。

第一，乘用车消费税的调整，增加了税收收入，增强了税收调控功能。根据江西省的统计资料，2009 年江西省乘用车的消费税收入为 11 325 万元，2011 年增加到 25 091 万亿元，增加了 1.22 倍，税收收入增长显著，调控功能不断增强，节能减排效应显现（表 3-53）。

表 3-53　2009～2012 年江西省乘用车消费税税收收入一览表

年份	2009	2010	2011	2012
乘用车消费税/万元	11 325	18 652	25 091	21 308
增长比例/%	—	64.70	34.52	−15.08

资料来源：调研资料

第二，大排量运动型多用途汽车（sport utility vehicle，SUV）价格略有上升，增加了消费者的购车成本。改革前，对 2.4 升以上排气量的 SUV 仅征收 5% 的消费税，这在客观上鼓励了排量大、能耗高的 SUV 消费，而新消费税把税率调整到 9%，使该类车的成本增长 2%～15%，企业内部一时难以消化。受汽车消费税调整影响，东风本田 CR-V 市场价格做出了相应的调整，调整后的 CR-V 价格上涨了 3 000～5 000 元，江西本土品牌江铃陆风汽油版加价 2 000 元，柴油版加价 5 000 元，这在一定程度上增加了消费者的支出，购车成本略有上升。

第三，多用途汽车（multi-purpose vehicle，MPV）遭遇"倒春寒"，促进汽车企业提升效率。此次调整后的 MPV 车型，受到一定的冲击。受汽车消费税调整影响，瑞风系列商务车每台折合现金增加成本 3 000～8 000 元。以起亚嘉华 3.5 升为代表的车型，消费税税率从 5% 上涨至 15%，该类汽车的平均售价上涨 5% 左右，汽车企业也承受着税率提高所带来的成本压力，公司通过企业内部消化的形式，为用户承担下一半的上升成本。消费税的调整对该类车型造成一定的影响。

（2）消极作用。

第一，汽车消费税调整对大排量汽车影响不显著。2006 年、2009 年的消费税调整，与老税率相比，2.0 升排量汽车为分水岭，在该排量以下，汽车消费税的税收负担保持不变或略有下降。目前，国产车多集中在 2.5 升以内的排量区域，因此，消费税调整中它们基本没有受到太大影响，国产车型影响不大，整个价格体系没有受到太大的影响。涨幅最大的是 3.0 升排量以上的乘用车，在市场上主要集中为高档越野车、高档 SUV 及大排量进口轿车，尤其对进口豪华车而言，消费税上涨冲击最大，许多车型价格涨幅在 10 万元以上。但购买此类车的消费者更多考虑的是汽车的品牌价值与性能，买主也多为对价格不甚敏感的公务、商务车用户。因此，消费税的增加对品牌大排量汽车影响不大。

根据调研和国家税务总局的资料：2008～2010 年，随着汽车消费税政策的实施，江西省 2.0～2.5 升排量的汽车销量经历了持续上升的趋势，1.5～2.0 升排量的汽车销量经历了持续下降的趋势，2.5～3.0 升排量的汽车销量经历了先下降后上升的趋势。可见，汽车消费税政策的实施明显降低了 1.5～2.0 升排量汽车的销量，部分降低了 2.5～3.0 升排量汽车的销量，但对 2.0～2.5 升排量汽车的销量影响不大。消费税政策调整后，江西省汽车生产企业的产销结构并没有发生大的变化，未新增 1.0 升以下小排量车车型，也一直未生产 3.0 升以上大排量车。

第二，低排量小汽车消费税税收收入呈现不增反减态势。2008 年、2009 年、2010 年 1～9 月，江西省汽车消费税收入分别为 1.3 亿元、1.32 亿元、1.52 亿元，其中，1.5 升以下征税金额分别为 0.63 亿元、0.74 亿元、0.44 亿元；1.5～2.0 升征税金额分别为 0.33 亿元、0.25 亿元、0.2 亿元；2.0～2.5 升征税金额分别为 0.13 亿元、0.20 亿元、0.81 亿元；2.5～3.0 升征税金额分别为 0.21 亿元、0.11 亿元、0.16 亿元[①]。可以看出，2.0 升以上的大排量汽车消费税呈现稳中有升态势，汽车消费税遏制大排量小汽车消费的意图未能明显实现。

3. 燃油消费税政策及实施效果

1）燃油消费税政策的演进

为取消公路养路费等收费，国务院于 2008 年 12 月 18 日颁发《国务院关于实施成品油价格和税费改革的通知》（国发〔2008〕37 号）。通知中规定除取消公路养路费外，需要取消的费用还包括公路运输管理费、公路客货运附加费、水路运输管理费、航道养护费、水运客货运附加费等收费，新规定对于逐步取消政府为还贷而对二级公路收费起着至关重要的作用。提高成品油消费税的单位税额，对于节约资源和引导消费行为有着重要作用，为此财政部、国家税务总局于 2008 年 12 月 19 日联合颁布《财政部　国家税务总局关于提高成品油消费税税率的通知》（财税〔2008〕167 号），为成品油消费税稳步增长做出突出贡献。由于无铅汽油对环境的污染程度较低，单位消费税税额由原来的每升 0.2 元提高到 1.0 元；含铅汽油较无铅汽油对环境的污染程度较高，单位消费税税额由每升 0.28 元提高到 1.4 元。柴油和石脑油、溶剂油和润滑油的消费税单位税额也有一定幅度的增加，分别由每升 0.1 元提高到每升 0.8 元，每升 0.2 元提高到每升 1.0 元。航空煤油和燃料油与人们的出行方式息息相关，其消费税单位税额由每升 0.1 元提高到每升 0.8 元，通过这种方式可以起到利用价格在一定程度上限制消费行为，从而达到资源节约的目的（表 3-54）。

表 3-54　2009～2012 年成品油消费税税收收入一览表（单位：万元）

年份	2009	2010	2011	2012
成品油合计	275 903	355 697	346 208	398 264
汽油合计	127 468	148 912	142 794	163 903
柴油合计	126 418	165 558	173 299	231 503

资料来源：调研资料

① 江西省国家税务局。

2）燃油消费税政策的效果

燃油消费税的出台，是对于汽车消费税改革的延续，它不是简单的费改税，主要目的是要建立一个科学发展的机制，推进节能减排。燃油消费税实行从量征收，意味着消费者多用油多交税、少用油少交税，与统一定额缴纳养路费相比，燃油消费税方案显然更加公平合理，有利于鼓励社会节约能源、减少污染。

（1）积极作用。

第一，燃油消费税的开征在一定程度上影响消费者的消费选择。燃油消费税的征收政策出台之后，购车市民更加关注汽车的油耗性能，很多市民更青睐油耗低的汽车。以南昌为例，热卖的汽车主要是经济型的家庭用车，在省油方面比较有优势。也要注意到，一部分经济条件比较富裕的消费者选择车辆时首先考虑自身的需求，其次才是养车、用车成本。所以，燃油消费税的开征导致成品油价格上涨，会使工薪阶层买车时多选择小排量汽车。

第二，燃油消费税的开征加速了企业新产品的开发和使用。由于大排量汽车耗油，小排量汽车动力不足，消费者青睐于节油和动力性能综合表现俱佳的车型。尤其在柴油市场，以营运为目的的皮卡、轻卡的消费者，对用车成本将更加关注。以皮卡为例，用户每年所需缴纳养路费平均约为 3 000 元。税改后，免征收的养路费相当于消耗 4 286 升柴油（燃油消费税按 0.7 元/升）所需缴纳的燃油消费税额度。按照年均行驶 60 000 千米计算，得出每百公里油耗为 7.14 升才能保证与征收燃油消费税前的养车成本平衡。百公里油耗大于 7.14 升的柴油车，成本会增加。因此，百公里油耗值 7.14 升的柴油车被称为"燃油税保值均衡点"，为各汽车生产企业共同关注的焦点。江西江铃汽车开发的皮卡，百公里油耗为 6 升，低于"燃油税保值均衡点"的数字，非但养车成本不会增加，还会节省一大笔费用。故此，燃油消费税的开征鼓励了节能新产品的开发和使用。

第三，成品油消费税的开征使企业用油量有所下降。2009 年，江西省成品油消费量为 53.08 万吨，同比下降 11.04%，大幅减少了污染排放，保护了生态环境。其中，2009 年江西省工业企业汽油消费 3.48 万吨，同比下降 2.82%；柴油消费 27.55 万吨，同比下降 4.09%；燃料油消费 21.56 万吨，同比下降 19.32%；其他石油制品消费 64.71 万吨，同比下降 30.29%。尤其是江西省六大高耗能行业的汽油、柴油消费量下降幅度明显，2009 年汽油消费量同比下降 12.14%，柴油消费量同比下降 10.84%。2009 年江西省六大高耗能行业汽油、柴油消费量统计如表 3-55 所示。

表 3-55　2009 年江西省六大高耗能行业汽油、柴油消费量统计

项目	石油加工、炼焦及核燃料加工业	化学原料及化学制品业	非金属矿物制品业	黑色金属冶炼及压延加工业	有色金属冶炼及压延加工业	电力、热力生产和供应业	合计
汽油消费量/吨	149.20	1 711.92	2 001.85	670.17	2 734.83	5 443.21	12 711.18
汽油消费量同比增长/%	−68.05	−24.95	32.96	−28.76	−21.25	−6.16	−12.14
柴油消费量/吨	1 727.10	5 167.85	18 026.87	7 971.32	59 715.71	10 028.65	102 637.50
柴油消费量同比增长/%	−42.84	−56.79	−17.96	−20.97	5.51	−12.57	−10.84

资料来源：江西省国家税务局

（2）消极影响。

从江西省的情况看，燃油消费税对实际的销量没有什么影响。同时，在批发销售中，江西省柴油的销量最大，占总销量的 80%，而 90 号汽油、93 号汽油和 97 号汽油销量则是很少的一部分，柴油的主要客户为运输行业和工程建筑行业。这些行业的价格成本可通过价格转移和内部消化解决。中石油江西分公司的工作人员介绍，他们目前在江西的市场占有率不大，在江西只有 100 个加油站，成品油价格涨跌对成品油销量基本未造成影响。当然，随着国际油价的理性回升，消费者会再次关注燃油的价格。

4. 生物柴油消费税政策及实施效果

1）生物柴油消费税政策的演进

生物柴油是指由动植物油脂与甲醇（或乙醇）在催化剂作用下制成的可代替石化柴油的再生性柴油燃料。目前，国内生产生物柴油的主要原料是废弃动植物油脂，包括油脂工业产生的"下角油"和餐饮废油（即地沟油）。

目前，石油短缺已成为制约我国经济可持续发展的瓶颈，而生物柴油是优质的石化柴油代用品，也是一种清洁能源。生物柴油免征消费税，有利于促进新型可再生能源的发展，缓解我国石油资源紧缺的压力，保障能源安全，有利于生态环境保护。

2006 年 12 月，《国家税务总局关于生物柴油征收消费税问题的批复》（国税函〔2006〕1183 号）中指出：以动植物油为原料，经提纯、精炼、合成等工艺生产

的生物柴油, 不属于消费税征税范围。

2008 年 12 月,《国务院关于实施成品油价格和税费改革的通知》(国发〔2008〕37 号)的发布又将生物柴油纳入消费税征收范围。至 2014 年 11 月前, 生物柴油消费税征收额度与柴油相同, 均为 0.8 元/升。

2010 年 12 月 17 日, 财政部、国家税务总局联合下发《财政部　国家税务总局关于对利用废弃的动植物油生产纯生物柴油免征消费税的通知》(财税〔2010〕118 号), 明确对利用废弃动植物油脂生产的纯生物柴油免征消费税。该通知规定的政策内容从 2009 年 1 月 1 日起开始实施, 对于在通知下发前已缴纳消费税的生产企业, 按照规定予以退还。据测算, 对生物柴油免征消费税后, 每吨生物柴油的生产成本降低约 900 元, 有利于增强生物柴油的市场竞争力, 促进生物柴油行业的发展。

2) 生物柴油消费税政策的效果

(1) 积极作用。

第一, 江西省生物柴油发展迅猛。虽然我国的生物柴油起步较晚, 但我国也出台了一系列的政策法规, 鼓励支持生物柴油的发展。根据 2006 年 6 月财政部出台的《可再生能源发展专项资金管理暂行办法》(财政部财建〔2006〕237 号), 将生物柴油、燃料乙醇等可再生能源的开发利用项目列为专项资金重点扶持对象等, 使得生物柴油产业得到了快速的发展。在江西省省委、省政府的支持下, 部分地区积极研发生物柴油技术, 一些地方在政府资金、人员、土地各方面支持下先后建设了生物柴油项目, 从 2007 年开始, 生物柴油的大势燃遍整片革命根据地, 江西省的生物柴油发展迅猛。取消生物柴油消费税为生物柴油的发展带来新的契机, 使江西省成为全国生物柴油发展的重要省份。

第二, 生物柴油标准的颁布, 促进了生物柴油的规范发展。我国首个生物柴油行业标准——"生物柴油评价技术要求"于 2011 年 4 月 20 日正式发布, 该标准的主要作用是评价和检验生物柴油质量、环保性能和生产环境效益。评价技术要求由中国环境保护产业协会制定, 由于对环境保护的重大意义而得到了环境保护部的指导、支持。评价指标主要包括四方面——科技创新、质量、服务与发展、环境效益, 总共 13 类。该标准促进了中国生物柴油相关领域的发展, 对再生资源循环利用产业的蓬勃发展增添了新动力。作为新能源产业的重要组成部分, 生物柴油是节能环保的新型资源, 因此, 国家将其列入"十二五"规划中要求发展的七大战略性新兴产业之一, 目的是优化中国资源结构。该标准对引导清洁能源企业的又快又好发展起着至关重要的作用, 与此同时, 其在"十二五"的开局之年颁布更体现出了政府的重视程度。此外, 该标准实施后可为促进绿色生产、绿色消费, 发展绿色能源起到很好的指导作用, 也为前景广阔的再生资源的循环利用企业提供发展动力。60 多种经提炼后可以转化成车用生物柴油的能源植物在江西境内的井冈山、九连山、三清山地区被发现。未来，江西生物能源的发展将进入一个良好的发展阶段。

（2）消极作用。

第一，销售渠道不畅，生物柴油推广困难。当前现状表明，生物柴油在江西的发展不容乐观。江西新时代油脂工业有限公司（以下简称新时代油脂公司）凭借先进的技术设备和雄厚的资金成为江西生物柴油企业中的翘首。该公司生产的生物柴油达到车用标准，在燃烧值、有害物排放量等10项性能上优于石化柴油，2007年4月16日通过省科技厅专家组的鉴定，得到认可。九江市19辆公交车作为实验对象率先使用生物柴油，从此成为全国首例"喝"上生物柴油的机动车。生物柴油替代常规燃油资源，改善了以往黑烟尾气排放超标的情况。该公司不仅率先把生物柴油运用到公共交通工具上，还建成了高效的生物柴油生产线，日均产量达60吨。正当大家以为生物柴油产业迎来它的春天时突然被叫停，导致部分生物柴油生产企业转行，更甚者遭遇停产。作为行业龙头的新时代油脂公司日产量也只有原来的30%左右。究其原因，销售渠道受阻是制约生物柴油推广的重大障碍之一。目前，江西最大的成品油销售终端被控制在中石化、中石油两大巨头手中，民营企业成品油市场销售额非常少，因为生物柴油初入市场的新型资源，不少经营者对生物柴油的了解不够透彻，其销售遇到前所未有的困难。生物柴油进入成品油市场困难重重，只好卖给化工部门，在生产量较低时，供不应求的情况下销售还比较可观，但如果遇到高达10万吨的项目时，市场渠道问题再一次成为瓶颈。加入终端加油站是开拓市场的最有效的办法，但如果迟迟不能实现，就只能减少产量。

第二，生物柴油缺乏统一的技术指标，很难获得市场的认同。迄今为止，政府只出台了一个生物柴油推荐性技术标准，造成了生物柴油的社会认同感不高的结果。各家企业各自为政，采用自己认为合适的标准生产。即使销售渠道的问题解决了，还存在让公众放下使用生物柴油顾虑的问题。不少车主害怕生物柴油不符合技术要求，认为如果汽车出现故障得不偿失，对生物柴油并不认可甚至抵触。即便是非常耗油的长途运输货车，其车主也不敢轻易使用作为新能源的生物柴油。随着中石油、中石化等企业逐渐进入生物柴油行业，国家出台一些促进生物柴油发展壮大的政策指日可待，可以从国外借鉴的做法是强制在矿物柴油里加入一定比例的生物柴油。生物柴油作为替代能源无论对环境还是对经济都有很大的促进作用，只有让普通老百姓都能放心使用才能把生物柴油的价值最大化。

第三，生物柴油的原材料缺乏，工艺复杂，价格优势不明显。生物柴油的原材料主要分为两类，一类是含油脂农作物，包括大豆、橡胶子、蓖麻、小油桐等；另一种就是餐饮废弃物，如地沟油等。即便南昌市每年的餐饮废油全部供给一家生物柴油生产企业作为原料都不能满足需求，可见，江西的生物柴油产业还不具备以废油作为原料的优势。世界范围内对于麻风树油是制造生物柴油最好的原料这一说法普遍认可。但麻风树的一个弱点就是不耐寒，江西冬季湿冷，不是麻风树的优良栽培地。江西新时代油脂公司为解决生物柴油原料供不应求的问题，曾在都昌县建立了一个麻风树种植基地，但最后以麻风树全部冻死而告终。高价收购地沟油、化工下脚料显然是下策，但为了维持生产线的运行，该公司不得不采用这样的方法。然而，即便是有了充足的废弃物泔水油和经过提炼的地沟油，这些油脂进入金属机械设备后，在温度低时还会凝固在设备上。虽然通过后期加温等技术处理，依然可以满足生产需要，但一些公司考虑生产成本之后，放弃了冬季生产，处于半停业状态。

与此同时，要达到机动车燃料标准的生产条件十分严格，在生产环节繁多、工艺比较复杂的情况下，无论哪一个环节被遗漏或疏忽，都会使其不达标。例如，通过化学方法合成的以餐饮垃圾油、动物油脂为原料的生物柴油，在经过复杂的加工后，必须有相应的回收装置，自动化机械化的同时也带来了成本高、能耗高等一系列问题。缺乏原料、生产工艺严格，导致生物柴油的价格居高不下，难以形成价格优势，阻碍了生物柴油的进一步发展。从规模经济的角度来看，由于生物柴油的投入成本高，要获得可观的回报就必须使这一产业发展到一定的规模。否则，必然会退出这个市场。

总体而言，我国目前的消费税征收范围较窄，目前对能源产品征收消费税主要限于成品油，而国外许多国家都对煤炭、天然气和电力等能耗产品征税。我国是用煤大国，煤炭占到全部能源的 70%，煤炭对我国的环境污染相当严重，但至今仍未将煤炭列入消费税的征收对象。与此同时，消费税税率设计不尽合理，节能功能弱化。虽然现行小汽车消费税的税率依据排量的大小递增，加大了大排量汽车的税收负担，在一定程度上体现了"大排量多负税、小排量少负税"的要求，但是消费税对大排量汽车的税率仍然偏低，对大排量和能耗高的小轿车和越野车的生产和消费仍然缺乏有力的调节。通过问卷的数据分析得出，消费税对江西省企业节能减排的影响度为 3.1%，节能减排的直接效果不明显。

3.2.4　现行进出口税收政策及对节能的执行效果

1. 进出口税收政策变迁

中国是资源类产品贫乏与能源紧张的国家，铝土矿被列为中国 10 种短缺的矿产之一，政府为了限制资源性商品出口和抑制高耗能电解铝产业过快发展，从 2004 年开始逐步降低了铝合金型材和铝条、杆的出口退税率。2007 年 7 月 1 日起全部取消了铝型材、条、杆的出口退税；2007 年 7 月 25 日，海关总署发布 2007 年第 38 号公告，该公告规定，自 2007 年 8 月 1 日起至 12 月 31 日止，对部分铝产品进出口关税税率进行调整。以暂定税率形式，将电解铝的进口关税税率由 5％下调至 0％。同时，对非铝合金制铝条、杆开征出口暂定关税，暂定关税税率为 15％。之后的进出口关税政策也维持了这一调整。

2010 年 6 月 22 日，财政部、国家税务总局联合下发了《关于取消部分商品出口退税的通知》（财税〔2010〕57 号），决定从 2010 年 7 月 15 日起，取消 406 个税号的产品出口退税。此次取消出口退税的产品主要分成六大类，包括部分钢材，部分有色金属加工材，银粉，酒精、玉米淀粉，部分农药、医药、化工产品，以及部分塑料及制品、橡胶及制品、玻璃及制品。随着该通知下发的清单显示，此次被取消退税的产品之前都享受 5％～17％的出口退税率。在被取消出口退税的 406 个税号产品中，化工类产品近 300 种，主要集中在无机化工和农药行业，包括磷化工、硅化工和硼化工产品等。其中，磷化工产品就占了 10 个税号。

为了抑制输入性通胀，缓解国内供需压力，实现贸易平衡，合理配置国内外两个市场的资源，《国务院关税税则委员会关于调整部分商品进口关税的通知》（税委会〔2011〕12 号）规定：自 2011 年 7 月 1 日起，对汽油等 33 个税目商品进口关税税率进行调整。这是在 2011 年年初已对 600 多种商品实施较低暂定进口关税基础上的又一次力度较大的降税措施。此次主要成品油的暂定进口关税大幅下调，柴油、航空煤油将以零关税进口，车用汽油、航空汽油以及 5～7 号燃料油暂定进口关税降为 1％，而此前航空煤油进口税率为 6％，5～7 号燃料油为 3％。

2. 进出口税收政策的实施效果

1) 积极作用

（1）遏制了国内铝材等高能耗企业的扩张。

2006 年下半年以来，国内铝材的主要原材料氧化铝价格持续下跌，在目前铝及铝材出口价格上涨和主要原料氧化铝价格走低的双重影响下，电解铝行业进入了一个利好时期。2007 年 1～5 月中国电解铝产量增长 36％，达到 468 万吨，氧化铝产量达到 762 万吨，上涨了 55％。而 2007 年 1～5 月，中国氧化铝进口量则比 2006 年下降 17％，至 232 万吨。电解铝的进口量更是下降 51％，至 59 617 吨。这种形势明显与国家控制高耗能产品的政策相背，于是刺激电解铝进口的政策应运而生。

2007 年取消铝型材出口退税政策对铝挤压行业带来了很大的影响，其政策的导向效应从 2007 年 8 月以来得到极度显现。据中国海关统计，2007 年 1～7 月中国铝挤压材出口量达到 78.5 万吨，比 2006 年同期增长 91％。而从 7 月起铝型材出口关税被取消后,铝挤压材出口量急速直线下降,8~12月铝挤压材出口增速比1~7月下降97.8%。进入2008年,铝型材出口继续维持2007年下半年下降行情。据中国海关统计,2008年1~2月共计出口铝型材(未包括铝管材)2.87万吨,同比减少11.5万吨,同比下降80%,下降幅度之大在中国铝型材出口历史上是没有前例的。

(2)取消出口退税遏制了能耗增长,促进了产业升级。

2010年6月前后出台的商品退税率政策涉及面很广,调整的力度空前。涉及商品多是高能耗产品,以前一般不会涉及的农业、医药等方向也进入调整范围,而且一步到位地将这些产品的出口退税取消。故此,这次出口退税对高能耗产业的调控意图非常明显。

以钢材出口为例,2010年上半年钢材出口量稳步回升,6月出口达到562万吨,取消出口退税政策后,出口明显下降,8月跌至280万吨,9~12月出口量保持在28万~300万吨低位。2010年,出口钢材4256万吨,同比增长73%,其中,1~7月同比增长1.52倍,8~12月出口增速回落至7.4%;进口钢材1643万吨,下降6.8%,进口钢坯64万吨,下降86.1%。全年钢材、钢坯折合粗钢净出口2730万吨(2009年为净出口286万吨)(苧梓,2011),有效遏制了高能耗产品的生产。2010年至2011年7月我国钢材出口量变化情况如图3-2所示。

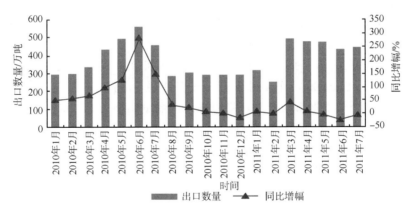

图3-2　2010年至2011年7月我国钢材出口量变化情况

资料来源:海关总署

2014年1月1日起实施《2014年关税实施方案》(税委会〔2013〕36号),其中,生铁、钢坯、钢材等部分钢铁产品出口商品税率与2013年相比没有变化,钢坯产品仍维持了25%的出口关税,部分钢材品种仍分别维持了10%~15%的暂定关税。在调整税则税目部分涉及部分钢铁产品,在税则号72254000和72269100下进一步做了细分,即宽度600毫米及以上和宽度小于600毫米的合金钢平板轧材中增列工具钢和含硼合金钢税目，这是在 2013 年将长材类含硼合金钢单独列出之后再度增列细分含硼合金钢税号。在国际经济缓慢复苏，国内钢材产品价格偏低，而钢材出口税率维持稳定的情况下，出口含硼类产品还可以享受部分退税额，增强了企业出口的积极性，2014 年钢材产品出口量仍维持增长势头。2003～2013 年我国钢材出口量变化情况如图 3-3 所示。

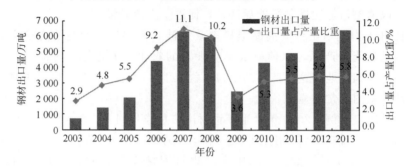

图 3-3　　2003～2013 年我国钢材出口量变化情况

资料来源：海关总署、国家统计局

2）消极作用

（1）江西企业出口下降，库存增加，钢铁企业生存压力加大。2007 年 7 月 1 日起，我国调整部分商品的出口退税政策。该政策的出台影响了江西钢铁出口。2007 年年初新余钢铁股份有限公司（以下简称新钢）计划出口钢材 72 万吨，总值 4 亿美元。由于部分产品出口退税取消、征收出口关税，新钢出口钢材的成本平均每吨要增加 20%，约 1 000 元。考虑到原料涨价约 10%、运输上涨等因素，新钢目前出口量已由 2007 年 4 月出口 6 万多吨逐步下降，6 月出口仅为 3.5 万吨。2007 年该公司根据市场行情，将钢材出口数量调整为 57 万吨，相当于年初计划的 79%。2012 年新钢钢铁出口收入为 35.09 亿元，比 2011 年的 37.32 亿元下降 2.23 亿元，2012 年公司的生铁产量 870.72 万吨、钢产量 828.79 万吨、钢材坯产量 784.89 万吨，均比 2011 年有所减少，分别减少 0.15%、4.41%、5.89%，全年实现营业收入 356.17 亿元，比 2011 年少 11.46%，全年实现净利润－10.38 亿元，钢铁企业的生存压力加大。

（2）对江西外贸出口快速发展造成不利的影响。自 2002 年以来，江西在中部地带连续四年蝉联外资引进第一，稳步跻身全国前十名行列，外资引进数量十分乐观。但江西的出口形势却十分严峻，在中部地区名列倒数第一，与招商引资的成就形成巨大反差，不夸张地说，已跌落谷底。江西经济发展的劣势之一是在全国处于后进位置。在省政府的积极探索和人民的艰苦奋斗之下，江西的出口在 2006 年达到 37.53 亿美元，增长率高达 53.8%，出口增幅晋升全国第二、中部地区第一，江西的出口产业在经历了寒冬后终于迎来了春天。但好景不长，2007 年 6 月 19 日中央出台《关于调低部分出口退税率的通知》（财税〔2007〕90 号），加大力度着重调整 2 831 项商品的出口退税政策，波及范围之广前所未有，对于江西稍有起色的外贸企业来说，这次的调整无疑是一种噩耗。着重调整的 2 831 项商品中，江西出口的商品高达 1 522 种，占同期全省出口总金额的 59.1%，即 26.98 亿美元①。由于波及面比较广，一部分企业甚至陷入亏损的窘境。该政策对包括纺织服装、钢铁、有色金属、化工、贵金属、橡胶企业在内的江西主要出口行业的冲击十分剧烈。在这样的情况下，江铜公司下半年立即停止了白银出口，关键的因素就在于白银出口退税率由原来的 13% 调减为 5%，使江铜公司白银出口价格每千克比内销低 180 元，出口额下降了 4 128 万美元②。由于出口额减少量高达 1 亿美元以上，阴极铜出口也被叫停。钢材从出口退税到出口征税，成本将增加五分之一，出口大户新钢、萍乡钢铁有限责任公司也被迫停止出口。

（3）成品油进口关税下调，节能效果不明显。2011 年下调成品油进口关税，主要是改善国际收支失衡的状态，鼓励进口，在原油价格相对便宜时增加汽油、燃料油等的进口量，降低贸易顺差，同时降低航空成本以及农业生产和交通运输的成本。由于成品油价格下降，无益于节能减排；又由于进口关税本身就不太高，对航空煤油进口影响程度不大。

3.2.5 现行企业所得税政策及执行效果

1. 现行企业所得税政策

自 2008 年 1 月 1 日起实施的《中华人民共和国企业所得税法》（以下简称《企业所得税法》）为了鼓励节能减排，制定了一系列优惠政策，具体而言有以下几点。

1）从事符合条件的环境保护、节能节水项目的所得税收优惠

企业从事规定的符合条件的环境保护、节能节水项目的所得，自项目取得第一笔生产经营收入所属纳税年度起，第一年至第三年免征企业所得税，第四年至第六年减半征收企业所得税（即"三免三减半"）。

2）综合利用资源税收优惠

企业以《资源综合利用企业所得税优惠目录》规定的资源作为主要原材料，生产国家非限制和禁止并符合国家和行业相关标准的产品取得的收入，减按 90% 计入收入总额。

3）购置环境保护、节能节水、安全生产等专用设备税收优惠

企业购置并实际使用《环境保护专用设备企业所得税优惠目录》、《节能节水专用设备企业所得税优惠目录》和《安全生产专用设备企业所得税优惠目录》规

---

① 江西省外贸厅。

② 江西省商务厅。

定的环境保护、节能节水、安全生产等专用设备的，该专用设备的投资额的 10%可以从企业当年的应纳税额中抵免；当年不足抵免的，可以在以后五个纳税年度结转抵免。

4）中国清洁发展机制基金及清洁发展机制项目税收优惠

（1）对中国清洁发展机制基金取得的下列收入，免征企业所得税：①清洁发展机制（clean development mechanism，CDM）项目温室气体减排量转让收入上缴国家的部分；②国际金融组织赠款收入；③基金资金的存款利息收入、购买国债的利息收入；④国内外机构、组织和个人的捐赠收入。

（2）对企业实施的将温室气体减排量转让收入的 65%上缴给国家的氢氧碳化物和全氟碳化物类 CDM 项目，以及将温室气体减排量转让收入的 30%上缴给国家的氧化亚氮类 CDM 项目，其实施该类 CDM 项目的所得，自项目取得第一笔减排量转让收入所属纳税年度起，第一年至第三年免征企业所得税，第四年至第六年减半征收企业所得税。

（3）企业实施 CDM 项目的所得，是指企业实施 CDM 项目所取得的温室气体减排量转让收入扣除上缴国家的部分，再扣除企业实施 CDM 项目发生的相关成本、费用后的净所得。

5）合同能源管理优惠政策

节能服务公司实施合同能源管理项目，符合税法有关规定的，自项目取得第一笔生产经营收入所属纳税年度起，第一年至第三年免征企业所得税，第四年至第六年减半征收企业所得税。

用能企业按照能源管理合同实际支付给节能服务公司的合理支出，均可以在计算当期应纳税所得额时扣除，不再区分服务费用和资产价款进行税务处理。

能源管理合同期满后，节能服务公司转让给用能企业的因实施合同能源管理项目形成的资产，按折旧或摊销期满的资产进行税务处理。节能服务公司与用能企业办理上述资产的权属转移时，也不再另行计入节能服务公司的收入。

6）技术转让所得企业所得税优惠政策

一个纳税年度内，居民企业技术转让所得不超过 500 万元的部分，免征企业所得税；超过 500 万元的部分，减半征收企业所得税。

7）企业研发费用可加计扣除

（1）企业开发新技术、新产品、新工艺发生的研究开发费用支出，可以在计算应纳税所得额时加计扣除。

（2）研究开发费用的加计扣除，是指企业为开发新技术、新产品、新工艺发生的研究开发费用，未形成无形资产计入当期损益的，在按照规定据实扣除的基础上，按照研究开发费用的 50%加计扣除；形成无形资产的，按照无形资产成本的 150%摊销。

8）技术先进企业固定资产加速折旧优惠政策

由于技术进步，产品更新换代较快的固定资产，可以采取缩短折旧年限或者采取加速折旧的方法。采取缩短折旧年限方法的，最低折旧年限不得低于规定折旧年限的 60％；采取加速折旧方法的，可以采取双倍余额递减法或者年数总和法。

9）高新技术企业优惠政策

对国家需要重点扶持的高新技术企业减按 15％的优惠税率计税。

10）技术先进型服务企业优惠政策

自 2010 年 7 月 1 日起至 2018 年 12 月 31 日止，在北京、天津、上海、重庆、大连、深圳、广州、武汉、哈尔滨、成都、南京、西安、济南、杭州、合肥、南昌、长沙、大庆、苏州、无锡、厦门 21 个中国服务外包示范城市的经认定的技术先进型服务企业，减按 15％的税率征收企业所得税。此外，职工教育经费支出，不超过工资薪金总额 8％的部分，准予在计算应纳税所得额时扣除；超过部分，准予在以后纳税年度结转扣除。

2. 政策效应

1）积极效应

节能的企业所得税政策自 2008 年执行以来，江西省有不少企业享受了所得税优惠。据江西省国家税务局提供的数据反映，2008 年，江西省有 11 户企业享受资源综合利用企业所得税优惠政策，综合利用产值 89 400 万元，减免企业所得税额共 3 400 万元。2009 年，有 12 户企业享受资源综合利用企业所得税优惠政策，综合利用产值 82 700 万元，减免企业所得税额 2 400 万元。2008 年、2009 年江西省环境保护、节能节水项目减免所得额分别为 1 787.19 万元、4 069.98 万元,折合税额 446.80 万元、1 017.50 万元。2008 年、2009 年企业购置并实际使用符合条件的环境保护、节能节水、安全生产等专用设备抵免所得税额分别为 4 378.94 万元、6 567.11 万元。

根据调查问卷显示，在促进节能减排的税收政策中，较为有效的优惠方式是直接减免、优惠税率、即征即退和投资抵免（表 3-56）。

表 3-56　税收优惠方式调查结果

优惠方式	份数/份	比例/%
直接减免	98	38.9
投资抵免	36	14.3
即征即退	40	15.9
先征后退	16	6.3

续表

优惠方式	份数/份	比例/%
加速折旧	16	6.3
优惠税率	46	18.3
合计	252	100.0

节能减排企业所得税的实施极大地激励了企业进行资源综合利用和环境保护、节能节水研发和投入，其中在江西省做得最好的企业当推江铜。

作为全国首批循环经济试点单位，江铜按照国家批准的《江铜集团循环经济试点实施方案》，持续加大了资源综合利用、节能节水、环保治理方面的投资力度，"十一五"时期共完成投资 16.28 亿元，建成投产 17 个循环经济项目，形成了一条完整的循环经济产业链，像废石堆浸—萃取—电积提铜技术、渣选矿技术、湿法提取亚砷酸这类的循环经济项目已经成为江铜的"拳头产品"。一吨铜矿石经过冶炼后产生的价值，从过去单纯炼铜收益 160 元，增加到目前综合利用后的 600 元，每年相应增加销售收入 30 亿元。现在，循环经济产生的销售收入占江铜总销售收入的比重逾 3%，每年开展综合利用所带来的销售收入高达 66 亿元以上，每年利用低品位矿 1 000 万吨，每天减少废水排放量 20 000 吨。"十一五"期间，江铜在阴极铜产量增长 120%、工业产值增长 229% 的情况下，能源消耗总量只增长了 18.86%，万元产值能耗降低了 30%；5 年累计节约标煤 20.98 万吨。

目前，江铜拥有国家铜冶炼及加工工程技术研究中心、国家级企业技术中心、博士后科研工作站和院士工作站 4 个国家级科研平台，拥有地质、采矿、选矿、冶炼等几十个学科上百个专业的近 6 000 名工程技术人员，具备了做国内铜行业节能减排"领头羊"的软实力。

再以位于九江化纤产业基地的赛得利（江西）化纤有限公司为例，该公司近年来已累计投入 1.4 亿元建设节能环保设施。一期建设伊始，就斥资 8 000 多万元从台湾引进了全球最先进的废气处理装置，使二硫化碳回收率达到 75%，比国内同行企业高出 35~45 百分点，而且生产排出的硫化氢、二硫化碳等气体经循环回收后又成为生产黏胶纤维的原料，实现了资源循环利用，设备运行 4 年左右即可收回成本。同时，该公司还斥资 4 000 多万元建立 2.2 万吨污水处理系统，采用物化加生化技术将不同废水分类处理。2011 年，该公司在锅炉烟气处理上增加了炉外湿式脱硫装置，将二氧化硫的浓度指标从 700 毫克/升降至一半以下，比 2010 年的国家计划控制指标还少 50 毫克/升。在工业废气处理方面，该公司在国内率先采用冷凝回收法，硫的回收率达到 99%。目前在建的二期工程又将配套 1 亿元投入环保。该公司一期、二期环保投入分别占到投资额的

7.9%和 10%。

2）负面效应

在看到成绩的同时，我们也注意到，企业所得税政策的实施在江西省还存在政策受益面窄、企业受益幅度小等负面效应。

（1）政策受益面窄。2008 年江西省只有 11 户企业享受资源综合利用企业所得税优惠政策，2009 年为 12 户，涉及各设区市企业数量就更少。例如，景德镇市在 2009 年才开始有企业享受该优惠政策，只有 1 家企业享受三免三减半优惠，减免企业所得税 484 万元；1 家企业享受投资抵免优惠，抵缴企业所得税 80 万元。2010 年享受优惠企业有所增加，其中，有 3 家企业享受三免三减半优惠，减免企业所得税 718 万元；有 1 家企业享受减计收入优惠，减免企业所得税 50 万元；有 2 家企业享受投资抵免优惠，抵缴企业所得税 8 万元。

从受益项目看，江西省能够享受优惠的项目主要集中于污水处理、资源综合利用（煤渣、粉煤灰利用）、水泥制作工艺改进、节能节水专用设备等，受各种因素制约，并未能享受出台的一系列支持节能减排的税收优惠政策。

（2）企业受益幅度小。江西省企业能够享受资源综合利用税收优惠和节能减排优惠政策而减免的税收较少，相对来说，环境保护、节能节水项目享受的税收优惠力度要大一些，但能够享受的企业很少。资源综合利用优惠无论力度还是企业数量都很少。以吉安市为例，2011 年享受节能减排企业所得税优惠政策的企业 6 家，共减免企业所得税 1 254.77 万元。其中，有 5 家企业享受环境保护、节能节水项目的所得三免三减半优惠，2011 年共减免企业所得税 1 084.27 万元；2011 年有 1 家企业购进环境保护、节能节水设备总投资（不含进项增值税金）1 225 万元，抵缴企业所得税 123 万元；只有 1 家企业享受资源综合利用减按 90%计入收入总额优惠，2011 年减免企业所得税 47.5 万元。2009 年南昌市享受国税征收的投资抵免优惠的企业有 4 家，抵缴所得税 183 万元；2010 年降为 3 家，抵缴所得税 160 多万元；2011 年虽仍为 3 家，但只抵缴所得税 82 万元。

3. 存在的问题

（1）优惠目录窄、设定标准高。

在调研过程中，不少企业反映在节能减排方面享受的企业所得税优惠目录范围窄、标准高、门槛高，企业难以达到优惠条件。例如，国家对技术开发投入的支持力度比较大，国家重点扶持的高新技术企业可以享受 15%的优惠税率，但企业普遍感觉国家对申请高新技术企业的条件很高，不少制造型企业的销售收入很高，研发费用要达到销售收入的 2%，则研发费用会很高，在实际生产中基本无法实现，从而难以申报成为高新技术企业。又如，资源综合利用优惠目录中规定的原材料设定比例太高，企业所得税规定对煤矸石烧结空心砖所用煤矸石掺量为 70％以上，才可享受企业所得税优惠。煤矸石烧结空心砖生产业主反映，不敢掺入 70％的废渣来生产这些建材产品，如果出现质量事故是要追究生产者的刑事责任的。再如，享受优惠的旋窑水泥往往不能用于大坝等工程，因此不少建材厂和水泥厂废渣掺兑比例都达不到资源综合利用标准。可是这些行业经营相当困难，迫切需要企业所得税的优惠。此外，享受优惠目录范围较窄也是一个重要原因。

（2）申报手续复杂。

尽管国家给予节能减排的企业所得税优惠力度较大，但在调研中却发现企业对申报税收优惠的积极性并不高，其中一个普遍的原因是申报手续复杂，需要提交各种资料，过程烦琐。目前我国相关政策法规比较杂散、凌乱，没有统一完整的文件；再者，没有相关权威部门去认定，即便具备认定资格，但相关费用高昂、手续繁复，一般小型企业难以担负。此外，中小企业的财务核算不规范，政府相关部门无法在短期内规整相关目录且缺乏相关人才及外包部门，所以有的纳税人怕麻烦而不愿申请享受所得税优惠。例如，资源综合利用优惠材料准备烦琐，耗费大量精力，但成功率却很低，即使成功，收益也很小。有的材料需要十几年前的财务报表原件，很多凭证难以拿出；有些证明材料难以提供，如返乡证明。又如，投资抵免税收政策需要能效标准，有些设备没有能效标识，也需要提供，而实际网上已公示了的，还需提供证据，如高压电机，而有些设备无法提供能效标准，如风机、水泵等设备只能做模拟测试，而测试往往需要耗费几个星期。正因为如此，企业经办人员往往嫌麻烦，就干脆不申报。

（3）政策针对性不够。

第一，部分政策激励性不强。目前企业所得税税收优惠政策激励性不强。例如，企业所得税对合同能源管理的减免，针对的是节能服务公司，用能公司只享受合理支出可以全额扣除规定。这一政策对用能公司的激励作用有限，用能公司没有动力主动申请合同能源管理项目。再者，用能企业是否有权拿这一节能项目向国家申请奖励资金，难以界定，政策也没有明确。如果不能，那么相当于"做事的没拿钱，拿钱的不做事"。又如，余热发电等有些政策自相矛盾，规定投资稳定三年后才能申报，此时企业已渡过了难关，激励效果大打折扣。

第二，优惠条件规定含糊，操作性不强。国家节能行业标准不够清晰、操作性不强。例如，部分税收优惠政策规定条件含糊，实际工作中难以把握。在环境保护、节能节水项目企业所得税优惠目录中规定的"燃煤电厂烟气脱硫技术改造项目，项目改造后经国家有关部门评估，综合效益良好"中国家有关部门是指什么部门，没有明确，易产生不同的部门得出不同结果的现象。

第三，有些税收优惠政策效果不明显。例如，投资设备抵免所得税政策的目的是鼓励企业进行安全生产、节能节水、环境保护投资，但实际上近几年企业较少申请。原因是政策要求购买节能环保专用设备才允许抵扣，但是企业不会专门购买这种设备。再者环境保护、安全生产、节水目录更新慢，很多企业不在目录范围内，难以享受。又如，资源综合减按 10% 优惠，目的是鼓励资源综合利用，但实际能够享受的企业很少。另外，很多企业由于财务不健全，税务部门往往采用核定征收，所以即使有节能减排，也无法享受优惠。

此外，即使是纳税申报企业，在目前高通胀、经营成本高的环境下，利润微薄，很多企业无利润可言，企业所得税优惠措施也往往无法享受，导致政策往往是锦上添花，而不是雪中送炭。因此，不少企业反映国家给企业降负最好是降低增值税和营业税税率，而不是企业所得税优惠。

（4）政策前瞻性、长期性缺乏。

虽然我国适时调整和修订了节能减排的税收政策，以适应经济的发展变化，并取得较好效果，但在运行过程中暴露出政策调整太快，前瞻性、长期性欠缺问题。一方面，有些节能标准年年变，国家政策调整太快，企业的设备往往跟不上企业的调整步伐，企业的投入成本很高；另一方面，目录调整有些不到位，没有长远考虑，没有充分考虑行业特色。例如，水渣、污泥做板材，垃圾发电等未纳入企业所得税资源综合利用目录，从事这些项目的企业无法享受优惠。又如，目前节能型产品定价较高，从需方对购买者补贴效果会较好，但目前给生产者补贴多、目录较框架化。再如，节能包括产品节能、工艺节能和管理节能，目前目录和优惠政策着力于产品节能，而对工艺节能和管理节能比较忽略。但从各国实践看，工艺优化和提高管理是相当节能的。

（5）政策宣传有待加强。

总体上各地方对税收政策的宣传都做了大量工作，不少地方专门将税收政策装订成册发放给纳税人。但在调研中还是发现政策宣传仍有待加强。一方面，税务部门虽然对纳税人进行了税收宣传，但围绕节能减排专题进行税收宣传缺乏。政府各部门对政策的宣传和落实还存在脱节现象。此外，还存在申报材料国税和地税各自为政情况，资料没有共享，有些口径、指标未完全统一。税务管理人员的测定、评价等能力也需提高。另　方面，企业自身获取信息的意识和能力不足。对于节能减排方面的税收优惠政策的态度，各个企业反应不一，大企业结合自身相对雄厚产能产量，对优惠政策比较容易重视，而小企业由于发展迟缓、消息闭塞，对税收优惠政策不清楚。

3.2.6　促进工业领域节能的现行资源税政策及执行效果

1. 资源税政策改革

资源税征收始于 1984 年，最初征收目标只有煤炭、石油和天然气，后扩大至铁矿石资源。1994年1月1日起，相关部门正式实施修订后的《中华人民共和国资源税暂行条例》，该条例进一步扩大了征收范围，其他非金属矿原矿、黑色金属矿原矿、有色金属矿原矿和盐四种资源也相继开征资源税。在具体税负上，原油的税额为8～30元/吨，天然气为2～15元/千立方米，煤炭为0.3～5元/吨。

1) 石油、天然气资源税税收政策

传统从量计征的方式已经不能适应时代的发展，资源价格的不断攀升要求有关部门积极探索新的改革方案。以1993年的新疆举例，当时石油价格为480元/吨，天然气价格为200元/千立方米，根据当时资源税税额标准及从量计征的原则，即石油12元/吨，天然气4元/千立方米可折算出资源税税率分别为销售收入的2.5%和2%。由于通货膨胀和各方面因素，新疆石油价格在2008年已经跃升到每吨4 800元。每吨30元的资源税税额标准增长幅度赶不上价格的增长，折算成税率竟低于1%。稀缺资源的税负水平过低不利于资源节约，资源税收入增长速度和资源产品价格、资源企业的收入增长速度不一致也不利于反映资源的稀缺性。2010年根据中央新疆工作座谈会精神，经国务院批准，6月1日起新疆于全国率先试点的油气资源税改革由从量计征改为从价计征。作为资源税的改革试点，新疆将原油、天然气的资源税由过去各自30元/吨和7～9元/千立方米的从量计征办法，一律调整为按产品销售额的5%计征。为了积极响应国家对资源税的减征办法，还对高凝油、稠油、高含硫天然气、三次采油暂时实行综合减征率。

2011年11月1日，《中华人民共和国资源税暂行条例》（中华人民共和国国务院令第605号）实施，该暂行条例规定原油、天然气资源税由过去从量计征，即每吨原油资源税8～30元、天然气每千立方米2～15元，调整为按产品销售额的5%计征。

2) 稀土资源税税收政策

根据《财政部、国家税务总局关于调整稀土资源税税额标准的通知》（财税〔2011〕22号）规定，自2011年4月1日起，统一调整稀土矿原矿资源税税额标准。调整后的税额标准如下：轻稀土（包括氟碳铈矿、独居石矿）60元/吨；中重稀土（包括磷钇矿、离子型稀土矿）30元/吨。

3) 焦煤资源税税收政策

2011年11月1日，《中华人民共和国资源税暂行条例》（中华人民共和国国务院令第605号）实施，暂行条例调整了焦煤的资源税征收额度范围，税额幅度由原来的0.3～5元/吨提高到8～20元/吨。江西省对焦炭按每吨8元征税，其他煤炭按每吨2.5元征税。

4) 其他资源的税收政策

根据《财政部　国家税务总局关于调整铅锌矿石等税目资源税适用税额标准

的通知》(财税〔2007〕100 号)中的明文规定,我们得知:自 2007 年 8 月 1 日起,调整铅锌矿石、铜矿石和钨矿石产品资源税适用税额标准。经过调整,铅锌矿石类的一等到五等矿山价格依次调整为 20 元、18 元、16 元、13 元、10 元;铜矿石一等到五等的矿山每吨价格依次调整为 7 元、6.5 元、6 元、5.5 元、5 元;钨矿石三等至五等矿山的价格依次调整为 9 元、8 元、7 元。这是 1993 年财政部和国家税务总局发布《中华人民共和国资源税暂行条例实施细则》(财法字〔1993〕43 号)以来,首次对铅锌矿、铜矿和钨矿资源税进行调整,而且幅度非常大,涨幅达 300%~1 600%。1993 年上述几种金属矿产产品的资源税适用税额标准每吨分别是:铅锌一等 4 元、二等 3.5 元、三等 3 元;铜一等 1.6 元、二等 1.5 元、三等 1.4 元;钨三等 0.6 元、四等 0.5 元、五等 0.5 元。此次调整中,钨矿石资源税平均上调幅度达 1 200%,铅锌矿石资源税平均上调 410%,铜矿石平均上调 330%。

为促进资源的合理开发利用,财政部、国家税务总局联合发布了《财政部国家税务总局关于调整锡矿石等资源税适用税率标准的通知》(财税〔2012〕2 号),其中提到:对锡矿石等矿产品资源税适用税率标准的调整自 2012 年 2 月 1 日起开始生效。对锡矿石适用税率的调整如下:一等 20 元、二等 18 元、三等 16 吨、四等 14 元、五等 12 元。对每吨钼矿石资源税适用税率的调整如下:一等 12 元、二等 11 元、三等 10 元、四等 9 元、五等 8 元。菱镁矿资源税适用税率标准调整为 15 元/吨。滑石、硼矿资源税适用税率标准调整为 20 元/吨。铁矿石资源税由减按规定税率的 60% 征收上调为减按规定税率的 80% 征收。

相比调整前的资源税目表,每吨等级不同的钼矿石各等税率较原来各自提高了 4 元,其资源税适用税率标准调整为:一等 12 元、二等 11 元、三等 10 元、四等 9 元、五等 8 元。与此同时,锡矿石资源税此次提高了 20 倍,税率调整为:一等矿山每吨 1 元、二等矿山每吨 0.9 元、三等矿山每吨 0.8 元、四等矿山每吨 0.7 元、五等矿山每吨 0.6 元。滑石和硼矿资源税适用税率标准提高了 17 元,由原先的 3 元/吨上调为 20 元/吨。菱镁矿资源税适用税率标准上调了 13 元,由原先的每吨 2 元上调至每吨 15 元。

2. 资源税政策的执行效果

从调查问卷的统计数据来看,资源税对江西企业节能的效果相对显著,达到 13.4%,资源税对于江西这样特殊的资源省份而言,发挥了较大的作用。

1) 积极作用

(1) 资源税上调,受益最大的是地方政府,间接改善矿山环境。

资源税的征收比例上调后,地方政府的税收收入上升迅速。以江西省赣州市为例,在每吨钨精矿缴纳的资源税超过 1 000 元的情况下,调整前与调整后相比，每年全市因开采钨矿征收的资源税由 100 多万元上升至逾 2 000 万元，地方政府财力得到突飞猛进的进步。地方政府和矿山企业收益分配不合理的问题一直存在，资源税的上调是改善这种格局的一次不可多得的机会。我国矿产资源收益分配格局不合理也是一个突出问题，主要是全国性的大型矿产开发企业总部与矿产资源多数集中地不一致所导致的，大多数总部坐落在东部发达地区，而资源集中在中西部地区，这样的情形十分常见。这种情形造成的不利影响包括：因资源税负过低，所在地分享的收益不足以补偿因开采矿产而给当地居民带来的损失（如土地沉陷、地表植被和地下水受破坏等）；区域转移支付造成了劫贫济富的尴尬局面，矿产开采企业所得太多。上调资源税税率一方面通过使矿山企业让渡部分利益给矿区所在地的地方政府，帮助改善资源开采地的当地生态环境；另一方面也通过煤炭资源税的调整使得资源税的税收收入增加（表 3-57）。

表 3-57　　2009～2012 年江西省煤炭税收收入（单位：万元）

年份	2009	2010	2011	2012
税收收入	12 150.91	19 777.48	29 063.18	42 138.45

资料来源：调研数据

（2）稀土资源税的上调，有利于提高产业集中度。

赣州作为我国南方离子型稀土矿的重要生产基地，已探明储量约 47 万吨，远景储量约 940 万吨，占全国离子型矿产储量的 40% 左右，占江西探明和评价预测储量的 90%。离子型稀土主要集中在龙南、定南、寻乌、信丰、安远、赣县、全南、宁都 8 个县，其中寻乌以低钇轻稀土（以下简称轻稀土）为主，龙南以高钇重稀土（以下简称重稀土）为主，其余 6 个县则以中钇富铕型稀土（以下简称中稀土）为主。赣州现有 88 个合法的稀土采矿许可证，占全国（103 个）的 85.4%，采矿权人属于赣州稀土矿业有限公司，其中重稀土矿山 19 座、中稀土矿山 63 座、轻稀土矿山 6 座。目前，赣州入库稀土资源税前 3 名的县分别是定南、龙南、寻乌，占赣州稀土资源税的 90% 以上。2011 年前，赣州重稀土资源税税负为 0.86%，中稀土资源税税负为 0.93%，轻稀土资源税税负为 1.08%[1]。2011 年 4 月 1 日起，我国统一调整稀土矿原矿资源税税额标准。相比之前，调整后每吨稀土的资源税上涨 10 倍以上。按此税率计算，每吨轻稀土精矿（100% 碳酸稀土）需缴纳资源税约 1 500 元，相当于售价的 1.7%，每吨重稀土精矿（100% 中钇富铕矿）需缴纳资源税约 30 000 元，相当于售价的 13.6%，很明显重稀土所收资源税更高。从目前情况看，短期内江西稀土企业可能会因为资源税上涨而使整体运营成本增加。但因为稀土在电器和军工等行业需求量很高，而成

---

　① 江西省地税内部调研资料。

本上涨必然导致价格上涨。所以从长远角度考虑，这次资源税上涨不会对江西稀土企业带来重大影响[①]。

目前，每年走私的稀土大部分是重稀土，大幅度提高重稀土行业的税负，提高重稀土行业进入门槛，对于小型甚至私挖滥采的重稀土生产企业，势必会加大生产成本，而当前急于进入这一行业的企业也需要考虑这一因素。很明显，上调资源税政策更有利于大型企业进入和整合南方重稀土行业，长期来看有利于提高行业集中度。总体而言，提高资源税对稀土企业盈利影响有限，更多的是体现了国家对稀土行业的重视程度和治理的决心，长远来看有利于稀土行业的健康发展。

2）消极作用

（1）在资源产品价格高居不下的条件下，资源税对企业影响甚微。

国家对钨矿石、铅铜矿石、锌矿石的资源税适用税额标准的调整于 2007 年 8 月 1 日起正式生效。调整后不同等级的铜矿石每吨税额标准如下：一等 7 元、二等 6.5 元、三等 6 元、四等 5.5 元、五等 5 元。2007 年江铜因此次税额标准调整比原来多缴纳 7 125 万元（这项估算来源于该公司财务部门）。2006 年，江铜的销售收入突破 300 亿元，利润超过 40 亿元，对于保持着良好的盈利水平的江铜来说，资源税上调所带来的成本并不高，对企业正常运行没有带来什么影响。江西省稀土稀有金属钨业集团负责人的观点与江铜如出一辙。他们一致认为在铜、钨、铅、锌维持着高利润的情况下，资源税调整所带来的成本上升的影响微乎其微，对矿山企业没有带来什么影响。铜、钨市场如火如荼地发展着，表面上看国家上调了资源税征收标准增加了企业成本，但每吨增加的数目很小，不会给企业带来影响。并且从市场价格传导机制原理来看，这些增加的成本被转嫁给了如冶炼、加工类型的下游企业。此次上调资源税征收标准的影响更多的是体现在心理层面的影响。

（2）资源税的征收标准难以满足环境治理的需要。

尽管资源税的征收比例在不断上升，但仍难以满足环境治理和保护的需要。以江西省第一大钢铁企业——新钢为例，新余市铁矿石征收的资源税仅占该企业销售收入的 0.1% 左右。由于新余市的铁矿大多属于含铁量较低的贫矿，假设平均按每吨原矿 10% 的比例出精矿，企业一年消费的铁矿石将会有 370 万吨含有重金属的废弃矿土堆积在矿区周围，按每吨 100 元的成本价来治理这些废弃矿，恢复原有生态，每年至少需要投入 3.7 亿元，是新余市地税局征收资源税总额的近 30 倍[②]，资源税征收标准与治理费用之间的差距非常大。

总之，资源税在定位和设计上仍然背离节能的总目标。首先，1984 年开征的

---

① 近两年来稀土价格的低迷也从侧面印证了这一点。

② 江西省地税内部调研资料。

资源税定位调节资源级差收入，这与世界通行观点相背离。世界上许多国家将资源税作为优先使用的环境政策工具，与相关税收一起构成绿色税收体系，促进节能减排。其次，除原油和天然气以外的其他征税科目依然采用从量计征，导致企业在资源开采中"挑肥拣瘦"，造成资源大量浪费和堆积，资源税并没有真正起到节能减排的作用。即使是已实行从价计征的原油和天然气的税率设计为 5%～10%，实际执行 5% 的税率，而世界通行的税率高达 13%～16%。过低的税收，难以补偿资源成本，导致资源的不合理开发和廉价使用，难以促进节能减排。此外，资源的税费比例不合理，管理中的寻租行为不时发生。

3.2.7　促进工业领域节能的现行其他税种政策及执行效果

1. 车辆购置税政策及执行效果

1）车辆购置税政策的演变

我国车辆购置税是自 2001 年 1 月 1 日起开征的，它是由车辆购置费演变而来的。为了发挥该税种的调节作用，促进节能减排，从 2009 年开始，国家有意识地利用车辆购置税对小排量汽车实行税收优惠。

2009 年 1 月 16 日，财政部、国家税务总局发布《财政部　国家税务总局关于减征的 1.6 升及以下排量乘用车车辆购置税的通知》（财税〔2009〕12 号），对 2009 年 1 月 20 日至 12 月 31 日购置的 1.6 升及以下排量乘用车，暂减按 5% 的税率征收车辆购置税。

2009 年 12 月 22 日，财政部、国家税务总局颁布的《财政部　国家税务总局关于减征 1.6 升及以下排量乘用车车辆购置税的通知》（财税〔2009〕154 号）规定：对 2010 年 1 月 1 日至 12 月 31 日购置的 1.6 升及以下排量乘用车，暂减按 7.5% 的税率征收车辆购置税。

税收优惠政策实施两年后，财政部和国家税务总局于 2010 年 12 月 27 日联合发布《关于 1.6 升及以下排量乘用车车辆购置税减征政策到期停止执行的通知》（财税〔2010〕127 号），宣布对 1.6 升及以下排量乘用车减按 7.5% 的税率征收车辆购置税的政策自 2010 年 12 月 31 日到期后停止执行。

2）车辆购置税对江西节能的影响

（1）积极作用。

车辆购置税实施后，税收收入呈现稳步增长势头。2012 年江西省的税收收入比 2009 年增加 22 亿元，翻了一倍多（表 3-58）。

表 3-58 2009～2012 年江西省车辆购置税税收收入一览表（单位：万元）

年份	税收收入
2009	210 958
2010	325 462
2011	382 910
2012	432 387

资料来源：调研数据

车辆购置税优惠政策的实施促进了 1.6 升及以下排量乘用车的消费。根据调研和江西省国家税务局的资料显示，2008 年、2009 年、2010 年 1～9 月，江西省乘用车销售数量分别为 9.8 万辆、20.4 万辆、17.4 万辆；其中，1.6 升及以下排量乘用车分别为 4.7 万辆、13.6 万辆、10.9 万辆。1.6 升及以下排量乘用车数量占乘用车销售总量比重分别为 47.96%、66.67%、62.64%。

2008 年到 2010 年第 3 季度江西省汽车、乘用车销售季度平均增长率为 10.63%、10.24%，1.6 升及以下排量的年均增长率为 14.77%。其中，2008 年、2009 年和 2010 年前三季度，汽车销售季度平均增长率为 -8.94%、37.80%、-2.47%，乘用车销售季度平均增长率为 -11.25%、38.91%、-3.08%，1.6 升及以下排量的季度平均增长率为 -10.97%、53.72%、-6.51%。数据显示，车辆购置税优惠政策出台后 1.6 升及以下排量的汽车销售有井喷态势，在 2010 年车辆购置税优惠幅度缩减后，1.6 升及以下排量的汽车销售增长趋缓。2008 年 4 月至 2010 年 9 月江西省汽车销售季度平均增长率变化如图 3-4 所示。

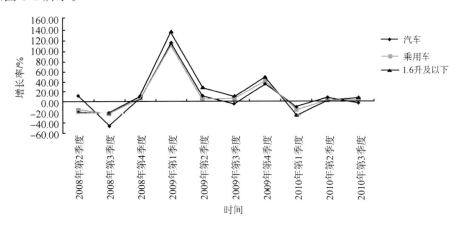

图 3-4 2008 年 4 月至 2010 年 9 月江西省汽车销售季度平均增长率变化

资料来源：江西省国家税务局

南昌市国家税务局车购税分局的统计数据显示,车购税优惠政策在拉动消费方面确实有明显的效果。2009年南昌市车购税上涨30%～40%,2010年上涨幅度超过40%。车购税优惠政策是导致车购税上涨幅度如此大的重要因素。

车辆购置税的税收收入也呈现出稳步增长的势头,税收调控效应显现。

(2)消极作用。

由于小排量汽车"上高速开不动""车型老选择小""毛病多安全性差"这些缺陷,尤其是目前在国内小排量汽车通常属于低端汽车,安全性能并不能让人满意。为此,很多消费者放弃购买小排量汽车。车购税的税收优惠难以抵消小排量汽车的这些缺陷。又由于在A级车的高端车型市场,各品牌大多以1.8升排量车型为主打,很多汽车销售点启动了"买车送购置税"的促销活动,购买1.8升和2.0升的车型,车商帮忙交5%的购置税,实际上也等于享受到了小排量车购置税减半的优惠。一些豪华车也加入送"购置税"的行列,主动宣布贴补购置税。小排量汽车的车购税优惠无形中就被抵消了。数据显示,2008年,全国豪华车市场销量超过23万辆,同比增长16%。加之消费者的攀比和奢华心态,一些大排量汽车在江西省销量也大增。目前,南昌地区路虎、捷豹的保有量大约为200台,全省估计在600台左右。车辆购置税的节能减排作用被削弱。

2. 车船税政策及执行效果

1)车船税政策

为了鼓励新能源汽车的发展,财政部、国家税务总局、工信部于2012年3月6日颁布了《财政部　国家税务总局　工业和信息化部关于节约能源　使用新能源车船车船税政策的通知》(财税〔2012〕19号),规定自2012年1月1日起,对节约能源的车船,减半征收车船税;对使用新能源的车船,免征车船税。在车船税法授予权限的基础上,江西省人民政府对江西省车船税的具体适用税额、减免税规定、纳税期限做出了如下补充规定:①税额标准就低不就高。江西省的税额标准具体为:乘用车1.0升(含)以下的税额标准为180元,1.0升以上至1.6升(含)为300元,1.6升以上至2.0升(含)为360元;2.0升以上至2.5升(含)为660元,2.5升以上至3.0升(含)为1 200元,3.0升以上至4.0升(含)为2 400元,4.0升以上的为3 600元;商用车客车大型车为600元,中型车为480元。江西省的税额标准整体税负比周边其他省和国家税务总局的指导意见税负大约低了15%。②税收优惠力度加大。为促进城乡公共交通事业的发展,对全省各地公共交通车,继续按照现行做法,对按规定缴纳车船税确有困难的,由省地税局、省财政厅联合向省政府报告后,给予一定期限的减免照顾。对农村居民(现户口登记在村委会)拥有并主要在农村地区使用的摩托车、三轮汽车和低速载货汽车暂免征车船税。③明确了申报纳税期限。江西省车船税的纳税期限确定为：按年申报，具体申报纳税期限按当地地方各税申报期限统一申报缴纳。

2）促进节能的实施效果

（1）积极作用。

第一，引导节能减排的环保理念。新版车船税自 2012 年 1 月 1 日正式实施，为了推动环保节能，新车船税的征收标准规定对节约能源的车船，减半征收车船税；对使用新能源的车船，免征车船税。国家对于节能车型支持力度进一步加大，强化了对大排气量乘用车的税收调节，体现了国家促进节能减排和保护环境的政策。新车船税的征收标准，有利于弘扬节能环保的理念，对养成良好的节能减排习惯起到了重要的积极意义。既改变了人们传统的汽车消费意识，也引导了环保节能的良好消费习惯，同时车船税税收收入增加明显。2009～2012 年车船税税收收入见表 3-59。

表 3-59　2009～2012 年车船税税收收入（单位：万元）

年份	2009	2010	2011	2012
金额	31 336	41 489	56 055	68 967

资料来源：调研资料

第二，鼓励各地因地制宜征收车船税。改变了原本"一刀切"的税收模式，按排量分为七档征收。新版车船税给地方政府预留的机动调整税额的浮动空间对小排量车很高，而对大排量车较低。1.0 升以下机动车车型的浮动空间达到 71%，其他档位的浮动空间则只有 29%。江西省在国家制定的范围内确定了本省的税率标准，对农村居民（现户口登记在村委会）拥有并主要在农村地区使用的摩托车、三轮汽车和低速货车定期减免。同时，对全省各地公共交通车，继续给予一定期限的减免。各地可以根据实际情况制定相应的车船税政策。

（2）消极作用。

第一，新车船税税负变化不大，结构性调整明显。

对比江西省新的税额标准与原税额标准可以发现，占现有乘用车总量 87% 左右、排气量在 2.0 升及以下的乘用车保持原有税负或适度降低，如：1 升（含）以下的车辆年税额原为 240 元/辆，新标准为 180 元/辆，税负同比下降了 60 元/辆；1 升至 1.6 升（含）以下的车辆年税额原为 360 元/辆，新标准为 300 元/辆，税负也同比下降了 60 元/辆；但对 2.0 升至 2.5 升（含）乘用车从 360 元/辆提高到了 660 元/辆，税额幅度略有提高；占比不到 3% 的 2.5 升以上乘用车税额幅度有较大提高，从年税额 360 元/辆分别提高了 2.3～9 倍，最高的对 4 升以上车辆年税额由 360 元/辆提高到了 3 600 元/辆，提高了 9 倍。总的来看，这次车船税立法税负维持不变，只做了结构性调整，由于 2.5 升以上乘用车在江西省比例很低，节能减排的效果并不突出。

新车船税调整并没有影响到大排量汽车的销售。尽管车船税会使大排量汽车的成本有所增加，但是会买这种大排量汽车的车主经济实力较强，自然不会在乎几千元的成本支出。同时，绝大多数消费者购车，不是因为这些可以减免的车船税，而是看车型的优惠力度、性能、外观等。所以新的车船税实施后，并没有吸引到消费者购买小排量汽车。

第二，目标明确，但新能源汽车的发展任重道远。

新车船税政策的出台，再加上对乘用车按排量征收消费税的政策以及燃油消费税的实施，促使了我国新能源汽车的迅速发展。我国新能源汽车 2011 年的产销量较 2010 年有大幅度的增长，分别为 8 368 辆、8 159 辆①。2012 年前 8 个月，国内主要能源汽车生产厂商的合计销售量高达 6 019 辆。根据国务院粗略估计，纯电动汽车和插电式混合动力汽车 2015 年累计产销量将达到 50 万辆；这两种新能源汽车到 2020 年累计产销量超过 500 万辆，生产量将达到 200 万辆，车用氢能源产业和燃料电池汽车逐步跟上国际步伐②。更值得关注的是，2015～2020年，节能型乘用车燃料消耗量将从每百公里 5.9 升以下进一步下降到每百公里 4.5 升以下的水平。由于生产技术日臻成熟，日产的乘用车平均燃料消耗量由每百公里 6.9 升进一步下降到每百公里 5.0 升。商用车新车燃料消耗量的下降水平将受到国际关注（国务院，2012）。目前，我国 25 个试点城市新能源车的总保有量只有 1.3 万辆，该规划的颁布意味着在 8 年时间内我国新能源汽车的产销量将提高近 400 倍。

根据 2012 年 5 月江西省工业和信息化委员会公布的《江西省节能与新能源汽车及动力电池产业"十二五"发展规划》，江西省节能与新能源汽车及动力电池产业 2015 年主营收入、工业增加值和利税总额都将达到上百亿元的水平，分别为 1 000 亿元、300 亿元、150 亿元③。

近年来，包括江铃汽车集团公司、安源客车制造有限公司、江西博能上饶客车有限公司、昌河汽车有限责任公司、江西凯马百路佳客车有限公司和南昌大学在内的几个主要汽车生产商和高校都在新能源汽车的研究开发领域取得了突出成绩。值得一提的是，纯电动工程车、纯电动轿车、纯电动服务车均被列入了国家《节能与新能源汽车示范推广应用工程推荐车型目录》。由江铃汽车集团公司研发生产的混合动力轿车和多种纯电动轿车更是光荣地列入了国家《车辆生产企业及产品公告》。同时，昌河汽车有限责任公司在新能源电动车方面的成就也十分突出，其研发的铅酸蓄电池、磷酸铁锂电池等多种纯电动汽车已试制出样车，认证试验通过。南昌大学、中山大学等单位给予了极大的技术研究支持。该公司新能源汽车生产资质申报工作也在紧锣密鼓地进行着。安源客车制造有限公司与宝琪

---

① 数据来源于中国汽车协会的不完全统计。

② 数据来源于国务院发布的《节能与新能源汽车产业发展规划（2012～2020 年）》。

③ 江西省工业和信息化委员会资料。

高新有限公司、杭州万向集团、株洲南车时代等公司共同研发的 PK6112AGH 混合动力城市客车已列入国家《车辆生产企业及产品公告》。南昌福瑞德科技有限公司、江西凯马百路佳客车有限公司、江西博能上饶客车有限公司、江西鸿翔电动车辆制造有限公司都在电动车开发方面取得了令人满意的成果。可是江西新能源汽车研究开发也同样面临着令人头疼的难题，即新能源汽车研发成果无法转换成经济成果使得大家在欢欣激动的同时也面面相觑。2012 年江西省混合动力、纯电动汽车产销量达到省政府在《江西省十大战略性新兴产业（新能源汽车及动力电池）发展规划》中预计的三万辆的目标。

　　"十城千辆节能与新能源汽车示范推广应用工程"是由科技部、财政部等多个国家部委共同在 2009 年启动的涉及一些大中城市的公交、出租、公务、市政、邮政等领域的节能环保项目，简称为"十城千辆"工程。南昌很幸运地得到了国家财政补贴，与北京、上海、深圳等 12 个城市一并成为首批参与"十城千辆"工程的城市之一，目标是在 2012 年使新能源汽车的运营规模占汽车市场份额的 10%。该项目的主要运作过程如下：计划在 3 年内每年发展 10 个城市，每个城市推出 1 000 辆新能源汽车开展示范运行。但如今南昌街头仍未看到纯电动车的踪影，究其原因为新能源汽车价格太高，加之南昌财力有限，优惠补贴政策几乎为空白。该项目在南昌公共交通工具的推广没有取得成功，在私人领域的成效更是不尽如人意，私人购买纯电动汽车至今仍是零纪录。可见只有在新车船税上再一次进行调整，才能改善新能源电动车推广项目在发展中屡次碰壁的情况。

3. 城镇土地使用税政策及执行效果

　　1）城镇土地使用税中关于核电站的政策

　　为进一步推进我国核电产业的发展，财政部、国家税务总局于 2007 年 9 月 10 日颁布的《财政部　国家税务总局关于核电站用地征免城镇土地使用税的通知》（财税〔2007〕124 号）规定：对核电站的核岛、常规岛、辅助厂房和通信设施用地（不包括地下线路用地），生活、办公用地按规定征收城镇土地使用税，其他用地免征城镇土地使用税。对核电站应税土地在基建期内减半征收城镇土地使用税。财政部、国家税务总局于 2008 年 4 月 3 日公布的《财政部　国家税务总局关于核电行业税收政策有关问题的通知》（财税〔2008〕38 号）规定：对广东核电投资有限公司销售给广东电网公司的电力实行增值税先征后退政策，并免征城建税和教育费附加这一政策规定在 2014 年 12 月 31 日前继续执行。对核电站的税收优惠，说明国家开始重视核电站的建设，对核电这一新能源已着手宏观政策的调控。

　　2）城镇土地使用税中关于核电站政策的实施效果

　　在我国，每年煤炭的开采量超过 30 亿吨，已逼近煤炭开采的极限，燃煤作为温室气体的主要排放源已经造成了严重的大气污染。同时，经济的快速增长使能源需求迅速增长，能源面临着严重的安全威胁。有专家预测，到 2020 年，我国一次能源需求量将达到 35 亿吨标准煤，这无疑使我国面临能源与环境的双重压力。这时，选择清洁能源，改变国家能源消耗的结构可以给我国经济和环境的可持续发展都带来很大的益处。

我国正处于经济快速发展时期，但人均用电量仅占发达国家的十分之一，这意味着随着经济的发展，我国电力需求将大大增加。核能作为一种清洁能源，是弥补电力巨大缺口的最佳选择。国务院颁布的《核电中长期发展规划（2011—2020 年）》中提到，在 2020 年核电装机容量达到 4 000 千瓦（国家能源局有关负责人在 2010 年 3 月 22 日表示，根据目前的工作部署，2020 年我国核电装机目标保守来看为 7 000 万～8 000 万千瓦）。

在多种政策的推动下，我国核电发展取得了新的飞跃。在 2010 年年底时，国内已建成投运的核电机组为 13 台，在建 28 台，包括浙江三门核电站、福建宁德核电站等，大多以沿海地区为主。内陆地区江西、湖南、四川、重庆、安徽等地也宣布了本省市的核电规划。但核电发展受国家政策影响较大，城镇土地使用税对其影响不显著。

第4章　促进工业领域节能的财税政策国际比较

随着经济持续加快发展和人民生活水平的进一步提高，以过度消耗资源环境为代价的传统经济发展模式正面临越来越严峻的挑战。面对资源环境压力日益加大和应对气候变化的新形势，需要引导建立一种健康的、节约能源资源、低排放，且与实现可持续发展和提高人民生活水平相适应的发展模式。在这方面，不少国家积极运用财税政策引导发展模式的转变，并取得了很好的效果。

4.1　发达国家促进工业领域节能的财税政策

在过去的工业化进程中，大多数发达国家都曾有过能源短缺的艰难经历，为解决工业部门的合理用能和提高工业用能效率问题，经过较长时间的探索和实践，目前发达国家在促进节能方面走在世界前列，并积累了丰富的财税政策经验可供我国借鉴。

4.1.1　建立健全工业节能相关的法律法规

大多数能源消费大国和能源短缺的发达国家都非常注重节能的立法工作，其目的在于保障国家能源供应安全，促进能源效率的提高。围绕工业节能，进行了较为详细的安排，一般包括：超过一定规模的用能企业必须进行能源审计，向政府提交能源供需计划，开展节能监督检测，耗能设备执行严格的能效标准等。在完备法律的基础上，将财税政策纳入国家能源政策或温室气体减排计划，形成综合节能政策。例如，德国根据预防原则、污染者付费原则和合作原则，先后于 1995 年通过《排放控制法》、1996 年启用《循环经济与废弃物法》，2000 年颁布《可再生能源法》，2004 年颁布《可再生能源法修正案》，2005 年颁布《联邦控制大气排放条例》、《能源节约条例》和《电器设备法案》。又如，日本通过制定多层次的法律规定形成了世界上最先进、最完备的环保及循环经济法律体系（表 4-1），对产业发展起到了非常明显的强制保障作用。

表 4-1　日本环保立法体系

法律层次	法律名称	最新修订时间
第一层：基本法	《环境基本法》	2000 年
	《循环型社会形成推进基本法》	2001 年
第二层：综合法	《废弃物处理法》	2000 年
	《资源有效利用促进法》	2001 年
第三层：专项法	《容器包装再循环法》	2000 年
	《家电再循环法》	2001 年
	《食品再循环法》	2001 年
	《绿色采购法》	2001 年
	《建设循环法》	2002 年
	《汽车再循环法》	2005 年

4.1.2　制定激励工业节能的财政税收政策

国外促进工业节能的税收和财政政策主要有两类。

一类是增加能源利用成本的政策。政策措施包括能源或与能源有关的生态税、公共效益收费等。例如，美国为了促进能效和可再生能源的发展，在电价之外加收一个自然资源占用管理费。目前，美国 25 个州都有电价收费支持的能效计划和项目。一般能效项目的收费从每千瓦时电 0.03 厘美元到 3 厘美元不等，中间值是 1.1 厘美元。通过电价收费，18 个州总共对能效项目的资金支持达到 9 亿美元。地方财政收入的近五分之一都来源于能源使用者和环境保护专项受益税款。此外，美国还分别征收能源额外利润税、臭氧层损害化学品税、系列汽车税费（包括购买汽车时的销售税、汽车的年注册费、经营执照费、车辆检查费等）、燃油消费税、开采税、环境收入税等增加能源使用成本，达到减少能源消费、保护环境的目的。

另一类是降低"提高能效"成本的政策。政策措施包括财政预算、赠款和补贴、补贴审计、政府采购、贷款（包括公共贷款和创新基金）、能源节约技术的税费减免等，补贴可以是直接补贴给节能投资企业，也可以是补贴给服务部门。发达国家降低"提高能效"成本的财税政策见表 4-2。

表 4-2　发达国家降低"提高能效"成本的财税政策

激励政策		代表国家	具体举措
财政政策	财政预算	荷兰	1997 年用于节能和可再生能源的财政预算为 3.6 亿荷盾，1999 年为 6.9 亿荷盾，2002 年达 9.1 亿荷盾。从 1998 年起对工业节能示范和市场推广项目进行招投标，每年财政预算为 1 000 万荷盾
		英国	2009 年 4 月，将低碳目标以法律的形式写进了 2009~2010 年财政预算报告，成为世界上第一个这么做的国家
	财政补助	美国	2005~2014 年给予相关企业总额不超过 50 亿美元的补助。其中，对于节能技术及新核能的研究开发，政府提供贷款保证及其他方面的补贴；对于煤炭清洁利用方面的技术研发，提供 20 亿美元的援助。2009 年 8 月，政府拨款 24 亿美元，用于补贴新型电动车及其电池、零部件的开发；对于煤炭清洁利用方面的技术研发，政府提供 20 亿美元的援助
		日本	2000 年以来每年通过的与环保有关的预算近 130 亿美元，其中对于生产废弃物再资源化工艺设备，给予相当于生产、实验费 1/2 的补助；对引进先导型能源设备企业予以 1/3 的补助，补贴金额最高上限为两亿日元。对中小型企业从事的有关环境技术开发项目给予研发费用 1/2 左右的经费补贴；对民间生产企业采用的高效使用技术给予 2/3 的补贴，补贴金额上限为 1 亿日元。对太阳能发电设备安装成本予以 50% 的补贴。2010 年 1 月推出"低碳型创造就业产业补助金"制度，对电动车用锂离子电池、LED 芯片、太阳能电池制造等日本具有明显市场优势的战略性新兴产业进行补助
	政府低息融资和担保	日本	政策投资银行、国民生活金融公库等财政政策性金融机构对 3R 化产品的开发项目和工业废物处理技术的研制提供低息或贴息贷款；从事循环经济研究开发、设备投资、工艺改进的企业分享享受政策贷款利率，融资比例为 40%，如果向商业银行贷款，政府为项目贷款进行担保；对在改进设备方面表现优秀的中小处理商提供债务担保
	财政奖励	日本	每年的节能月（2 月），对节能工作出色的企业和能源管理有功人员、优秀节能产品等分别设置 METI 大臣奖（由国家经济产业省颁发）、ANRE 长官奖（由资源能源厅颁发）、METI 地方局长奖（由地方经产局颁发）及 ECCJ 会长奖（由日本节能中心颁发）等奖项
	政府采购	美国	政府优先采购节能产品，没有达到领跑标准的，不能列入政府采购目录
	建立基金	英国	自 2001 年起，政府每年拿出 5 000 万英镑建立"能源效率基金"；为了鼓励中小企业节能的积极性，专门成立碳基金，每年 5 000 万英镑，一个项目最多可以申请 10 万英镑，用于咨询节能技术和购置节能设备，实行零利率贷款；还计划成立 7.5 亿英镑的投资基金，支持包括低碳和先进绿色制造业在内的新兴技术产业

激励政策		代表国家	具体举措
税收政策	特别折旧	日本	对引进、安装国家指定节能设备的企业，按设备购置费从应缴所得税中扣除 7％ 或在其原有的折旧率基础上，增加 14％～20％ 的特别折旧率；对有关的购置节能技术设备可以按 30％ 的比率加速折旧
		德国	对于安装环保设施的企业，允许所提折旧比例超过正常设备的折旧比例，免征 3 年环保设施的固定资产税，并允许企业每年度环境保护设施所提折旧比例超过正常设备的折旧比例
	退税	日本	对废纸和废饮料瓶类制品再商品化设备制造业、生态水泥制造设备、废家电再生处理设备除按一般规定给予退税之外，还按商品价格的 25％ 进行特别退税；对购置废塑料制品分类再生处理设备的企业可在使用年度内，除普通退税外，还按取得价格的 14％ 进行特别退税
	税收减免	日本	节能开发技术可扣除应交所得税的 6％。对公害防治设施可减免固定资产税，根据设施的差异，减免税率分别为原税金的 40％～70％。对引进再循环设备的企业给予固定资产税和所得税减免。企业对用水再循环设备的投资，可以用其他产品的所得税予以补偿
		美国	1992 年规定，对太阳能和地热能项目永久减税 10％；对风能和生物质发电实行为期 10 年的产品减税；对符合条件的新的可再生能源及发电系统（1993 年 10 月 1 日至 2003 年 12 月 30 日开始运行）并属于州政府和市政府所有的电力公司和其他非营利的电力公司也给予为期 10 年的减税。2005～2014 年，联邦政府向全美能源企业提供 146 亿美元的减税额度
		德国	对企业用电和取暖，生态税率优惠 40％。此外，清除或者减少环境危害产品的企业，可以免缴消费税，只需缴纳所得税
	投资抵免	日本	企业购置政府指定的节能设备，并在一年内使用的，可按设备购置费的 7％ 在所得税中扣除，上限为应交所得税的 20％
		美国	购买太阳能和风能能源设备所付金额进行抵免，对于开发利用太阳能、风能、地热和潮汐的发电技术投资总额也予以抵免；对可再生能源的投资、生产和利用给予税收优惠抵免；生物柴油和可再生柴油抵免，延长和调整替代能源抵免，机动车能源转换装置抵免
	费用扣除	美国	允许雇主为雇员购买的公共交通月票，作为一般的经营费用被扣除
	税收扣除	美国	对购买符合条件（节能环保型）的机动车，允许在计征州税和联邦消费税时提高扣除额，对污染控制设备的购置者免除部分或全部财产税或销售税
	税收返还	德国	从 2000 年开始对国内太阳能企业实行"税收返还"政策，企业每生产 1 千瓦时的电力就会得到约 50 欧分的补贴

需要指出的是，不少国家为了提高能耗，减少"免费搭便车"的现象，往往要进行能源审计。为此，由政府和公共机构资助给予企业能源审计补贴，以减少与采用高能效技术有关的交易成本。审计补贴通常根据规模、能耗或雇员人数等直接补贴给企业。

4.1.3　运用非行政性手段进行调节

为了弥补单纯行政手段的不足，荷兰率先与企业签订自愿协议，实行非强制性节能，并于 1992 年签署了第一轮自愿协议，共签署了 44 份，涉及 29 个工业部门，大部分协议于 2000 年到期；2000 年，大部分工业企业又与政府签署了新的协议——基准协议，以应对国际新变化。荷兰于 1999 年提出的节能自愿协议是目前国际上应用最多的一种非强制性节能措施。荷兰成为自愿协议应用最早、覆盖面最广、实施效果最好的国家之一。在荷兰的示范下，日本、德国、加拿大、美国、丹麦、法国等也都采用了这种政策措施，以激励企业自觉节能和提高能效。对于签订节能自愿协议的企业或达到设定能效标准的企业往往允许给予能源税或碳税的抵扣或减税。此外，还有国家建立"公众受益计划"，即向某一种能源的用户征收很少的能源税，建立一个公共计划或基金，用来鼓励和促进能效的提高。

4.1.4　适当运用处罚手段

不少国家运用处罚制度，有效地达到了控制污染的目的。从各国实施的制度来看，污染罚款并不直接与能耗的多少联系，但是排放控制通常与能源消耗有关。许多国家的环境污染处罚系统不断完善，较好地平衡了污染者的社会、经济利益与其造成的环境损害之间的关系。尽管各国罚款力度各不相同，但通常都分为刑事处罚和民事处罚两种。一般来说，最大环境处罚的额度是以每天、每次刑事或行政处罚的罚款上限来考量。行政和司法当局在确定罚款数额时，往往要考虑环境损害的严重程度、损害者的主观故意、损害者的处罚支付能力、损害者行为对社会是否带来坏处等因素。在许多国家，权威当局的裁决及法庭的协调和裁断通常比罚款指导方针的最高罚款限额高出许多倍。

德国规定，在行政诉讼程序下，公司因为违反环境规定可被处以最高 50 万欧元的罚款，并被处以短期羁押，以促使污染者尽快缴纳罚款；司法处罚则基于每天污染排放量来裁定，最大罚款金额可达 5 000~10 000 欧元，或者造成污染当年的年收入。而入狱处罚可以从几个月到 10 年不等。

日本的《节约能源法》则根据能源消耗的多少对能源使用企业进行分类，要求高耗能企业必须建立完善的节能管理机制，并任命节能管理负责人，向国家提交节能计划，经审核后，定期向相关部门提交节能情况报告。对于未达标的企业，政府会公布该企业的名称，并处以一定数额的罚款。

在美国，罚款数额根据超标排放的天数来评估确定，并随着通货膨胀而增加。2004 年，一次超标排放每天的罚款金额由 2.75 万美元增加到 3.25 万美元，每次行政处罚的最大数额也从 22 万美元增加到 27 万美元，高额罚款需经美国环保局局长和司法部部长的批准。2004 财年，美国环保局罚款总额达 1.49 亿美元，其中，平均每笔行政罚款额超过了 1.2 万美元；司法裁决罚款总额约为 5 000 万美元，平均每笔约 45 万美元。有些情况下，污染者可以通过追加建设环境保护项目来减少罚款数额。2004 财年，这类项目建设投入为 4 800 万美元，这类资金直接由环境部门获得，以满足环境和社区的需要；除罚款以外，美国环保局还有其他控制污染的权力和策略。根据"机动车排放遵守计划"，如果机动车使用周期内达不到排放标准，生产厂商有责任修车或检测召回。违反该条款的将被处以每辆车最高 1 万美元的罚款。甚至，如果个别车辆不能满足排放标准，生产厂家必须承担修车的费用并保证用户在此期间对车辆的正常使用。

4.1.5　重视节能服务平台的建设

工业企业是节能减排的重点领域，各国在重视大企业节能减排的同时，对中小企业的节能工作也不放松。中小企业往往在资金、技术、信息、人才方面处于劣势，为此，各国积极通过科技园的建设，为环保企业提供创业、经营咨询，法律、行政手续说明，产学合作配合，办公场地提供，销售渠道扩大及日常生活等一条龙服务。

例如，日本建立了不少生态环保城，由国家和地方政府共同管理。经济产业省和环境省共同建立和执行园区补偿金制度，经济产业省主要资助硬件设施建设、相关技术及产品的研发，环境省主要资助环保城的软件设施建设。地方政府负责建设生态环保城的基础设施，还通过政策引导和信息传递，指导园区内的企业相互利用产业间的能源、副产品（废物）。日本还在各园区推行有效利用资源的零排放计划。截至 2009 年 3 月，日本政府已先后批准建设了 27 个生态环保城。入园企业特别是中小企业，只要是有发展前途的技术和产品，地方政府都会提供办公室租金优惠和各种融资服务。例如，外国学者、风险企业每年度有 3～5 间、每间 33 平方米的办公室可以利用。进驻园区 1 年以上的企业，融资最高金额 2 亿日元，小规模企业最高金额 3 500 万日元（郭怀英，2010）。

4.2　发展中国家促进工业领域节能的财税政策

大多数发展中国家正处于经济高速发展阶段，能源消耗成为经济发展的瓶颈。为了保证经济的可持续发展，促进"高消耗、高排放"经济模式转变为"低消耗、低排放"模式,发展中国家近些年来纷纷探索提高资源利用率、缓解资源短缺、减轻环境污染压力的途径和方法。结合本国实践,各国政府围绕消费端和生产端建立了一套贯穿低碳模式各个环节,并集引导、调节、鼓励、惩罚于一体的财政税收政策体系(图 4-1),鼓励节能减排,起到了良好的效果,有力地促进了保护环境战略目标的实现。这些国家的做法也为我国提供了可资借鉴的经验。

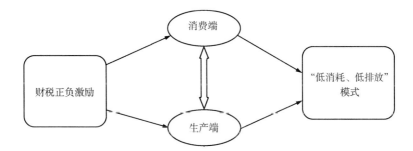

图 4-1 可持续发展模式的税收激励体系

4.2.1 政府主导,制订计划

在经济的发展过程中,不少发展中国家政府都处于主导地位,通过制订计划来积极引导,在节能方面同样如此。通过制订重点扶持产业计划和节能减排目标,并直接投资或运用财政补贴、优惠贷款等方式,实现能源的可持续供应。在这方面,巴西、印度等国取得了显著成绩。

1. 巴西

巴西曾是一个石油资源相对短缺的国家,能源严重依赖进口。然而到了2006 年,巴西却实现了能源独立。这一巨大的转变主要归功于其大力发展以生物燃料为主的新能源产业和大量盐下层油田的出产。如今,巴西在新能源领域走在了世界前列,已成为全球第二大乙醇燃料生产国和第一大出口国,此外也正由石油净进口国转变为净出口国。巴西生物燃料的成功得益于政府长期实施的国家发展乙醇计划。早在 1975 年,巴西就启动了该计划,为甘蔗种植提供补贴,在大中城市强制加油站提供乙醇,并积极研发以乙醇为燃料的车辆发动机。到 20世纪 80 年代初,巴西国内销售的车辆有 85% 都使用乙醇燃料。2004 年巴西又正式将发展生物柴油列入日程,同年 12 月提出了"国家生物柴油生产和使用计划",在全国 23 个州建立了生物柴油技术开发网络;同时还以法律的形式规定燃料油须强制性添加一定比例的生物柴油。2006 年,巴西启动生物柴油计划,巴西石油公司与 4 家替代燃料公司签署了购买生物柴油合同,正式启动了在全国销售柴油中添加生物柴油的计划。

巴西在发展生物能源取得成功之后，又瞄准了另一个关键的新能源领域——风能。巴西政府主要是通过 Proinfa 立法（对可替代资源发电项目的鼓励计划），制定了管理风电场发展的政策，包括严格的国产化要求。这个研发计划的一个目标是增强巴西电力制造业的竞争能力。根据 Proinfa 法案，国家电力公司 Eletrobrás 以一个极具竞争力的价格，与风电场签订 20 年的购电协议。Proinfa 第一批项目于 2006 年 12 月并网。Proinfa 第二阶段包括在未来的 20 年里实现再生能源提供全国电力 10% 的目标。从 2005 年 1 月开始，Proinfa 立法要求风电场设备和服务总投资的 60% 必须在巴西国内采购，2007 年后，这个百分比增加到 90%[①]。

2. 印度

为了扭转能源消费水平很低的现象，印度制订了发展计划，通过特许安排和高额财政补贴等，改善能源基础设施，加大对新能源的支持力度。印度第 10 个五年计划（2002～2007 年）期间投资 1.7 万亿卢比（约合 354.2 亿美元），用于发展和改善印度能源基础设施，包括建设现代化炼油厂和城市间天然气输送网络及改善运送能源的交通设施等。"十一五"（2007～2012 年）期间向煤炭、石油、核能、水电和其他新能源领域投资 1 000 亿美元。印度在能源基础设施建设方面取得明显进展，现有 14 座核电站和 8 个重水工厂，核电在整个电力供应中所占的比重为 3%；风电装机容量已列世界第四位，仅次于德国、西班牙和美国，2009 年 3 月风电装机容量达 10 242.3 兆瓦。

为了弥补石油等资源匮乏对经济的不利影响，印度积极采取补贴政策加大对新能源的支持力度，计划在资金方面为支持该体系补贴约 10 亿美元，增加可再生能源能力为 15 000 兆瓦，补贴力度为 0.07 美元/瓦。截至 2008 年 4 月，印度对 1 兆瓦联网风能的补贴为 62.5 万美元，对 1 兆瓦联网的小型水力补贴为 37.5 万美元，对联网的太阳能电力也给予补贴。此外，印度还专门建立了非常规能源部和印度可再生能源开发机构，后者向可再生能源业提供资金支持。鼓励企业采用高效、清洁、节能技术。2005 年 10 月，石油和天然气部又制定了生物柴油采购政策。对于在荒地种植麻风树的农民给予优惠贷款，贷款偿还期可以延长 4 年。与农民签订回收麻风树果合同。石油和天然气部将生物柴油纳入可再生能源，以获得更多的政府支持和资金补贴。

4.2.2　税收正向激励和负向激励融合运用

这些国家在运用税收政策进行调解时，既有对生产端的鼓励和惩罚，也有对

---

① 巴西发展新能源启示录. 中国科技财富，2010-01-08。

居民消费的正负引导和调节，并根据不同税种特点分别设计，形成完整的税收调节体系。涉及的税种有个人所得税、公司所得税、购置税、销售税、财产税等。有些国家还通过"惩罚性收费"原则，引导车辆的生产和消费。

例如，印度为了改变过分依赖传统能源的格局，一方面通过各种税收优惠激励可再生能源的发展，如为了鼓励风电的发展，采取了免除风电设备制造业和风电业增值税、通过认证的企业为技术研发所采购的国产物品免税、风电整机设备进口提供 25％的优惠关税税率、安装风力发电的基本设备允许加速折旧、企业的研发费用和支付给科研机构的研发费用享受 100％的税前扣除以及所得税免税等一系列政策。另一方面对传统能源增加税收。2010 年 3 月 2 日，印度宣布征收煤炭使用税，规定对国内生产煤炭和进口煤炭，每吨煤征收 50 卢比（1 美元）的煤炭使用税。此外，对汽油征收消费税，税率为 30％，同时每升再加收 7 卢比的定额消费税。通过征新税取得的税金用于建立国家清洁能源基金，帮助治理污染严重和温室气体排放过度的状况，减少对石化能源的依赖。

4.2.3 税收激励形式丰富

不少国家灵活运用各种税收减免、退税、税收抵免、税前扣除、加速折旧，以期达到税收激励作用的最大化。

例如，巴西一方面对能源生产者给予减免优惠。对以各种油料作物为原料的生物柴油给予一定比例的免税和减税，家庭农业生产者种植生物柴油原料作物，可享受特殊的免税待遇。同时对生产的生物燃料实行低税率政策，如圣保罗州的乙醇税率为 12％，而汽油税率为 25％。另一方面对新能源汽车给予税收减免，鼓励消费新能源。从 1982 年开始，巴西对乙醇燃料汽车减征 5％的工业产品税，对使用乙醇燃料的残疾人交通工具和出租车免征工业产品税，部分州政府对乙醇燃料汽车减征 1％的增值税。2003 年，巴西大众汽车公司推出了首款"灵活燃料"汽车，可同时使用乙醇燃料和汽油，为此，巴西政府规定购买"灵活燃料"汽车也可以减税，以充抵因安装用于识别乙醇和汽油配比装置而增加的成本。

第5章　促进工业领域节能的财税政策国内实践

经过多年实践，节能作为政府财税改革的重要内容已经成为社会的共识，各地政府也从多层面进行了探索，并取得了很多经验。

5.1　建立和争取专项资金

节能的特点决定了其发展离不开政府的支持。在推动节能的进程中，不少省份积极建立专项资金或申请中央专项资金以加大节能研发项目的投入。上海市于2007年公布了《上海市节能减排工作实施方案》，按照"统筹存量、扩大增量、支持重点"的原则，设立了上海市节能减排专项资金，2008年出台了《上海市节能减排专项资金管理办法》。2008年和2009年，上海市市本级财政用于节能减排的专项资金支出共计12.59亿元，2010年市本级财政安排节能减排专项资金17亿元，2012年市本级财政实现节能环保专项支出32亿元，支持发展节能环保项目，明确专项资金重点用于节能减排技术改造、节能减排发展、建筑交通节能减排、能源储备及运行安全保障、清洁生产、可再生能源利用和新能源开发、淘汰落后生产能力、固体废物减量、合同能源管理、水污染减排、大气污染减排、节能减排产品推广及管理能力建设12个方面的用途。从项目性质、投资总额、实际节能量和减排量、传统能源替代量、资源综合利用量及产生的社会效益6个方面综合评价财政补贴的效果。

湖南、贵州等省因为自身财力有限，除了尽可能增加节能投入外，还积极向中央申请专项资金。2007年，湖南省省财政新增科技投入2 000万元，争取到中央环保专项资金6 319万元，安排环境保护项目资金1.78亿元，加大对关键技术、共性技术和瓶颈技术的研发投入；贵州省自2005年开展节能减排试点以来，累计已获得国家专项资金5.9亿多元的支持。据统计，仅2009年，贵州省共争取到中央财政节能技改奖励和中央预算内资金补助项目共22个，总投资9.18亿元，获中央财政资金支持约2亿元。

5.2　针对性地实施财政奖励措施

为了调动各方节能减排的积极性，不少省份建立了节能目标责任制，进行考核并针对性地给予财政奖励，取得了明显成效。

5.2.1　制定节能奖励规定

自 2007 年 1 月 1 日起，山东省实施《山东省节能奖励办法》，设立节能特别奖和节能优秀奖以及重大节能技术研发及产业化奖。节能特别奖设"山东省节能突出贡献单位""山东省节能突出贡献企业""山东省重大节能成果"3 个奖项，每个奖项有 3～5 个名额，每个获奖单位可获奖金 100 万元；节能优秀奖设"山东省节能先进单位""山东省节能先进企业""山东省优秀节能成果"3 个奖项，每个奖项约有 50 个名额，其中，"山东省优秀节能成果"每项奖金 5 万元；"山东省节能突出贡献单位""山东省节能先进单位"每两年评选 1 次，其余 4 个奖项每年评选 1 次，奖励资金由省财政安排。其中，评选条件如下："山东省节能突出贡献单位"在节能管理、科研、技术推广等方面有重大创新，做出突出贡献。其中，是科研机构或节能技术服务单位的，当年实现社会节能量在 2 万吨标准煤以上；"山东省节能突出贡献企业"单位产品（产值）能耗必须连续 2 年保持全国领先水平，当年实现节能量在 4 万吨标准煤以上；"山东省重大节能成果"要求拥有山东省自主知识产权，节能技术水平全国领先，在山东省推广实施 1 年以上。其中，节能技术、产品在山东省推广使用年实现节能量 10 万吨标准煤以上；节能工程项目年实现节能量 3 万吨标准煤以上；重大节能技术研发及产业化奖对获得国家和省级以上水平的、拥有自主知识产权的自主创新，区分不同技术等次，确定分级定额奖励标准，鼓励、调动企业和科研机构技术自主创新积极性，加快节能技术产业化进程。设立"淘汰高耗能设备奖"，在山东省政府制定淘汰落后设备目录及规定期限的基础上，按提前时间和设备额度给予奖励，推动企业加快淘汰高耗能设备步伐。

山西省则根据国家有关政策及《产业结构调整指导目录（2005 年本）》淘汰类目录规定，确定山西省落后装备的淘汰范围及奖励资金的使用范围；按照各行业淘汰落后项目投资额及投资年限，确定了各行业的奖励标准；同时将有合规审批手续并按期淘汰的以及淘汰落后产能任务重的企业特别是国有企业，作为山西省优先支持的重点。山西省在明确奖励资金安排原则、标准及支持重点以后，按照《财政部关于印发〈淘汰落后产能中央财政奖励资金管理暂行办法〉的通知》（财建〔2007〕873 号）要求，由山西省财政局、经济贸易委员会组织各市经济贸易委员、财政局等部门，对列入财政部名单的企业及落后设备淘汰情况进行再次核实，重点核实企业"实际淘汰落后产能"、"确切淘汰时间"和"确切淘汰设备型号及数量"。在此基础上，提出具体的奖励资金安排分类处置意见。对于各市核实无误的项目，由省财政局、经济贸易委员会下发中央财政奖励资金；对于需要进一步核实的项目，采取现场核查、市政府确认上报的方式，在省财政局、经济贸易委员会确认后再下发奖励资金；对于经核实确认不符合奖励条件的企业，不再安排奖励资金，而调整用于符合中央财政奖励资金管理办法的项目。

5.2.2　实行节能、淘汰落后产能目标责任制和问责制度

为落实高耗能行业淘汰落后产能任务，山西省实施了以市长为第一责任人的目标责任制，省政府与各市签订淘汰落后生产能力目标责任书，并明确对不能完成任务的地区，要实施领导追责。在实施过程中，山西省制订了可操作的方案，排出了具体的关停时间，逐级落实责任人，将淘汰落后产能任务细化分解到每个行业、每户关停淘汰企业，甚至到具体的生产设备。为加强淘汰落后产能的管理工作，引入时标网络图，以更有效地监控每个市县、每个项目淘汰任务完成情况。为进一步落实节能目标责任制，山西省节能领导组还对全省 11 个市政府和全省双百家重点耗能企业节能目标责任完成情况进行了评价考核。在此基础上进行表彰鼓励。

2007 年，山西省对节能目标责任制考核结果已完成且能耗降低率高于全省平均水平的 4 个市级人民政府进行表彰奖励，授予节能优秀奖，分别奖励每市100 万元；对超额完成年度节能目标的 32 家企业分别授予节能特别奖与优秀奖，奖励特别奖企业（太钢）50 万元，优秀奖企业（其余 31 家）20 万元；对节能先进个人授予优秀奖，奖励 1 万元。对未完成节能目标的市级人民政府，领导干部不得参加年度评奖、授予荣誉称号，省里暂停对该地区新建高耗能项目的核准和审批。对双百企业中未完成节能目标的企业，予以通报批评，规定该企业不得参加年度评奖、授予荣誉称号，不给予国家、省免检等扶优措施，对其新建高耗能投资项目和新增工业用地暂停核准和审批。对双百企业中国有独资、国有控股企业的考核评价结果，省国有资产监督管理委员会将节能减排作为对企业负责人业绩考核的重要依据，实行一票否决。

5.2.3　奖励资金效益显著

尽管各省建立的节能奖励资金总量不大，但收益显著，起到了引导、调节作用，其中山东省最为突出。2010 年以来，山东省财政积极落实奖励扶持政策，先后投入资金 5 200 万元，重点奖励涉及锅炉（窑炉）改造、余热余压利用、电机系统节能、能量系统优化、绿色照明改造、建筑节能改造等节能服务新领域的67 个合同能源管理项目，累计带动社会投资 3.48 亿元，年节能 15.95 万吨标准煤，实现节能收益 9.55 亿元。

2011 年山东省省级财政安排 2 500 万元资金，对企业重大节能技术产业化进行奖励。节能技术产业化奖励分为 3 个等次，其中，达到省级先进水平的，奖励50 万～100 万元；达到国内先进水平的，奖励 100 万～200 万元；达到国际先进水平的，给予不低于 200 万元的奖励。重大节能技改项目按节能技改设备投资的

3%给予奖励，最高不超过 150 万元。在奖励资金的安排使用上，坚持鼓励创新、突出重点、示范引导、注重实效的原则，重点对企业自主研发，拥有自主知识产权，达到省级及省级以上水平，并已完成中试进入产业化阶段的节能核心技术，以及运用成熟节能技术对企业现有生产工艺、流程等进行重大节能技改项目实施奖励。同时，为激励企业加大节能技术投入，省级财政要求申请重大节能技术产业化奖励的企业，其研发投入不得低于销售收入的 3%，节能核心技术所形成的社会年节能量要在 4 万吨标准煤以上。

5.3　实施灵活的财政补贴

为了鼓励节能，有些省份，如山东省、江苏省等在运用财政补贴时不仅注重对符合条件的企业进行补贴，而且还对消费者实施补贴，以加快推动节能设施的推广。

5.3.1　在生产端实施财政补贴，鼓励清洁能源的发展

为了调动企业进行节能投资的积极性，充分发挥专项资金对节能降耗和节能发展的导向和激励作用，江苏省根据《中共江苏省委江苏省人民政府关于进一步加强节能减排促进可持续发展的意见》和《江苏省节约能源条例》，设立江苏省省级节能减排（节能与发展节能减排）专项引导资金。专项资金以化工、冶金、电力、纺织、建材等高耗能行业和重点耗能企业为重点，推广节能技术和产品，实施节能降耗工程。专项资金支持的工业节能改造项目，年节能量不低于 500 吨标准煤。具体包括节能项目、节能减排项目，对列入节能和发展节能减排的项目，在项目竣工投产后，按照技术设备投资额的 20%，给予单个项目最高不超过 300 万元的补助；对列入淘汰落后清单的项目，根据淘汰规模给予单个项目不超过 50 万元的奖励；对交通运输节能、绿色环保照明项目，给予不超过项目总投资的 10%、单个项目不超过 100 万元的补助；对列入执法能力建设清单的项目，给予不超过实际发生费用的 30%、单个项目不超过 100 万元的补助。

为鼓励各地发展新型清洁能源，山东省调整财政分成办法，对利用风能、太阳能、生物质能等新能源、再生能源进行发电的企业缴纳的增值税地方分成部分全部留归市县。

5.3.2　在消费端实施财政补贴，鼓励使用节能设施

在消费端给予财政补贴有两种方式：一种是直接补贴，对使用节能设施的消费者给予补贴；另一种是间接补贴，名义上补贴给企业，企业将节能产品销售给消费者时，应按供货价格减去财政补贴资金后的价格销售给终端用户。山东省在

这两个方面做得都比较成功。

1. 直接补贴方面

2009 年，山东省财政通过财政补贴消费者投入 30%～50% 的方式，支持宾馆、学校推广使用太阳能集热系统，全省新增太阳能热水器保有量 20.15 万平方米，年可节约标准煤 3.6 万吨。2010 年起，取消对三星级（含三星级）以上宾馆财政补贴政策，加大对基础教育、职业教育和高等教育单位安装使用太阳能集热系统的支持力度：对小学、中学学校新建太阳能集热系统，按投资额的 50% 给予补贴；对中等职业教育和高等教育院校新建太阳能集热系统，按投资额的 30% 给予补贴。基础教育学校太阳能集热系统日产热水量达到 5 吨即可申请补贴，其他学校和宾馆申请标准为日产 20 吨热水量。作为全国第一个实施太阳能集热系统财政补贴政策的省份，山东省 2010 年筹集 5 000 万元，对 181 个学校新建太阳能集热系统进行了补贴。"十一五"期间，山东省财政累计安排资金 1.56 亿元，补贴项目 474 个，已建成集热系统日产热水能力达到 1.64 万吨，每年节约标准煤 5 万吨。2014 年，山东省又将太阳能集热系统财政补贴范围从教育领域扩大至医疗卫生与敬老养老领域。补贴标准如下：敬老养老机构日产热水每吨补贴 7 500 元，公共医疗卫生机构日产热水每吨补贴 4 500 元。

2. 间接补贴方面

2008 年，山东省建立了高效照明产品财政补贴制度。高效照明产品补贴采取间接补贴方式，由财政补贴给中标企业，再由中标企业按中标协议供货价格减去财政补贴资金后的价格销售给终端用户。终端用户必须是大宗用户和城乡居民用户。大宗用户每只高效照明产品，可获得中标协议供货价格 30% 的财政补贴。城乡居民用户每只高效照明产品，则可获得中标协议供货价格 50% 的财政补贴。经过财政补贴，普通消费者购买的高效照明产品将比市场价格低 60% 以上。据中国照明电器协会介绍，2008～2010 年，中央财政投入 25.62 亿元，累计推广高效照明产品 3.6 亿只。根据测算，这些产品在其寿命期内，总计可节电约 660 亿千瓦时，相当于节能约 1 800 万吨标准煤，减排二氧化碳约 4 700 万吨。这意味着，财政补贴每投入 1 元，便可促成约 26 千瓦时的节电量。

为了鼓励新能源汽车推广，山东省利用 2009 年济南被列为国家首批节能和新能源汽车示范推广试点城市的契机，2010 年省财政筹措资金 6 000 万元，扩大示范推广范围，对聊城、泰安等 7 个"济南都市圈"城市公交企业购买的 260 辆新能源公交车（指符合国家《节能与新能源汽车示范推广应用工程推荐车型目录》的混合动力汽车和纯电动汽车）给予了一次性补贴。2011 年，山东省制定出台《山东省新能源城市公交汽车示范推广资金管理暂行办法》，省级财政安排资金 8 000 万元，对全省除青岛以外的 16 个市级政府所在城市购置的新能源城市公交车，给予最高 40 万元/辆的财政补贴。补贴标准主要依据新能源公交汽车与同类普通汽车的基础差价，并适当考虑其他因素确定。

2010 年开始，上海、长春、深圳、杭州、合肥 5 个城市开展私人购买新能源汽车补贴试点工作。除中央财政给予 3 000 元/辆一次性定额补助外，各地也出台了地方性政策。深圳在全国率先启动私人购买新能源汽车补贴试点，在国家补贴基础上，地方财政按照混合动力乘用车最高补助 3 万元/辆，纯电动乘用车最高补助 6 万元/辆，直接补贴给企业。合肥市级财政对纯电动车的补贴标准为 1 万元/辆；2011～2012 年，还将按照电池容量给予补贴，每千瓦时补贴 1 000 元，最高不超过 2 万元。

5.4   通过财政直接投资，大力扶持节能技术项目

在节能过程中，研发技术起着非常关键的作用。因此，地方都很重视节能技术的开发和运用，并为此专门安排财政资金，直接进行投资。

2007 年和 2008 年山西省分别投入资金 1 000 万元和 4 亿元，围绕重大共性技术和关键技术的推广应用，在资源综合利用、再生物资回收利用、新技术产业化应用等循环经济发展的重点领域，先后建设了一批煤矸石、焦炉煤气、煤层气等资源综合利用项目。2007 年，山西省"三废"综合利用年创产值约 16.45 亿元，实现利润 1.5 亿元，分别是 5 年前的 4.7 倍和 5 倍。2013 年，山西省财政出资 5 000 万元，设立山西省节能环保创业投资基金，推动环保节能产业发展。

2005 年开始，山东省财政每年安排 3 000 万元环保产业技术研发资金，到 2012 年，该项资金已增加到每年 6 000 万元，主要用于推动节能技术产业化和企业节能技术改造。2007 年山东省安排节能资金 3 亿元，其中，可再生能源发展资金 4 500 万元，支持太阳能光伏电池、秸秆燃料乙醇等产业化项目；安排节能高新技术产业化资金 2 500 万元，支持节能技术研发及推广以提高节能降耗技术产业化水平；投入 1.45 亿元，重点推广节能技术、节能装备、节能示范项目，集中支持重点耗能企业节能 10%、节水 5% 以上的节能技术改造项目；设立节能环保公共管理资金 2 500 万元，支持节能环保标准体系建设。2012 年，山东省财政投入 27 210 万元，择优对 88 个新能源产业项目给予重点支持。其中，安排资金 9 300 万元，支持地源热泵建筑应用示范项目 24 个，应用建筑面积 92.7 万平方米；安排资金 6 200 万元，支持核电装备制造项目 12 个；安排资金 4 910 万元，支持 LED 路灯示范项目 24 个，总容量 5 945 千瓦；安排资金 1 000 万元，支持光伏建筑一体化项目 1 个，项目装机容量 460 千瓦；安排资金 4 700 万元，支持农村新能源项目 15 个；安排资金 1 100 万元，支持新能源科技创新平台 12 个。

5.5　建立财政平衡机制

由于县市财力不均衡，在一个省内往往会出现有些县市在淘汰落后产能时财力影响较大的问题，为了调动县市政府部门节能的积极性，有些省份通过财政转移支付的安排建立起省内财政平衡机制，其中山西省最为典型。

5.5.1　建立煤炭资源整合和有偿使用的财政转移支付制度

为有序关闭小煤矿，山西省制定的《山西省煤炭资源整合和有偿使用办法》规定，所有参与资源整合后保留的合法煤矿其采矿权必须全部有偿出让，缴纳采矿权价款。采矿权人缴纳采矿权价款的方式有三种，即货币缴纳、转为国有股份和转为国家资本金。对于煤种为焦煤、1/3焦煤、炼焦配煤、无烟煤的资源储量在800万吨以下的煤矿和煤种为贫煤、优质动力煤、气煤及其他煤种资源储量在1 000万吨以下的煤矿，采矿权价款采取货币缴纳方式，资源一次定量，标准一次确定，价款一次缴清，超过上述资源储量的煤矿，则按照省政府公布的价款标准，实行资源储量定量、分期分段出让，或按照有关规定将价款转为国有股份及国家资本金。对于实行采矿权价款折股的非国有煤矿，在政府与采矿权人和投资人协商同意的基础上，可将采矿权价款全部或部分折股转为国有股份或国家资本金。对国有控股、参股的煤炭企业的国有股权，政府实行集中管理，享有资源价款折股后的全部股份，委托国有重点煤炭企业或地方国有骨干煤炭企业管理，并按股权收取资本金收益。

该办法还明确，煤炭资源整合过程中采矿权收入要全部缴入国库，并纳入财政预算管理，20%上缴中央财政，80%留作地方财政收入。地方留成部分则按照3：2：5的比例在省、市、县之间分配。县级财政占大头，主要用于合法矿井的补偿和煤矿企业所涉及乡村的生态环境治理、乡村公益事业发展等。此外，对于在煤炭资源整合过程中，因关闭煤矿力度大，导致地方财政收入下降较大的地方，则要加大财政转移支付支持的力度。

5.5.2　建立淘汰落后产能的财政转移支付制度

为推动节能减排和淘汰落后产能工作顺利进行，山西省制定了《山西省节能专项资金管理办法》、《山西省主要污染物减排资金与项目管理暂行办法》和《山西省淘汰落后产能专项补偿资金管理办法》。2007年，山西省财政安排节能减排资金17.7亿元，用于节能减排和高耗能行业淘汰落后产能。

淘汰落后产能补偿是针对过去合法批准设立，但目前已不符合产业政策的企业。具体补偿标准依据建设时间、投资成本、行业、行业盈利水平等因素来确

定，平均按建造投资成本的 10%～15% 给予补偿。实施补偿后仍不能按期淘汰
的企业，由政府组织强行拆除，拆除费用主要由省级负担，不足部分由县级配
套。2007～2010 年，山西省财政安排淘汰落后产能补偿资金共计 13.8 亿元。
《山西省淘汰落后产能专项补偿资金管理办法》还规定，"对由于淘汰落后产能影
响财政收入 20% 以上的县（市、区），省财政将通过转移支付给予适当补助"，
"专项补偿资金的使用和管理实行专款专用、国库集中支付制度"，"专项补偿资
金实行绩效评价制度"。另外，为了加快资金下达进度，保证各地工作的顺利开
展，省财政每年根据省项目主管部门下达的各市任务量，一次性预拨补偿资金的
70%，并在省项目主管部门核实、确认各市补偿额度后予以清算。

5.6　充分发挥政府采购的作用

随着我国政府采购改革的深入，政府采购的政策功能逐渐显现出来，导向性
的政策制度也在随时补充、配套。各省也充分认识到这一点，有意识地运用政府
采购引导企业进行节能减排。

2008 年发布的《山东省节能产品政府采购实施意见》规定，在政府采购中
要优先采购节能产品，对列入强制采购清单的节能产品，实行强制采购。从
2010 年开始，山东省财政每年至少安排 2 000 万元，通过集中采购等市场化方
式，连续从山东省主要电动车生产企业采购 1 000 辆低速电动车，用于基层单位
执行公务。2010 年，山东省日照市政府采购节能和环保产品全年采购金额分别
同比增长 173% 和 273%。而节能产品采购补充清单则将政府采购目录范围进行
了进一步拓宽，将国家颁布的节能产品清单种类由 25 个大类，扩大到 44 个大
类，覆盖了政府投资的货物、服务和工程等领域。全市全年政府采购规模达
22.79 亿元，实际采购合同额 18.68 亿元，共节约资金 4.1 亿元，节支率
达 18.06%。

2010 年江苏省政府采购预算 1 043.69 亿元，实际采购金额 902.26 亿元，其
中节能环保产品政府采购就达 82.57 亿元。政府采购环境标志产品对社会资源能
源节约、再生资源利用及产品可回收和再循环带来明显的积极作用。

第6章 促进江西省工业领域节能的财税政策建议

为了加强政府在节约能源中的作用，国务院在《"十二五"节能减排综合性工作方案》中特别强调要"完善节能减排经济政策"，并指明了政策发展的方向。因此，江西省应根据本省经济发展情况，有目的地完善相关财税政策，促进工业领域节能工作的更好开展。为此，本章根据调查分析情况，提出相关政策建议。

6.1 促进江西省工业领域节能的财政政策建议

近年来，江西省认真践行科学发展观，稳步推进鄱阳湖生态经济区建设，加快转变经济发展方式，充分运用财政、金融、价格等政策，促进工业领域节约能源，实现绿色发展。在省政府财政政策的大力支持下，全省工业企业不断改进和提高生产工艺技术，淘汰落后生产设备，认真贯彻落实节能目标，执行降耗措施，使得工业生产领域能耗水平不断下降。总体上看，江西省节能工作取得良好成绩，但是，当前节能降耗方面的财政政策主要针对高耗能行业，支持覆盖范围有限，财政扶持力度稍显不足。为此，本书认为财政政策还应在这两方面进一步发挥作用：一方面是完善财政政策，降低单位能耗水平，提高能源使用效率；另一方面是运用财政政策，促进产业结构转换，转变经济发展方式，进一步降低高能耗产业在整个经济结构中的占比，降低能耗总量。

6.1.1 健全完善财政预算制度，提高财政资金使用效率

通过财政预算安排资金投入节能降耗领域，是世界各国政府的通行做法。20世纪末以来，荷兰采用财政预算政策推进节能工作取得良好成效，节能领域的预算资金安排不断扩大，1997年用于节能和可再生能源的财政预算为3.6亿荷盾，1999年增加到6.9亿荷盾，2002年达到9.1亿荷盾。2009年，英国将低碳目标以法律的形式写进了2009～2010年财政预算报告，成为世界上第一个把节能降耗、降低碳排放写进政府预算报告的国家。借鉴其他国家经验，完善财政预算制度，可有效提高财政资金的使用效率。

1. 加大公共财政资金投入力度

纵观历年来江西省政府财政预算，其对节能环保的投入呈现逐年增加的态势。然而，江西省的工业以高耗能行业为主，能源的生产结构和消费结构均以煤

炭为主，其能源生产与消费的企业能分配得到的财政预算资金有限且缺乏稳定性。因此，有必要进一步完善财政预算投入机制，在经常性财政预算中，结合江西省工业节能的形势，设置有关节能支出的科目，安排相应的节能支出预算，并保持一定的增长比例。为此，一方面可以通过调整预算支出结构，压缩或削减其他支出来解决一部分节能预算投入；另一方面可以把每年增加的一部分财政收入用于节能预算资金。这样不仅能够督促企业淘汰落后产能，推动节能新技术的研发和应用，还可以缓解资金不足的状况，以建立节能资金的长效投入机制。

2. 直接投资支持重点工业企业的节能工作

从江西省的节能投入情况来看，整合国债投资和预算内投资，强化包括工业节能投资在内的整个节能投资是非常必要的，这样做有助于提高节能投资效果。国债投资和预算内投资应由江西省发展和改革委员会等有关机构集中分配管理，根据国民经济和社会发展的轻重缓急统筹安排使用，其投资应向工业节能领域倾斜。

鉴于江西省政府财力有限，促进节能的政府直接投资项目不宜太多，要选择一些重要的、投资数额较大的省级大型工业节能项目，政府采取直接投资的方式（如投资补助）予以支持。与贴息贷款相比，政府直接投资对节能的支持力度更大，有利于解决资金不足问题，更好地减轻企业负担和压力。

要争取中央政府对地方的工业节能专项拨款。由于我国各地经济发展极不平衡，区域间政府财力差距悬殊，在未来政府间转移支付制度改革中，为了有效地缩小区域之间节能水平的差距，推进全国的节能技术进步，加大中央对地方政府的工业节能专项拨款力度非常必要。具体考虑，中央工业节能专项拨款主要是向中西部地区的节能大省和能耗大省倾斜，避免平均分配和"撒胡椒面"。此外，接受节能专项拨款的省份必须按照相关规定，从地方财政投资中安排相应的配套资金，与中央专项拨款一起共同用于节能投资项目，以便更好地支持工业节能事业。

3. 整合完善节能财政专项资金扶持政策

对于技术含量高、投入周期长、资金需求大的节能产业，江西省财政应当充分利用财政预算资金，设立鼓励节能的专项基金，加大扶持力度。制定科学、合理的专项资金使用办法，在企业的研发、生产、销售及服务等环节给予资助或奖励。可以借鉴英国的做法，设立类似于英国政府和能源公司共同建立的非营利性组织——能源节约信托基金组织，鼓励地方政府和工业企业提高能源效率；建立节能技术基金，提升节能设备生产企业研发、创新能力；为中小企业成立碳基金，用于咨询节能技术和购置节能设备，实行零利率贷款。从课题组的实地调研来看，企业也希望把节能技术改造的专项资金用于购买节能减排设备、优化生产工艺、研发节能减排技术等相关方面（表 6-1）。这不仅能推进企业节能技术改造的进程，也能提高财政预算投入资金的使用效率。

表 6-1　样本企业节能减排技术改造资金使用方向（单位：%）

资金使用方向	占比
用于购买节能减排设备	34.9
用于能源消耗结构调整	15.6
用于节能减排技术的研发	12.5
用于提高管理能力	9.9
用于优化生产工艺	25.5
用于其他方面	1.6

借由专项资金的扶持、激励，政府对节能的投入应是通过优化管理和政策引导，提高企业和公众的节能意识，提高终端产品能效，达到节能产品的研究、生产、销售、使用、服务、回收等良性循环的目的，而不仅仅表现为政府出资建设几个节能示范项目以及完成若干节能技改，或者对某些节能项目进行某种税收优惠。

6.1.2　制定并完善有关节能的财政补贴政策

财政补贴政策是一个国家及各级政府实施节能降耗的重要手段，从日本、美国、欧盟等多个国家和地区的发展经验来看，通过对企业进行财政补贴来推动节能降耗工作是至关重要的一个环节。因此，要充分发挥财政补贴对企业节能降耗的推动作用。

1. 制定合理的生产端节能财政补贴政策

政府应该对积极主动降低能耗的相关行为主体进行直接补贴，并在此基础上考察企业的节能量，根据节能量的大小对企业进行奖励，补奖结合。近年来，引导相关企业积极参与节能工作是江西省实现清洁生产，建设绿色城市的重要措施，政府制定的财政补贴政策应首先考虑如何有效地鼓励企业积极参与节能降耗活动，或者生产、使用节能产品，或者积极投身于节能降耗的科技研发活动。而江西省现行的财政补贴政策，以十大重点节能工程为例，采用的是"以奖代补"的激励政策，实行资金量与节能量挂钩，是一种结果补贴方式。但是我们应该注意到"以奖代补"政策顺利实施的前提条件之一是企业有足够的启动资金。实际上，企业在建设节能系统的初期，往往需要足够的资金支持，开展节能的企业，入不敷出是常事，这就需要政府对企业进行直接的财政补贴予以支持。可以借鉴日本的做法，如：对生产废弃物再资源化工艺设备，给予相当于生产、实验费1/2 的补助；对引进先导型能源设备企业予以 1/3 的补助，补贴金额可以设立最高上限为生产、实验费的一半；对中小型企业从事的有关节能技术开发项目给予研发费用 1/2 左右的经费补贴；对民间生产企业采购节能、高效设备、技术给予2/3 的补贴；对太阳能发电设备安装成本予以 1/2 的补贴。可以采取企业亏损补贴、加大财政贴息等激励性财政补贴政策，提高企业参与节能降耗的积极性，进而降低企业投入成本。

与此同时，扩大事后奖励，变固定补贴为具有激励作用的变动补贴。具体的财政奖励政策可以借鉴《山东省节能奖励办法》，设立节能特别奖和优秀奖。其中，特别奖设 "节能突出贡献企业""节能管理杰出个人""重大节能成果" 3 个奖项，优秀奖设 "节能先进企业""节能管理先进个人""优秀节能成果" 3 个奖项。评选对象是在节能管理、科研、技术推广等方面有重大创新、做出突出贡献的企业和个人，以及技术先进、节能成效突出的新产品、新工艺。

2. 完善对消费者购买节能产品的财政补贴措施

近年来，江西省政府高度重视对节能降耗有关工作的投资、技术改造及相关产品的生产供给等，一大批节能降耗企业受到激励与支持，不少企业加入生产节能产品的行列，市场上清洁节能产品的供给增加，然而需求并不旺盛，其原因是我们忽视了普通民众的感受，普通民众尤其是农民对节能降耗等相关产品的使用意识还很淡薄，对清洁节能产品的消费热情不高。以节能灯为例，江西省地方政府为推广节能灯的使用，出台了相关的财政补贴措施，取得一定效果。但在广大农村，普通白炽灯的市场价格比节能灯的市场价格低，农民只看价格，不管效用，节能灯的推广应用成效甚微。因此，建议政府完善相关政策，给予购买节能产品的消费者一定的补贴，缩小节能产品与同类非节能产品的价格差异，积极引导消费者对节能产品的消费，扩大节能产品的需求，从而进一步推动节能产品的生产。

3. 财政奖励应向从事节能降耗相关技术开发和科研服务的机构倾斜

新能源和可再生能源的开发及生产技术、工业节能的新工艺新技术研发等问题是阻碍企业进行节能降耗、提高能源利用率的根本问题。因此，需加大对与节能减排相关科研的补贴、奖励力度，切实提升重大耗能行业的节能技术研发水平，从而激励企业或者科研机构集中资金进行节能降耗的科研活动。

6.1.3　完善政府采购机制，充分发挥政府采购的导向作用

随着政府采购制度改革的逐步推进，发挥其政策功能越来越成为促进节能、

推进创新的重要内容。为充分发挥政府采购对节能产品的扶持、导向作用，应进一步健全与完善我国的政府采购制度。

1. 加强节能产品政府采购的宣传执行工作

进一步加强对各级政府机关、事业单位和社会团体的宣传教育及培训工作，让这些部门的采购人员能理解实施节能产品政府采购的重要意义和应承担的职责，从而在具体的政府采购活动中能够增强采购节能产品的责任感和主动性。进一步强化政府采购监督管理部门自身的学习和思考，以提高其对节能产品政府采购的执行力度，增强对节能产品政府采购执行情况的监督检查能力。加强、规范对相关专家、评委的宣传和培训，以使他们在具体的评审过程中能够严格遵守节能产品政府采购的有关规定，从而使采购节能产品的政策规定能够真正地落实到位。对所有的供应商开展广泛而深入的宣传活动，以激励企业改进技术，提高科技含量，促进我国节能事业的快速发展。

2. 加大节能产品认证力度，扩大政府采购清单范围

节能产品认证是政府采购的物质基础。从目前来看，江西省的节能认证工作启动时间不长，节能产品认证的社会知名度还较低，参与节能产品认证的企业还不太多。有必要抓好工业节能产品认证，扩大节能产品种类范围，为规范工业节能产品市场和纳入政府采购做好技术准备。

节能产品政府采购清单是政府依据其认定的节能标准，筛选出具有节能功能的有关产品或服务，并将它们分门别类地罗列出来的清单，是各级政府及单位实施优先采购的重要依据。确保清单的制定符合政府绿色采购的标准，而且严格按照动态管理的原则，定期调整，增强政府采购的可操作性。对于没有列入清单的产品，按照规定的标准通过认证后，要及时将其补入清单，为政府采购提供更多选择，同时也要定期审查已被认定的产品，及时清理认证证书到期或某些指标已不符合新标准的采购产品，此政策可以让更多的企业有机会参与到节能产品的竞争中，督促企业掌握并顺应国家产业政策的调整方向，积极研发节能型产品。

3. 完善供应商进退机制

政府要认真履行职责，严格按照节能产品的认证标准进行招标，按照公开、公平的原则平等竞争。另外，要求中标的供应商签订承诺书，保证"清单"中所列产品在本期节能产品清单有效期内货源充足，若企业因自身原因出现停产、断货或用节能产品政府采购清单外的产品代替等情况，应自觉申请退出。否则，一经审查核实发现类似情况，将取消其资格。

4. 健全政府采购的执行和监督机制

负责采购的政府各管理机构应该制定相应的采购办法和规则，采购中心须严格按照政府的规定，根据清单目录，开展采购事务。同时，培养专业的采购人员，每阶段对政府采购人员进行绩效考核，对严格按照采购清单进行采购的人员及部门给予适当奖励；对违反操作原则，不按清单进行采购的单位应当进行处罚，以此来规范政府采购行为。另外，政府采购通常委托招标代理机构或采购代理机构办理，委托代理过程中难免会偏离政府绿色采购的价值取向，在采购过程中不按照采购清单进行采购，因此，政府应该加强采购监督管理，设立专门的监督机构，及时在网络、电视等媒体公布采购执行情况。

6.1.4　发挥财政政策功能，促进产业结构转换，降低能耗总量

转变经济发展方式，促进产业结构转换，大力发展低能耗产业，是减少能源回弹效应，降低能耗总量的根本途径。财政政策作为调控产业结构的重要手段，应该充分发挥其激励、导向作用。

1. 创新财政支持体系，提高资金使用效率

根据产业结构调整战略，国家对属于鼓励类、限制类和淘汰类范畴的行业制定了不同的财政支出政策。因此，有必要整合现有的财政专项资金，集中扶持低能耗优势产业、科技自主创新能力强及符合可持续发展的产业，针对不同产业、不同企业采取不同的财政支持方式。拓展"先建再补""以奖代补"等财政资金对产业结构调整的支持方式，可考虑使用奖补结合、先补后奖等激励机制，提高企业进行节能技术改造、技术创新及节能减排等的积极性，从而降低能耗总量。运用财政补贴奖励等政策鼓励传统优势产业兼并重组，对转型低能耗产业、生产低能耗产品重点企业和项目，政府可考虑直接投入，而对鼓励发展的中小企业则可采用财政贴息、财政拨款等方式解决其融资问题。

2. 建立推动产业结构升级转换的科研基金

近年来，江西省虽然大力扶持光伏、太阳能等新兴战略产业，但行业产品供应链始终处于下游，行业发展技术难以突破，对经济贡献较大的仍然是低附加值产品。企业缺乏自主创新能力、技术进步缓慢成为产业结构升级改造的主要因素，而科学技术的进步需要庞大的资金支持和强大的科研队伍。考虑到江西省产业结构升级转换任务的艰巨性和紧迫性，建议省级政府设立专门的科研基金，主要用于支持企业前沿技术的开发、自主知识产权的创造、对传统重点行业的技术升级及战略性新兴产业的发展等。同时，借鉴美国、韩国等的经验，建立产业结

构升级转换专项资金的稳定增长机制，将科研基金纳入财政预算，根据预算支出额度，每年按一定比例安排财政预算。另外，参考日本产业结构调整政策，根据产业知识密集化要求，增加科研投入，建立政府、企业和大学三位一体的科研体制。2010 年 1 月日本经济产业省又推出"低碳型创造就业产业补助金"制度，对电动车用锂离子电池、LED 芯片、太阳能电池制造等日本具有明显市场优势的战略性新兴产业进行补助，当年 5 月该制度将每年补助总额从 300 亿日元提高到 1 000 亿日元。

3. 发挥财政政策的宏观调控作用，调整三大产业的比重

2012 年，江西省三大产业结构为 11.7∶53.8∶34.5，与 2006 年的 19.2∶45.3∶35.5 相比，第二产业增加值上升了 8.5 百分点，第三产业增加值则下降了 1.0 百分点。并且，在第二产业中，主要是低附加值产品。因此，财政在加大对第二产业结构升级改造的同时，也应该考虑扶持第三产业的发展，一方面推动技术改造，提高第二产业产品附加值；另一方面增加能耗低、科技含量高的第三产业的比重。双管齐下，达到降低能耗的目的，对正在运营发展中的现代服务业，挑选具有代表性的企业进行财政奖励，鼓励其继续发挥模范带头作用，提高服务业的整体水平；对正在筹措发展中的新兴服务业，要给予财政补助、财政贴息等帮助，推动其发展。通过这些措施，加快第三产业的发展，满足社会多层次的服务需求，从而达到节能降耗的目的。

6.2　促进江西省工业领域节能的税收政策建议

作为一个资源紧张、能耗消费大国，积极发挥税收激励作用，引导建立一种健康的、与实现可持续发展和提高人民生活水平相适应的发展模式，并以此促进经济发展方式转变，建设资源节约型和环境友好型社会就具有非常重要的意义（席卫群，2012）。围绕前面所分析的江西省工业节能过程中税收政策存在的问题，本书认为，税收政策的完善应着力表现为以下两方面：一方面应着力降低单位能耗水平，提高治污强度；另一方面应促进产业结构转换、减少能源回弹效应、降低能耗总量。

6.2.1　降低单位能耗水平的税收政策建议

1. 发挥税收引导作用，促进单位能耗的降低

发挥税收引导作用，降低单位能耗，关键应在开发、使用上做文章，不仅注重产品节能，更注重工艺和管理的节能，注重良好的研发环境的培养。因此，建议将现行税收优惠政策调整为根据能耗、污染降低多少给予优惠。制定时间表，逐步淘汰高能耗产业。取消或调整效果不明显的税收优惠，从税制的整体角度出发综合设计节能减排的税收优惠，减少对企业所得税的依赖。

1) 发挥增值税在降低单位能耗方面的作用

(1) 扩大低税率适用范围。对控制污染和节约资源设备及节能产品实行13％的税率；同时，为了减少农药、化肥对环境的影响，建议取消有关农药、化肥低税率的优惠。

(2) 酌情运用进项税款抵扣政策。对企业包装材料占成本比例超过同行业上限部分不允许计入进项税款抵扣。对享受免营业税的节能服务公司所购进节能设备进项税款允许冲减营业税。

(3) 进一步完善出口退税和加工贸易政策。鼓励先进节能技术、设备的进口，免征进口的增值税，减少在生产过程中耗能高、污染重的产品出口，进一步取消或降低高耗能、高污染、资源型产品的出口退税。

(4) 适当调整部分免税优惠，视情况取消一些税收优惠。例如，目前水泥业采用旋窑法，掺渣比例达到 30 ％以上，实行增值税即征即退。建议取消这一政策，改成按能耗、污染降低多少给予优惠。加强对煤炭开采和洗选业、纺织业、化学原料及化学制品业、木材加工及木竹藤棕草业、造纸及制品业、有色金属冶炼及压延加工业征管，发挥增值税对这些行业单位能耗的逆向调节作用。

2) 优化企业所得税，提高对节能的扶持力度

(1) 提高税收优惠政策的针对性。进一步明确和调整有关政策规定，取消模糊性条件，提高激励的针对性。例如，为了鼓励合同能源管理的发展，税务机关可组织各方面的税务专家、联合行业协会根据节能服务公司实施合同能源管理项目运作情况，尽快出台节能服务公司实施合同能源管理项目管理办法，减少节能服务公司与用能企业之间信息不对称的现象，实行第三方能源评估，鼓励用能企业与节能服务公司开展合同能源管理，同时进一步鼓励用能企业对合同能源管理的积极性（席卫群，2012）。

细化享受税收优惠项目需单独计算收入扣除项目的标准，明确分摊期间费用的计算公式，减少企业会计核算的困惑。

进一步明确微利企业的条件，明确限制和禁止的行业，建议补充废弃物排放标准和能耗标准，超标但不属于禁止或限制行业的微利企业取消享受 20％优惠税率的资格。

(2) 加强对节能投入的支持。

调整税前扣除项目的范围和标准，允许企业将用于节能降耗技术开发和引进技术的有关费用从收入中一次性扣除；在捐赠扣除时，对企业用于环保及环境美化方面的捐赠也允许按企业利润的 12％进行扣除；允许企业用于再循环和控制

污染的设备,如污水处理厂、垃圾处理厂以及一般企业用于治污的固定资产实行加速折旧。对企业从主管部门和社会力量那里取得的用于节能降耗的科研经费、研发资金等免税;进一步完善企业进行环保项目的减计收入和投资抵免优惠政策。

(3)完善优惠目录,尽量保持政策的稳定性。

政策在调整过程中应多方论证,充分听取各方意见,尽量兼顾政策的前瞻性、长期性,减少政策调整的频率。优惠目录尽量全面,综合考虑产品节能、工艺节能和管理节能的政策制定。通过加强和完善企业所得税优惠政策,尤其是落实好对黑色金属冶炼及压延加工业、有色金属冶炼及压延加工业的税收政策,发挥企业所得税对单位能耗的正向调节作用。

3)调动其他税种的作用

(1)完善消费税。

第一,适当调整汽车消费税政策。首先,目前消费税政策对乘用车与商用车仅以座位数进行区分,存在个别大排量乘用车通过调整座位数等方式以享受商用车较低税率等问题。建议将汽车消费税政策调整为按照座位数和排放量双重标准计征消费税,充分体现消费税节能减排的政策导向。其次,从当前消费税政策实施效果来看,可考虑对排量1.0升以下的小排量汽车免征消费税。对中等排量汽车进行进一步细分,对其中排量偏大的增加税率,而排量偏小的税率不变或适当降低。最后,可考虑将货车纳入消费税征收范围内,从车辆排放的级别上设定更高要求,从而引导货车生产企业开展技术革新。此外,还可考虑对安装尾气自动诊断系统的小汽车给予一定的减税优惠,对生产新能源汽车和公共交通汽车所需的汽车轮胎实行消费税退税政策。

第二,适当考虑调整部分消费品的征收环节。以成品油为例,江西省消费的成品油的30%~40%是由外省生产输入的,其消费税在生产地缴纳,却在江西省消耗排放,没有体现出合理的税收补偿性。如果将汽油、柴油改为在加油站缴税,将在一定程度上减轻企业财务负担,且符合税收补偿原则。

第三,对生产符合下一阶段标准车用燃油的企业,在消费税政策上予以优惠,对清洁能源实行免征消费税的政策。

(2)运用营业税鼓励租赁消费行为。对于从事耐用消费品租赁取得的收入可适当给予税收优惠。

(3)完善其他税种优惠。对企业从事节约资源和污染控制所占用的建筑物免房产税和城镇土地使用税。明确用于公共交通的车船免征车船税;考虑对购买的新能源汽车减半征收车辆购置税。适当调整煤炭资源税负,酌情降低税率,发挥资源税对煤炭开采和洗选业单位能耗的正向调节作用。

2. 利用税收的约束相权机制，减少资源消耗

1）调整消费税征收范围

可将那些难以降解和无法再回收利用的材料、在使用中会造成严重污染的包装物品、电池及产生破坏臭氧层的氟利昂的产品列入消费税的课征范围；增设一次性餐饮容器、高档建筑装饰材料、塑料包装袋、镍镉类电池、含磷洗涤剂等产品的消费税；可将煤炭、焦炭和火电等与污染相关项目矿产品纳入消费税范围。

2）健全绿色关税

对污染环境、影响生态、可能造成环境破坏的进口产品，根据进口商品的环境污染程度、资源消耗程度、健康影响程度等征收环境附加税。这方面可以借鉴其他国家的做法；此外对高能耗产品的出口提高其出口关税税率，限制其出口。目前共有近 300 个税号的矿产品、有色金属、钢铁、铁合金以及工业用原料性产品出口征收关税，其中生铁、钢等暂定税率为 25%，因此可适当酌情提高。

3）进一步改革资源税，减少资源消耗[①]

合理的资源税对减少资源消耗、促进技术升级、保护环境和推进绿色消费有明显的促进作用。因此，应扩大征税范围，改从量计征为从价计征，适当提高稀缺性资源、高污染和高能耗矿产的资源税税率。与此同时，对企业开采利用废矿、尾矿实行资源税减免，挖掘资源开采潜力。江西省应积极向中央建议，对稀土等资源实行从价征收，通过价格的传导机制，减少资源的消耗。

资源税改革后，资源价格短期内会有明显提高，企业为了应对资源价格的上涨，会相应地采取相关对策。由于调整有时滞，根据矿产资源供需调整的时滞不同（表 6-2），开采企业和资源消耗企业相对应的调整会产生短期和长期效应。

表 6-2　矿产资源供需调整的时滞

类型	决定行动的时滞	行动所需时间	总时滞	时滞
生产能力利用率提高	短	短	短	几周
加大固定资产投资、新增生产能力	较长	长	较长	一年以上
条件储量向探明储量转化	长	长	长	几年
加大勘探投入、探明储量增长	长	很长	很长	几年或者时间更长
提高综合回收率	长	长	长	一年以上
加大已利用资源的循环回收	短	短	较短	几个月
增加替代品的利用	长	较短	较长	一年以上

资料来源：李钢等（2008）

---

① 席卫群．资源税改革对经济的影响分析．税务研究，2009-07-01.

对于资源开采企业来说，由于生产能力利用率提高的调整时滞短，加大固定资产投资、新增生产能力，条件储量向探明储量转化、加大勘探投入、探明储量增长三项调整时滞长，因此，在税负无法完全转嫁的情况下，短期内（前提条件是企业只拥有一座矿山，难以再取得其他矿山的开采权①）为了消化资源税负的影响，会着力于提高生产能力利用率，从而有利于提高资源的回采率，减少资源浪费现象。从长期看，随着固定资产投资的增加、勘探技术的提高，资源的开采量会提高。

对于资源消耗企业来说，生产能力利用率提高、加大已利用资源的循环回收这两项调整时滞短，提高综合回收率、增加替代品的利用这两项调整时滞长。因此，当资源税改革导致资源采购价格提高后，短期内会着力于提高生产能力利用率，加大已利用资源的循环回收力度，从而促进资源利用率的提高。从长期看，随着节能降耗技术的改进，综合回收率提高，风、水、太阳能等新型资源的不断开发和生产会刺激新型资源行业的发展。

此外，从价计征资源税后，还有利于市场通过价格传导机制增加中西部地区政府和企业的收入，适度补偿资源地区利益，实现部分财富由东部地区向中西部地区的转移。政府可以利用这笔税收收入来补贴需要扶持的行业和保护资源环境，从而带动中西部地区的发展，缩小地区差异。

6.2.2　促进产业结构转换、减少能源回弹效应、降低能耗总量的税收政策建议

1. 利用现行税收政策，优化产业结构，减少能源回弹效应

经过多年努力，江西省产业结构调整取得了一定成绩，但产业结构偏工业化、工业结构偏重工业、高能耗化问题仍有待优化。为此，江西省应充分利用现行税收政策，促使产业结构优化升级，减少能源回弹效应。

1）简化认定程序，利用高新技术产业税收优惠方式和其他政策，促使工业内部结构优化

高新技术产业作为知识密集度高、正外部性覆盖面广和综合效益辐射功能强的特殊行业，与其他产业之间有着较强的关联性，能够将其他产业领域中的一系列高新技术广泛地辐射和渗透到其他相关领域和传统产业部门，为其他产业的健

---

①　如果企业同时拥有几座矿山，开采第一座矿山到一定阶段后，在边际成本日益增大、边际收益日益减少的情况下，往往就会弃置不用，转而开采第二座矿山。因为在边际成本相同的情况下，开采第二座矿山的边际收益大于开采第一座矿山的边际收益。如果资源税负可以转嫁，企业不需要降低成本，仍然可以保持原有的收益，则"吃菜心"的偏好可能难以削弱。因此，要加强矿山采矿权招标管理制度，减少寻租现象的发生，堵塞"采厚弃薄"的制度漏洞。

康持续快速发展提供强大的技术支持，实现其他相关工业部门的跳跃式发展，对进一步促使工业行业内部传统生产加工部门实现产业结构优化升级有着至关重要的作用。

为此，江西省应进一步简化高新技术企业认定程序，鼓励更多企业积极申报高新技术企业，享受 15% 的企业所得税优惠税率。建议相关政府部门联合制定规范的申报高新技术企业流程，将申报的条件、需提交的资料、涉及的相关部门及享受的优惠等通过图表方式挂在政府网站上，并制成宣传册发放给企业，统一各部门需提供文件的标准和口径，取消一些难以提供、对申报无影响的证明材料，实现申报材料在不同部门之间的共享。同时积极鼓励中介从事相关申报服务，并规范中介收费，减少申报企业的成本。另外，积极向中央反映，针对江西省欠发达地区的特殊情况，争取适当降低申报国家重点扶持的高新技术企业条件，如研发费用的比例，力争使更多的企业享受税收优惠。

此外，享受企业所得税研发费用加计扣除规定的前提条件是，企业有规范的财务核算，研发费用单独核算。而在实际中，不少企业对此缺乏认识，因此，税务部门应大力宣传，将研发费用的口径、加计扣除规定及申报程序等单独整理成册，发给企业或挂在税务部门网站上，帮助企业理清账簿，使企业财务人员养成研发费用单独核算的良好习惯。

为了进一步优化工业内部结构，减少高耗能行业比重，还可利用税收收入对不同行业节能减排的正负影响，相机调整。利用税收的正向调节作用，适当减轻纺织业、化学原料及化学制品业的税收负担；利用税收的反向调节作用，适当提高对石油加工、炼焦及核燃料加工业、黑色金属冶炼及压延加工业、有色金属冶炼及压延加工业的税收负担。

2) 用好税收政策，抓住"营改增"契机，加快发展第三产业

(1) 充分利用企业所得税优惠政策，鼓励生产型服务企业发展。

自 2010 年 7 月 1 日起至 2018 年 12 月 31 日止，南昌是 21 个中国服务外包示范城市之一，因此在南昌的经认定的技术先进型服务企业，可以减按 15% 的税率征收企业所得税。此外，职工教育经费支出，不超过工资薪金总额 8% 的部分，准予在计算应纳税所得额时扣除；超过部分，准予在以后纳税年度结转扣除。这对于江西来说，以南昌为龙头，会推动全省的技术先进型服务企业的发展。因此，应鼓励全省符合条件的技术先进型服务企业到南昌注册，享受这一优惠。同时积极创造条件，争取更多城市纳入这一试点范围，甚至在全国推行。

与此同时，积极落实创投企业的所得税优惠[①]，向中央反映争取扩大优惠

---

①　目前我国企业所得税规定创业投资企业采取股权投资方式投资于未上市中小高新技术企业两年以上（含两年），凡符合特定条件的，可按其对中小高新技术企业投资额的 70% 抵扣该创业投资企业的应纳税所得额。

面，允许符合条件的创投企业投资于未上市的生产型服务企业也能享受投资抵扣，吸引风险投资企业到江西省投资于第三产业的重点行业。对广大投资者投资于江西省第三产业重点行业获得的债券和股票利息、股息和红利等投资所得，给予一定的个人所得税减免，吸引居民的闲散资金流向需要重点发展的行业，有效拓宽第三产业的融资渠道。

降低金融业对其他企业创新活动支持的风险。提高银行的贷款损失准备和核销的企业所得税税前扣除比例，对金融机构的技术创新项目贷款，尤其是对中小企业的技术创新项目贷款给予一定税收优惠；对金融机构为企业科技创新的研发活动提供贷款所取得的利息收入免征印花税、营业税和企业所得税；对担保机构为研发贷款提供担保所取得的担保收入，也给予同样待遇（席卫群和广瀚尧，2009）。

（2）做好"营改增"试点工作。

截至 2012 年 12 月 31 日，全国已有 11 个省市进行了"营改增"试点，分别是上海、北京、天津、江苏、浙江、安徽、福建、湖北、广东、厦门、深圳。自2013 年 8 月 1 日起，继续扩大试点范围，在全国范围内推开交通运输业和部分现代服务业"营改增"试点，适当扩大部分现代服务业范围，将广播影视作品的制作、播映、发行等纳入试点，截至 2014 年 6 月 1 日，铁路运输和邮电通信等行业又纳入"营改增"。

从已有试点效果看，情况比较理想，总体上是减轻了企业税负，小微企业成为小规模纳税人后税负下降幅度接近 40%，成为一般纳税人的企业大多数税负也有所下降。据财税部门测算，仅 2013 年全部试点地区企业"营改增"就减轻负担约 1 200 亿元。因此，虽然"营改增"在一定程度上会减少税收收入，但从长远看，有助于现代服务业的发展。江西省应抓住这一机遇，落实好"营改增"工作，吸引更多服务企业来江西省投资，促进第三产业的发展。

3）以赣南原中央苏区享受西部大开发政策为契机，加快产业的调整

为了支持赣南等原中央苏区振兴发展，2012 年出台了《国务院关于支持赣南等原中央苏区振兴发展的若干意见》（国发〔2012〕21 号）。2013 年 1 月 10日，财政部、海关总署、国家税务总局又联合下发了《财政部　海关总署　国家税务总局关于赣州市执行西部大开发税收政策问题的通知》，通知规定，对赣州市内鼓励类产业、外商投资鼓励类产业及优势产业的项目在投资总额内进口的自用设备，在政策规定范围内免征关税；自 2012 年 1 月 1 日至 2020 年 12 月 31日，对设在赣州市的鼓励类产业的内资企业和外商投资企业减按 15% 的税率征收企业所得税。鼓励类产业的内资企业是指以《产业结构调整指导目录》中规定的鼓励类产业项目为主营业务，且其主营业务收入占企业收入总额 70% 以上的企业。鼓励类产业的外商投资企业是指以《外商投资产业指导目录》中规定的鼓

励类项目和《中西部地区外商投资优势产业目录》中规定的江西省产业项目为主营业务，且其主营业务收入占企业收入总额 70% 以上的企业。

根据这一政策，赣州市的钨和稀土等有色金属精深加工及应用产品生产、汽车零部件制造、脐橙等 20 余个产业将享受这一优惠，这将有利于赣州市承接沿海产业转移和促进产业转型升级，对江西省发展来说也是极大的利好。

江西省应抓住这一契机，配合中部地区崛起、鄱阳湖生态经济区建设、国家生态文明示范区建设等国家战略政策，促进产业结构的调整，推进科学发展绿色崛起。

4) 实行差别化的区域财税政策

根据工业化国家的历史经验，能源消费强度存在先上升后下降的变化规律，不同地区在不同阶段能源效率呈现不同的阶段性特征。史丹等（2008）发现，我国地区能源效率出现了东部地区能源效率趋向于高水平均衡，中西部地区趋向于低水平均衡的俱乐部收敛现象。东部地区能源效率总体上出现微弱的 U 形反转趋势，中西部地区尚处在工业化加快推进时期，能源效率目前没有出现反转的特征。在"十一五"时期，我国制定的节能指标采取"一刀切"做法，忽略了能源消费的阶段性特征，导致节能出现严重的激励问题，一些地区为了完成节能指标而被迫拉闸限电，牺牲经济增长。王蕾等（2012）运用数据包络分析（data envelopment analysis，DEA）方法分析，发现江西省理论节能潜力虽然较大，但由于能源效率的阶段性特征和自主节能动力不足，目前可实现节能潜力近乎为零。因此，对于江西省来说，要最大限度地兼顾经济增长与节能减排，就需要给予更多的激励，中央应加大对江西省的转移支付力度，通过提高奖励标准、降低奖励门槛来鼓励地方淘汰低于国家产业政策标准的落后产能，实行差别化的税收政策，调整税收分成和返还比例，重视在税制改革中落后地区能够更多地分享改革利益，提高其参与改革的动力，并通过税制改革为地区的发展积累资金。

对于落后地区来说，加快产业结构调整，提高第三产业的比重对于能源消耗的减少也具有积极意义。《国家中长期科学和技术发展规划纲要（2006—2020）》指出我国要建设各具特色和优势的区域创新体系，东部提高自主创新能力，中西部加强科技发展能力建设，推进国家高新技术产业开发区以增强自主创新能力为核心的"二次创业"。因此，不同区域对提升产业集聚度的要求不同，税收政策在这方面的引导作用也应加强。

张三锋（2010）的研究表明我国生产性服务业空间集聚很不均衡，具有明显的地域资源特色。东部沿海城市生产性服务业集聚优势明显，东北老工业基地次之，中西部地区集聚最少。东部沿海地区城市交通运输仓储邮政业、房地产业和金融服务业集聚程度普遍较高，商务服务业等知识和技术密集型生产性服务业的需求较少；中西部地区交通运输仓储邮政业的集聚程度高，科研服务业形成一定的集聚，其他行业集聚程度不明显。与此同时，孔淑红（2010）根据 2000～2007 年数据实证分析发现，中部地区的税收优惠对技术市场成交额有显著的促进作用，而经济发达程度较高和较低的地区，存在较多的抵消税收优惠对技术创新影响的因素。因此，可在中西部地区有目的地建立国家自主创新示范区，开展高新技术企业和技术服务型企业认定、科技人员股权激励、教育经费列支等税收政策试点。将软件、集成电路行业的税收优惠政策覆盖到所有的技术企业，逐步推进对所有创新企业适用的具有普惠性的税收激励政策。

2. 完善税收政策，提高能源利用率，降低能耗总量

1）健全资源综合利用税收政策

（1）统一增值税和企业所得税政策标准。统一增值税和企业所得税资源综合利用认定标准，修订企业所得税资源综合利用目录，实现增值税和企业所得税优惠目录的一致，每 3～5 年根据情况发展变化对目录政策进行适时调整；适当降低标准，尤其是对经济欠发达省份，应给予更多的倾斜，鼓励企业进行节能减排投入。扩大资源综合利用的受惠面，扩大综合利用目录，建议将环境保护项目中的公共污水处理、公共垃圾处理和沼气综合开发利用项目中的废物利用整合纳入资源综合利用优惠目录中；将Ⅱ、Ⅲ级粉煤灰，以石油焦为原料生产的改性合成炭粉，利用"三剩物"生产的铅笔板坯料、松焦油、刨花模压工业托盘、包装箱，废旧电脑、水龙头等居民用品纳入资源综合利用的范围。同时完善企业"自产自销"的节能减排措施，补充认定规定。

统一两税优惠操作标准，加强部门之间的协调配合，便于基层税务机关执行。与此同时，在税收优惠条件中增加能耗限制要求，如能耗超标的使用旋窑工艺的企业一律不得享受资源综合利用优惠政策，以激励企业加快固定资产更新改造，加强技术革新；建议税收优惠政策下文时间应在政策执行时间之前，避免占压企业资金，增加税务机关工作量。

（2）建立科学的资源综合利用资格认定管理机制。尽量简化相关资格认定手续，统一各部门需提供文件的标准和口径，取消一些难以提供、对申报无影响的证明材料，对已上网公示了能效标识的设备取消提供纸质证明材料的要求，减少企业申报的难度。同时在一定的行政区域内，应定期在媒体上公开资格认定情况、专业权威的产品检测机构等，接受社会各方面的监督。

（3）加强合同能源管理规定。一是国家发改委向符合条件的企业颁发节能服务公司纸质证书。企业申请享受税收优惠政策时，要向主管税务部门提交各种资料，其中"节能服务企业"证书是最关键的资料之一。因此，国家发改委对通过认证的节能服务公司不仅在网上公布，同时还应颁发纸质的证书。企业有了这个证书，再申请享受各项税收优惠政策时就能名正言顺。二是行业协会应规范节能服务公司实施合同能源项目的业务运作。行业协会应积极引导节能服务公司规范健康发展。只有节能服务公司规范运作、依法经营，同时行业协会多向各级税务机关宣传讲解合同能源管理方面的基本知识，才能消除基层税务机关的认知偏见，为节能服务公司顺利享受税收优惠政策打下基础（杨继美，2012）。三是建议取消目前享受增值税免税的资源综合利用和合同能源管理的规定，增值税按规定征收，保持增值税抵扣链条的完整性，或者实行增值税即征即退政策。所增加的增值税税负通过企业所得税优惠给予弥补。鼓励企业赢得更多利润，获得更大优惠。

2）完善再生资源税收激励政策

继续创新财税激励机制，在规范管理的基础上加大对行业的扶持力度，多出台一些类似于《废弃电器电子产品处理基金征收使用管理办法》的创新性措施，建立起有效的约束和激励机制，调动产废、收废和利废等相关方面参与再生资源回收处理的积极性，形成再生资源从生产、销售到回收、处理的良性循环机制。

（1）实行生态工业园区财税鼓励政策。生态工业园区是依据清洁生产要求，按照循环经济理念和工业生态学原理而设计的一种新型工业园区。它通过物流或能流传递等方式，把不同工厂或企业联结起来，形成共享资源和互换副产品的产业共生组合，使一家工厂的废弃物或副产品成为另一家工厂的原料或能源，模拟自然系统，在产业系统中建立"生产者—消费者—分解者"的循环，力求达到物质闭路循环、能量多级利用和废物产生最小化。因此，我国应借鉴其他国家做法，进一步完善废旧物资、资源综合利用税收优惠政策。明确生产性废弃物与生活性废弃物的区分，对工业企业、非物资经营单位等销售的不属于《资源综合利用目录》的生产性废弃物实行增值税即征即退。扩大企业所得税"三免三减半"政策的适用范围，对建立完整先进的回收、运输、处理、利用废旧商品回收体系的综合性园区和回收利用基地，允许其享受"三免三减半"政策，并将"从取得生产经营收入所属年度"开始享受改为"从获利年度"开始享受；提高设备投资抵免标准，建议将允许抵免的投资额比例由10%提高到40%（席卫群，2012）。

此外，政府还可以采取财政补贴、优惠贷款等方式扶持企业到生态工业园区发展。

（2）强化增值税作用。可考虑对不同规模的回收企业采取不同的征税标准，即实行直接征缴模式，就是由国家通过全面评估再生资源回收行业在市场中的地位、经营情况和税负承受能力，并与其他行业税负水平平衡后，制定一个较为科学可行的税收征收率，减轻回收企业的增值税税负。对达到以下标准的回收企业可予以较低的征收率：注册资本达 1 000 万元；土地使用面积大于 4 万平方米且具有土地使用权；企业做完整的环评手续；具备省级有关管理部门批复的废弃电器电子产品回收处理或报废汽车回收拆解其中一项经营资质（席卫群，2012）。

对于以旧换新方式销售，销售额允许旧货收购价从新货的价款中扣除。同时加大对用废企业的优惠力度。用废企业一般有固定的经营场所，有一定的投资，会计核算健全，企业规模稳定，产销能力可控，能耗比例可测，税收管理相对较易实现。

（3）发挥个人所得税作用。可尝试对购买节能家电等实行个人所得税退税政策，对居民购买列入目录内的节能商品（包括建筑节能和生活节能商品）实行个人所得税部分减免或退税。

允许个人捐赠给环境保护的支出全部在个人所得税税前扣除，鼓励高收入者进行公益事业性捐赠。

（4）适当将政策优惠的方式从税式支出改为财政补贴。对用废企业按照一定比例给予财政补贴。根据用废企业最大利废能力、实际用废数量、税收收入总量、整体税负水平、纳税诚信度等参数确定综合贡献率，对用废企业缴纳的企业所得税按一定比例以财政补贴方式返还企业。具体补贴幅度和标准参考当前国家税收优惠和地方财政补贴实施情况制定，既考虑鼓励用废行为的有效性，又考虑政府财政的可承受力，同时兼顾考虑与企业偷税成本之间合理的制衡关系。

3）提高基层税务人员专业素质，保证政策的落实

（1）加大税收政策宣传辅导力度。帮助纳税人及时、准确了解和掌握相关政策。特别是征纳双方对某些税收政策和业务规定理解有分歧时，税务机关应及时给予权威说明，做到纳税人心中有数。

（2）提高税务人员的专业素质，提高办税效率。纳税人普遍认为，公正执法是最好的纳税服务。因此，建议税务机关在税收执法和纳税服务上一视同仁，使所有纳税人都享受公平待遇。同时进一步优化办税程序，减少资料报送等规定，并准确执行政策，保证优惠政策能及时兑现。

（3）加强征纳沟通。加强税务机关与纳税人的交流、互动，增强税收政策、征管制度、服务措施的可行性，从而增强纳税人的遵从度，提高服务效能。税务机关可根据纳税人的需求，有的放矢地实行分类服务和分类辅导，为纳税人更方便、更快捷、更准确地履行纳税义务创造条件。

下篇：价格篇

第7章 运用能源价格促进工业节能的机理

能源价格既包括生产成本，又包括环境成本，既要反映其稀缺性及供求状况，又要反映其对环境和气候所造成的外部影响。但是，我国能源价格改革总体滞后，价格体系扭曲，既不能完全反映资源稀缺程度，也不能充分反映市场供求情况，更不能有效弥补环境成本，是造成我国资源浪费与环境污染的重要原因。江西能源价格既有全国能源资源价格改革中存在的一般性问题，也有其特性问题，主要表现为江西主要能源品种为煤电，而煤电价格没有全面反映其环境成本，导致江西节能成本偏高，企业投资节能技术改造动力不足。

7.1 能源价格形成机制

7.1.1 能源价格的构成

能源产品兼具一般商品和特殊商品的属性和特征，一方面其价格由成本决定、由供需调节；另一方面由于其垄断性，需求在形成价格过程中起到更为重要的作用，具有马克思政治经济学所说的垄断价格特点，因此，能源产品价格由生产价格加上垄断利润构成，生产价格由生产成本加上环境成本构成，垄断利润由社会平均利润加上税金和环境租构成，把能源生产过程中的各种成本和各种收益考虑进来，能源价格的理论计算公式如下：

能源价格＝生产成本＋环境成本＋税金＋社会平均利润＋环境租

假定能源企业总生产函数 $Q=f(v, r^i, e(v), l_q)=f(v, r^i, l_q)$，其中，$v$ 表示传统能源投入水平；r^i 表示再生能源投入水平；$e(v)$ 表示由于传统能源投入所产生的污染。分别用 p_v^g、p_r、p_l、p_q 表示原生能源、再生能源、劳动投入及产出的价格，传统能源价格受管制，其价格水平用上标 g 表示。制造商在生产函数约束下实现收益最大化，利润由下式决定：

$$\text{Max } \pi = p_q q - (p_r r^i + p_v v)$$

$$\text{s.t.} \quad q = f(v, r^i, e)$$

厂商在各投入的边际成本与其边际利润相等时实现最优，有

$$p_q f_{lq} = p_l \tag{7-1}$$

$$p_q(f_v + f_e e_v) = p_v \tag{7-2}$$

根据式 (7-1) 解出

$$p_q = p_l / f_{lq}$$

将其代入式（7-2）得

$$p_v = p_l(f_v + f_e e_v)/f_{lq}$$

由于 p_v 受管制，其价格等于 p_v^g，p_v^g 一般情况下小于能源开采企业不受价格管制的均衡水平 x_l/v_l，从我国能源产业国有垄断性行业和价格受管制的实际来看，有必要根据能源流动从开采、运输、加工、使用各环节，通过对生产过程能源投入和产出的征税或补贴，起到直接抑制工业污染外部性，鼓励使用可再生能源，实现能源配置效率提升的目的。

从投入角度看，能源价格管制是提高传统能源的投入成本而降低可再生能源的投入成本，激励企业和社会使用再生能源，节约不可再生的传统能源的重要途径。

能源价格的计算公式为 $x_l/v_l - p_v^g - mu_E/u_x$。根据这一公式，能源价格由两部分构成：一部分是能源影子价格与管制额的差 $x_l/v_l - p_v^g$；另一部分为能源生产与消费所构成的外部性 $-mu_E/u_x$。对于发展中国家来说，由于第三产业比重还较小，非污染的资料产品部门的边际生产力 x_l 要大于发达国家的相应水平，而发展中国家劳动力众多，劳动投入的边际生产力 v_l 必处于下降趋势。两因素相综合，对于处于发展初期的中国，传统能源影子价格 p_v 应该要大于发达国家水平，但由于传统能源价格受管制且大多数情况低于其均衡水平，其投入、开采和污染水平要大于经济可持续发展对传统能源的需求，既对再生能源的开发构成抑制，也造就了高耗能的产业结构。因此，与发达国家相比，价格管制条件下的能源税收应当高于发达国家水平。

为克服能源生产外部性，能源价格的第二部分是环境与生态税，其征收力度应等于 $-mu_E/u_x$。生态性的能源税可以从开采环节征收，也可以从运输与销售环节征收，或从产品制造与能源投入环节征收，或从公众能源消费环节征收，其征收力度要根据能源消费对环境破坏和生态环境的影响大小确定，以促进外部成本内部化、内部收益社会性化，专项用于环境保护、生态补偿、替代能源开发。

能源价格的第三部分是对新能源的补贴，其力度大小应相当于传统消费外部性的一定比例，新能源补贴形式可以采取针对节能技术研发、节能产品与设备推广、使用清洁能源、鼓励参加各种能效计划的先征后返，对所购买的符合节能标准的设备加速折旧；从年度利润中扣除部分与设备购买有关的投资成本；免除进口能效设备的进口关税、降低已参加节能协议单位及个人的能源税收；等等。

7.1.2　能源价格、市场选择与工业节能

作为国民经济与社会发展的重要物质基础，能源消费量与经济增长存在正相关性，而能源价格是影响能源需求的最重要因素，在短期内，能源价格上涨会对居民消费价格指数和生产者物价指数产生重要影响。但是，能源需求弹性系数

小，当期价格变化对需求量影响有限。能源需求价格弹性系数由于产业结构调整会发生变化，从长期来看，能源价格上涨会促使技术进步和替代能源的开发。国内外一直有很多学者重视研究能源价格的调整对能耗强度的影响。Hang 和 Tu（2006）参考 Fisher-Vanden 等（2004）的做法，利用 1985～2004 年以来中国的宏观经济及能源价格数据，研究中国能源价格对能源强度的影响，实证结果表明：提高能源价格可以降低能源强度。Cornillie 和 Fankhauser 基于 1992～1998 年的能源数据，运用参数研究法（parametric divisia method，PDM）分析得出，中东欧和苏联一些转型经济国家的能源价格是影响能源强度的重要因素。Birol 和 Keppler（2000）研究认为提高能源价格能够改善能源效率，并降低能源强度。

因此，在调整经济结构和促进节能减排过程中，必须发挥价格作为配置资源的决定性作用，运用合适的能源价格形成机制更有利于节能减排目标的实现。

7.2 能源价格改革与价格总体水平存在的问题

我国能源价格改革随着改革开放深入取得了重大推进和实效。但由于价格长期偏低，历史欠账太多，加之推进中价格机制双轨并存，又引发了一系列新的问题和矛盾。要改变价格长期扭曲和不合理的状况，必然遇到来自传统落后发展方式和既得利益集团的阻力，增加了改革的难度。多方面的利益关系和矛盾难以协调。一是能源作为基础性产品，处在产业链最前端，价格改革或调整毫无疑问地会推高后续产业成本和市场价格水平，增大企业和居民负担；二是能源价格改革涉及产地（中西部）和消费地的经济关系，能源所有权属于国家，其支配、使用、开发和收益权的大部分在地方，国家和地方之间会形成利益分成的竞争关系；三是能源产品生产经营基本由国企所垄断，在支配价格权利方面与政府监管之间形成博弈局面。因此，深化能源价格改革，面临一系列难点需要突破。

目前我国主要能源品种实行上游市场定价和终端政府管制的价格政策，开采利用能源资源的上游产业已经形成以市场供需定价为主的局面，如煤炭价格完全由市场供求关系决定，原油实行与国际接轨，海上天然气价格由市场决定，但是政府对终端消费的电力、成品油等主要能源品种的定价仍保持决定权。在 2009 年《石油价格管理办法（试行）》中，在国家控制下，成品油价格继续与国际市场间接接轨，其中灯用煤油、化工轻油、燃料用重油成品价格由市场决定，航空煤油实行政府定价，汽油、柴油等占据成品油绝大部分份额的大宗商品实行政府定价和政府指导价。电价处于政府管制之下，省级电网及跨省区电网内各环节电价由国家审批，地市及以下电价由省审批；电煤价格以"重点合同"电煤形式受到监管。目前国家对能源开发利用征收资源税和资源补偿费，征收对象是开采企业，实行从量计征，资源税和资源补偿费由地方政府征收、支配和使用。近年来国际原油价格高涨，国家开始对开采企业计征石油特别收益金。在消费税方面，在不开征新的燃油消费税税种的前提下，提高了汽油、柴油等成品油品种的消费税税率，规定了税收的主要用途。

　　能源价格与能源效率密切相关，技术节能虽可以通过设备工艺的更新改造和能源的循环利用直接提高能源的使用效率，但是企业还需在节能投入和节能收益之间进行权衡，如太阳能汽车、风能发电等无污染能源取之不尽，但目前几乎谈不上真正意义的市场需求，其主要原因就是新能源成本太高而传统能源成本较低，有支付能力需求中占多数比例的是传统能源需求；从产业节能来看，由于我国尚处于工业化进程之中，能源相对廉价诱导产业间的能源配置从高效部门向低效部门转移，形成高耗能高污染的产业结构。更为严峻的是，能源价格市场化与保民生之间难以找到平衡点。随着我国工业化、城镇化快速推进，其能源的需求不断增加，能源资源越来越紧张，价格上涨是大势所趋。能源价格上涨必然引起下游产业链价格上升并最终推高居民消费价格，影响低收入群体的生活。加之对燃气等一些基本的能源消耗较多的反而是低收入群体，能源价格杠杆在促进节能减排抑制浪费方面发挥成效的同时，也不可避免地伤及低收入群体的民生保障。当前能源价格改革必须在市场化与保民生之间找到平衡点，在我国社会保障体系还不够健全的情况下，需要从社会和谐与稳定的角度充分考虑低收入群体的承受能力，统筹好公益性与市场化的关系。平衡和调整利益关系，会遭遇既得利益群体的抵制和阻力。这也是影响和制约改革推进的一大难点。

第8章　江西省促进工业节能的现行价格政策及问题

8.1　阶梯电价政策及问题

随着江西国民经济的增长及工业经济结构的调整，近年来江西电网负荷特性发生了较大变化，电力供应总体平衡，但季节性、时段性缺电明显。与此同时，江西县级电网用电量快速增长，江西电网趸售电量不断上涨。针对电力供求形势和特性，近年来江西积极利用价格杠杆，加强电力需求侧管理，实行阶梯电价政策，调节用电需求，主要包括居民生活用电阶梯电价政策、峰谷分时电价政策、季节性电价政策。

一是推行居民生活用电阶梯电价政策，鼓励电力用户节约用电。

二是推行峰谷分时电价政策，鼓励电力用户在高峰时少用电，在低谷时多用电，削峰填谷，提升电力系统运行效率。

三是推行季节性电价政策，引导用户转移高峰负荷，降低峰谷差，科学合理用电。

8.1.1　江西阶梯电价政策进展

1. 推行居民生活用电阶梯电价政策

为了促进资源节约型和环境友好型社会建设，逐步减少电价交叉补贴，理顺电价关系，引导居民合理、节约用电，江西自 2012 年 7 月 1 日起试行居民生活用电阶梯电价。

1）政策适用范围

政策适用范围为江西省电网（含县级电网）供电范围内的"一户一表"城乡居民用户。

2）电量分档与电价

将居民用户用电量以年为周期划分为三档，电价分档递增。

（1）电量分档：第一档电量为年用电量 2 160 千瓦时以下，即月均 180 千瓦时以下；第二档电量为年用电量 2 160~4 200 千瓦时，即月均 180~350 千瓦时；第三档电量为年用电量 4 200 千瓦时以上，即月均 350 千瓦时以上（"以下"含本数，"以上"不含本数）。

（2）电价分档：第一档电量维持现行价格不变，即每千瓦时 0.60 元；第二档电量在现行电价的基础上，每千瓦时提高 0.05 元，即每千瓦时 0.65 元；第三档电量在现行电价的基础上，每千瓦时提高 0.30 元，即每千瓦时 0.90 元。

3) 鼓励居民用电实行峰谷分时电价

(1) 城乡"一户一表"居民用户，在实行阶梯电价基础上，可同时执行峰谷分时电价。是否执行峰谷分时电价，由居民自行选择，用户选定后原则上一年内不得变更。

(2) 居民生活用电划分为两个时段：高峰时段为 8：00～22：00，在现行电价基础上，每千瓦时提高 0.03 元；低谷时段为 22：00～次日 8：00，在现行电价基础上，每千瓦时下调 0.12 元。

2. 落实峰谷分时电价政策

对 2002 年出台的《峰谷分时电价实施办法》进行修订，将峰谷分时电价实施适用范围扩大至江西电网县级趸售用户。2005 年 9 月 1 日起，推行修订后的峰谷分时电价管理政策，主要政策措施如下。

1) 政策适用范围

在江西电网供电范围内，除以下用电类别不执行峰谷电价外，其他各类用电均执行峰谷分时电价：①城乡居民生活用电；②农业排灌用电；③行政机关、学校（不含生产企业）、部队（不含生产企业）、医院、城市公共照明、公共交通电车用电；④自来水生产、煤气生产用电；⑤享受免税政策的残疾人开办的福利工厂用电；⑥商业用电〔不含三星级及以上的宾馆（酒店）、受电变压器容量 100千伏安或用电设备装接容量 100 千瓦及以上的娱乐场所〕。

2) 峰谷时段划分办法

高峰时段为 17：00～23：00，低谷时段为 23：00～次日 5：00，其余时间为平段。

3) 峰谷分时电价标准

(1) 直供用户电量。

高峰电价＝基础电价×130％
低谷电价＝基础电价×70％
平段电价＝基础电价

(2) 县级趸售电量。

高峰电价＝基础电价×110％
低谷电价＝基础电价×90％
平段电价＝基础电价

3. 落实季节性电价政策

自 2005 年 9 月 1 日起，在江西电网供电范围内，在 7 月 1 日至 9 月 30 日、12 月 1 日至 12 月 31 日期间实行季节性电价。

（1）实行季节性电价范围为上述峰谷分时电价适用范围及除趸售用电外的其余各类用电。

（2）季节性电价时段划分。

高峰时段：17：00～23：00，其中夏季尖峰时段：19：00～21：00，冬季尖峰时段：18：00～21：00；低谷时段：23：00～次日 5：00；其余时间为平段。

（3）季节性电价标准。

$$尖峰电价 = 基础电价 \times 180\%$$
$$高峰电价 = 基础电价 \times 150\%$$
$$低谷电价 = 基础电价 \times 50\%$$
$$平段电价 = 基础电价$$

8.1.2　存在的主要问题

1. 阶梯电价缺乏动态调整机制

居民阶梯电价改革方案没有界定将来阶梯电价各档电量如何调整。用电量伴随着经济增长和收入增加而增加，是一个动态的过程，即使电价保持不变，只要用电量逐年增加，进入更高档次的用电量会逐年增加，从而提高整体居民电价水平。而且，电力成本也是动态的。对未来各档如何根据成本和收入变化而调整，政府需要明确思路。

2. 阶梯电价和峰谷分时电价存在冲突

阶梯电价和峰谷分时电价是两种不同的电价计费制度，其设计存在内在矛盾。峰谷分时电价是根据电网的负荷变化情况，将每天 24 小时划分为高峰、低谷等时段，对不同时段的用电量采用不同的电价，发挥电价的调节作用。而阶梯电价则是把户均用电量设置为若干个阶梯分段或分档次定价计算费用。对居民用电实行阶梯式递增电价可提高用电效率。

阶梯电价与峰谷分时电价两种电费计费方法已同步实行，但是这两项机制还未能有机结合。峰谷分时电价旨在在有限的装机容量下，充分利用电力资源，提高电网的利用率，让用户多用电；阶梯电价机制旨在在有限的装机容量下控制用电总量，让用户少用电。两种电价计费制度具有一定的内在冲突性。

8.2　高耗能行业差别电价政策及问题

8.2.1　高耗能行业实行差别电价的政策界限

2004 年 6 月，江西省对电解铝、铁合金、电石、烧碱、水泥、钢铁 6 个高耗能行业试行了差别电价政策。该政策是运用价格杠杆，制止部分高耗能产业低水平重复建设和盲目发展，促进技术进步和产业结构升级的典型政策。

2006 年 10 月 1 日起，扩大差别电价实施范围，在对电解铝、铁合金、电石、烧碱、水泥、钢铁 6 个行业继续实行差别电价的同时，将黄磷、锌冶炼也纳入差别电价政策实施范围，明确了实行差别电价的 8 个高耗能行业淘汰类、限制类企业的划分标准。

1. 实行差别电价的部分高耗能产业目录

1）钢铁行业

（1）淘汰类：①生产地条钢、钢锭或连铸坯的工频炉和中频炉感应炉；②20 吨及以下电炉（不含机械铸造电炉和 10 吨以上高合金钢电炉）；③300 立方米及以下的高炉（不含 100 立方米以上铁合金高炉及 200 立方米以上专业铸铁管厂高炉）；④20 吨及以下转炉（不含铁合金转炉）。

（2）限制类：①2005 年 8 月以后建设的公称容量 70 吨以下的电炉项目、1 000 立方米以下高炉和 120 吨以下转炉项目；② 2005 年 8 月以后建设的公称容量 70 吨及以上，未同步配套烟尘回收装置，能源消耗、新水耗量等达不到标准的电炉项目。

2）铁合金（含工业硅）行业

（1）淘汰类：①3 000 千伏安以下半封闭直流还原电炉、3 000 千伏安以下精炼电炉（硅钙合金、电炉金属锰、硅铝合金、硅钙钡铝、钨铁、钒铁等特殊品种的电炉除外）；②5 000 千伏安以下的铁合金（含工业硅）矿热电炉；③不符合行业准入条件的铁合金（含工业硅）企业（自 2007 年 1 月 1 日起执行）。

（2）限制类：2005 年 1 月 1 日以后建设的 2.5 万千伏安以下，2.5 万千伏安及以上环保、能耗等达不到准入要求的铁合金（含工业硅）矿热电炉项目（对中西部具有独立运行的小水电及矿产资源优势的国家确定的重点贫困地区新建铁合金矿热电炉按不小于 1.25 万千伏安执行）。

3）电解铝行业

（1）淘汰类：铝自焙电解槽。

（2）限制类：2004 年 5 月 1 日以后建设的电解铝项目（淘汰自焙槽生产能力置换项目及环保改造项目除外）。

4）锌冶炼行业

限制类：2004 年 5 月 1 日以后建设的单系列 10 万吨/年规模以下锌冶炼项目。

5）电石行业

（1）淘汰类：①5 000 千伏安以下（1 万吨/年以下）电石炉及开放式电石炉；②排放不达标的电石炉。

（2）限制类：2005 年 1 月 1 日以后建设的 2.5 万千伏安以下（能力小于 4.5 万吨）和 2.5 万千伏安以上环保、能耗等达不到准入要求的电石矿热炉项目。

6）烧碱行业

（1）淘汰类：①汞法烧碱；②石墨阳极隔膜法烧碱。

（2）限制类：2006 年 1 月 1 日以后建设的 15 万吨/年以下烧碱装置（用离子膜技术淘汰老装置的搬迁企业除外）。

7）黄磷行业

淘汰类：1 000 吨/年以下黄磷生产线。

8）水泥行业

（1）淘汰类：①窑径 2.2 米及以下水泥机械化立窑生产线；②窑径 2.5 米及以下水泥干法中空窑（生产特种水泥除外）；③直径 1.83 米以下水泥粉磨设备；④水泥土（蛋）窑、普通立窑。

（2）限制类：2004 年 5 月 1 日以后建设的水泥机立窑、干法中空窑、立波尔窑、湿法窑、日产 1 500 吨及以下熟料新型干法水泥生产线。

2. 实行高耗能产业差别电价的标准

从 2007 年起 3 年内，将淘汰类企业电价提高到比此前高耗能行业平均电价高 50％ 左右的水平，提价标准由原来的 0.05 元调整为 0.20 元；对限制类企业的提价标准由原来的 0.02 元调整为 0.05 元。部分高耗能产业差别电价标准见表 8-1。

表 8-1　部分高耗能产业差别电价标准（单位：元/千瓦时）

行业		2006 年 10 月 1 日起	2007 年 1 月 1 日起	2008 年 1 月 1 日起
电解铝、铁合金、钢铁、电石、烧碱、水泥、黄磷、锌冶炼	淘汰类	0.10	0.15	0.20
	限制类	0.03	0.04	0.05

8.2.2　落实高耗能行业差别电价政策进展

1. 清理和取消对高耗能企业的用电价格优惠

1999 年，国家计划委员会和财政部曾联合发文对产能规模在 5 万吨以上的电解铝企业用电平均每千瓦时优惠 2 分钱左右。2000～2005 年，国家发改委在调整终端用户销售电价时，对符合国家产业政策的电解铝、铁合金、氯碱企业的用电比其他工业企业的用电平均每千瓦时累计少提价约 2 分钱。从 2007 年 12 月 20 日起，江西对于从事电解铝、铁合金和氯碱三大高耗能行业的企业，取消原有电价优惠政策。

2010 年 5 月，再次清理对高耗能企业的用电价格优惠。对于国家颁布的目录电价表中，铁合金、氯碱、电石等高耗能企业用电价格低于大工业电价 10% 以上的，暂时调整到比大工业电价低 10% 的水平。其中，两者价差在每千瓦时 5 分钱以内的，自 2010 年 6 月 1 日起调整到位；价差大于 5 分钱的，自 2010 年 6 月 1 日起，每年取消 5 分钱优惠，直至达到比大工业电价低 10% 的水平。

同时，停止执行自行对高耗能企业（包括多晶硅企业）实行的电价优惠，或未经批准以电力用户与发电企业直接交易、双边交易等名义变相对高耗能企业实行的优惠电价。

2. 加大差别电价政策实施力度

对电解铝、铁合金、钢铁、电石、烧碱、水泥、黄磷、锌冶炼 8 个行业实行差别电价政策，并进一步提高差别电价加价标准，自 2010 年 6 月 1 日起，将限制类企业执行的电价加价标准由每千瓦时 0.05 元提高到 0.10 元，淘汰类企业执行的电价加价标准由每千瓦时 0.20 元提高到 0.30 元。

2011 年起，江西省加大对高耗能企业的强制性节能措施。在严格甄别的基础上，江西省发展和改革委员会与江西省工业和信息化委员会下发了《江西省进一步落实高耗能行业差别电价政策实施方案》，确定了 2011 年江西省部分产业政策限制类的高耗能企业名单。根据《国家发展改革委、国家电监会、国家能源局关于清理对高耗能企业优惠电价等问题的通知》（发改价格〔2010〕978 号）和《国家发展改革委、国家电监会关于进一步落实差别电价及自备电厂收费政策有关问题的通知》（发改电〔2004〕159 号）等文件要求，自 2011 年 9 月 28 日起至 2011 年 12 月 31 日止，江西鹰翔钢铁有限公司等 37 家企业的按产业政策限制类生产性用电在工业电价基础上，每千瓦时加价 0.10 元。

首批执行差别电价的企业主要集中在炼钢和水泥行业。江西省规定，水泥行业只对窑径小于 3 米的机立窑水泥熟料生产线执行差别电价，不包括水泥粉磨站用电。为落实差别电价政策，江西省要求各级价格监督检查机构加强对差别电价贯彻落实情况的监督检查，对不执行差别电价、缩小执行差别电价范围、推迟差别电价执行时间等违法行为进行查处。2011 年江西省高耗能行业执行差别电价名单见表 8-2。

表 8-2　2011 年江西省高耗能行业执行差别电价名单

企业名称	所在设区市	生产线规格	加价幅度/（元/千瓦时）
一、短流程炼钢企业：10 户			
江西鹰翔钢铁有限公司	赣州市	电弧炉：2×50 吨	0.1
龙南县福鑫钢铁有限公司	赣州市	电弧炉：40 吨	0.1
龙南县福丰钢铁有限公司	赣州市	电弧炉：40 吨	0.1
江西涤兴钢铁有限公司	赣州市	电弧炉：80 吨	0.1
江西省闽鑫钢铁有限公司	赣州市	电弧炉：1×40 吨，1×30 吨	0.1
赣州市百丰建材有限责任公司	赣州市	电弧炉：50 吨	0.1
江西台鑫钢铁有限公司	上饶市	电弧炉：2×50 吨	0.1
弋阳县锐欣建材有限公司	上饶市	电弧炉：2×35 吨	0.1
吉安钢铁有限责任公司	吉安市	电弧炉：1×75 吨，精炼炉 1 台	0.1
江西烽银金属有限公司	上饶市	电弧炉：2×15 吨	0.1
二、机立窑水泥熟料生产线：29 条（涉及 27 户企业）			
南城县上塘水泥有限责任公司	抚州市	机立窑：Φ2.8×10	0.1
江西于都南方万年青水泥有限公司	赣州市	机立窑：Φ2.8×10、Φ2.85×10、Φ2.9×10 各 1 条	0.1
江西荡坪钨业有限公司宝山水泥厂	赣州市	机立窑：Φ2.5×9	0.1
赣州金龙水泥厂	赣州市	机立窑：Φ2.5×9	0.1
瑞金市云石山水泥有限公司	赣州市	机立窑：Φ2.6×9	0.1
瑞金市堡山水泥有限公司	赣州市	机立窑：Φ2.5×8.5	0.1
龙南县粤源水泥有限责任公司	赣州市	机立窑：Φ2.8×10	0.1
龙南县井岗水泥厂	赣州市	机立窑：Φ2.85×10	0.1
赣州铁石水泥有限公司	赣州市	机立窑：Φ2.75×10	0.1
信丰县大阿水泥厂	赣州市	机立窑：Φ2.8×10	0.1
信丰县大桥水泥厂	赣州市	机立窑：Φ2.58×8	0.1

企业名称	所在设区市	生产线规格	加价幅度 / (元/千瓦时)
萍乡市固明水泥厂	萍乡市	机立窑：Φ2.5×10	0.1
江西青峰水泥有限公司	萍乡市	机立窑：Φ2.5×8	0.1
江西省萍乡市志明特种建材有限公司	萍乡市	机立窑：Φ2.5×10	0.1
萍乡市青城水泥有限公司	萍乡市	机立窑：Φ2.75×11	0.1
萍乡市葡萄水泥制造有限公司	萍乡市	机立窑：Φ2.58×10	0.1
万年县江泥实业水泥有限公司	上饶市	机立窑：Φ2.83×10	0.1
铅山县天峰合营水泥厂	上饶市	机立窑：Φ2.55×8.5	0.1
江西省万年峰水泥有限责任公司	上饶市	机立窑：Φ2.35×8	0.1
江西省上饶吉阳水泥有限公司	上饶市	机立窑：Φ2.9×10	0.1
广丰县峰固建材有限公司	上饶市	机立窑：Φ2.5×10	0.1
南昌铁路玉征水泥有限公司	上饶市	机立窑：Φ2.8×10	0.1
江西华茂水泥厂	宜春市	机立窑：Φ2.4×8.5	0.1
上高县新界埠水泥厂	宜春市	机立窑：Φ2.5×8.5	0.1
高安市大观楼水泥有限责任公司	宜春市	机立窑：Φ2.9×10	0.1
樟树市顺达水泥有限公司	宜春市	机立窑：Φ2.85×10	0.1
江西上高上甘山水泥有限公司	宜春市	机立窑：Φ2.5×8.5	0.1

同时，对超能耗产品实行惩罚性电价。对能源消耗超过国家和江西省规定的单位产品能耗（电耗）限额标准的，实行惩罚性电价。超过限额标准一倍以上的，比照淘汰类电价加价标准执行；超过限额标准一倍以内的，由省级价格主管部门会同电力监管机构制定加价标准。

3. 整顿工业领域电价秩序

为了严格执行国家电价政策，促进工业领域节能减排，调整产业结构，淘汰落后产能，江西省做出了以下规定：①不得擅自改变国家规定的上网电价和销售电价标准。②不得违反规定对发电企业规定电量基数，降低基数外电量上网电价。③不得强制规定电力直接交易的对象和电价标准。④不得自行改变峰谷电价、丰枯电价的时段和电价标准，不得假借大用户与发电企业直接交易等名义对高耗能企业实行优惠电价。⑤电网企业不得以跨省、跨区域电能交易名义，强迫发电企业降低上网电价。⑥不得违反规定相互进行没有电能物理流量的虚假交易和接力送电。⑦不得执行地方政府违反国家规定自行出台的优惠电价措施。

8.2.3　存在的主要问题

针对高耗能产业的差别电价政策，对限制高耗能行业快速发展，淘汰落后产能，促进经济结构调整和经济发展方式转变发挥了重要作用。但是，政策执行过程中还存在以下问题，不利于工业节能：①部分地方政府及一些电网企业违反政策规定，不执行、推迟执行或者降低标准执行对高耗能企业的差别电价政策。②部分地方政府超越管理权限，擅自制定和实施对高耗能企业的优惠电价。③部分地方政府未经批准以电力用户与发电企业直接交易、双边交易等名义变相对高耗能企业或产业园区实行优惠电价。④部分地方小电网或自备电厂违反供电营业规定，擅自向高耗能企业提供优惠电价，导致差别电价政策无法全面贯彻执行。⑤部分电网企业以超发电量、跨区域电能交易，以及以优惠电价为名，转嫁优惠电价损失，强制压低发电企业的上网电价。⑥部分发电企业脱硫设施未经国家或省级环保部门验收合格和价格主管部门批准，擅自提前执行脱硫电价政策。⑦部分发电企业享受国家电价政策却不按规定运行脱硫装置，脱硫装置时开时停，有的甚至根本不运行，但仍按照主机运行时间所发上网电量结算脱硫加价款。⑧部分电网企业违反国家规定的上网电价政策，压低或变相压低上网电价。

8.3　新能源价格政策及问题

8.3.1　新能源价格政策基本情况

2006 年以来，江西省积极运用经济手段，主要是运用可再生能源发电价格和费用分摊管理政策，推动新能源产业发展。促进可再生能源发电，包括风力发电、生物质发电（包括农林废弃物直接燃烧和气化发电、垃圾焚烧和垃圾填埋气发电、沼气发电）、太阳能发电等。可再生能源发电价格实行政府定价和政府指导价两种形式。政府指导价即通过招标确定的中标价格。

1. 可再生能源发电电价制定

1）风力发电

风力发电项目的上网电价实行政府指导价，电价标准由国务院价格主管部门按照招标形成的价格确定。

2）生物质发电

生物质发电项目上网电价实行政府定价的，电价标准由 2005 年江西省脱硫燃煤机组标杆上网电价加补贴电价组成。补贴电价标准为每千瓦时 0.25 元。

发电项目自投产之日起，15 年内享受补贴电价；运行满 15 年后，取消补贴电价。

自 2010 年起，每年新批准和核准建设的发电项目的补贴电价比上一年新批准和核准建设项目的补贴电价递减 2%。发电消耗热量中常规能源超过 20% 的混燃发电项目，视同常规能源发电项目，执行当地燃煤电厂的标杆电价，不享受补贴电价。

通过招标确定投资人的生物质发电项目，上网电价实行政府指导价，即按中标确定的价格执行，但不得高于所在地区的标杆电价。

3）太阳能发电

太阳能发电项目上网电价实行政府定价，其电价标准由价格主管部门按照合理成本加合理利润的原则制定。

2. 可再生能源发电费用支付和分摊办法

2006 年 1 月 1 日起，可再生能源发电项目上网电价高于当地脱硫燃煤机组标杆上网电价的部分、国家投资或补贴建设的公共可再生能源独立电力系统运行维护费用高于江西省级电网平均销售电价的部分，以及可再生能源发电项目接网费用等，通过向电力用户征收电价附加的方式解决。

可再生能源电价附加向省级及以上电网企业服务范围内的电力用户（包括省网公司的趸售对象、自备电厂用户、向发电厂直接购电的大用户）收取。

可再生能源电价附加计算公式如下：可再生能源电价附加＝可再生能源电价附加总额/全国加价销售电量，可再生能源电价附加总额＝$\sum$［（可再生能源发电价格－当地省级电网脱硫燃煤机组标杆电价）×电网购可再生能源电量＋（公共可再生能源独立电力系统运行维护费用－当地省级电网平均销售电价×公共可再生能源独立电力系统售电量）＋可再生能源发电项目接网费用以及其他合理费用］。其中：①全国加价销售电量＝规划期内全国省级及以上电网企业售电总量－农业生产用电量－西藏电网售电量。②电网购可再生能源电量＝规划的可再生能源发电量－厂用电量。③公共可再生能源独立电力系统运行维护费用＝公共可再生能源独立电力系统经营成本×（1＋增值税率）。④可再生能源发电项目接网费用以及其他合理费用，是指专为可再生能源发电项目接入电网系统而发生的工程投资和运行维护费用，以政府有关部门批准的设计文件为依据。在国家未明确输配电成本前，暂将接入费用纳入可再生能源电价附加中计算。

按照省级电网企业加价销售电量占全国电网加价销售电量的比例，确定省级电网企业应分摊的可再生能源电价附加额。计算公式如下：省级电网企业应分摊的可再生能源电价附加额＝全国可再生能源电价附加总额×省级电网企业服务范围内的加价售电量/全国加价销售电量。

8.3.2　落实新能源价格政策的进展

2007 年以来，江西省积极落实新能源发电价格和费用分摊政策。

1. 落实可再生能源生物质发电价格

2007 年 8 月 20 日，批准南昌市麦园垃圾填埋场沼气发电工程项目上网电价。南昌市麦园垃圾填埋场沼气发电工程项目总投资 6 573.22 万元，有 3 台单机容量 957 千瓦的发电机组，总装机容量为 2 871 千瓦。其上网电价由国家发改委制定的 2005 年江西省脱硫燃煤机组标杆上网电价加补贴电价组成（0.372 元＋0.25 元），即南昌市麦园垃圾填埋场沼气发电工程项目生物质发电上南昌电网电价标准为 0.622 元/千瓦时。

2. 落实可再生能源发电项目补贴

2010 年 10 月至 2011 年 4 月，江西省落实可再生能源发电项目补贴共计 5 151.853 万元，补贴情况见表 8-3。

表 8-3　江西省可再生能源发电项目补贴情况

类别	项目名称	公司名称	装机容量 /兆瓦	上网电量 /万千瓦时	补贴金额 /万元
风力发电	中电投九江都昌矶山湖风电场 30MW 发电工程	江西中电投新能源发电有限公司	30.00	3 636.767 2	669.892 5
风力发电	中电投九江星子长岭风电场 34.5MW 发电工程	江西中电投新能源发电有限公司	34.50	5 286.503 2	973.773 9
风力发电	中电投九江星子大岭风电场 19.5MW 发电工程	江西中电投新能源发电有限公司	19.50	3 207.792 0	590.875 3
生物质发电	南昌新冠能源昌北经开区麦园生活垃圾填埋场沼气 2.871MW 生物质发电项目	南昌新冠能源开发有限公司	2.87	1 170.324 0	229.617 6
生物质发电	江西金佳谷物公司吉安新干稻壳直燃 6MW 生物质发电工程	江西金佳谷物生物质发电能源有限公司	6.00	1 497.384 0	485.451 9

类别	项目名称	公司名称	装机容量 /兆瓦	上网电量 /万千瓦时	补贴金额 /万元
生物质发电	凯迪宜春万载秸秆、稻壳直燃生物质发电项目	万载县凯迪绿色能源开发有限公司	24.00	2 867.568 0	929.665 5
生物质发电	鄱阳凯迪生物质发电工程	鄱阳县凯迪绿色能源开发有限公司	24.00	3 925.282 6	1 272.576 6

8.3.3　存在的主要问题

1. 上网电价方面

1）太阳能发电

太阳能发电上网电价存在以下问题：一是电价政策不透明。尚未形成太阳能标杆上网电价并事先向社会公布，在实际操作中还是沿用逐个项目核定价格或是通过招标确定价格，电价政策不够透明。二是定价原则不明确，价格水平难以把握。由于技术、规模及市场等因素影响，目前太阳能发电成本仍然较高。在这种情况下，如果制定的价格过低，发电企业难以维持和发展；如果制定的价格过高，使用的费用昂贵，代价太大，还有可能诱导企业盲目投资，低水平重复建设。

2）生物质发电

生物质发电上网电价存在的主要问题是价格偏低，管理不够规范。由于生物质发电具有"小机组、大燃料"的特点，因此单位投资大、燃料成本高。从目前生物质发电企业的实际运营情况来看，国家批复价格与保本电价有较大差距，现行的上网电价水平很难维持企业的简单再生产，绝大部分生物质发电企业处于亏损经营状态。尽管国家发改委已对秸秆发电亏损项目给予了每千瓦时 0.1 元的临时电价补贴，但也难以扭转生物质发电企业的亏损状态，不利于生物质发电产业的发展，而且在价格之外又实行临时价格补贴不利于价格的规范管理。

2. 电价附加方面

1）政策不配套，附加资金大量缩水

目前《中华人民共和国可再生能源法》（以下简称《可再生能源法》）规定不明确，部门间政策不配套，地方税务部门将可再生能源电价附加收入定为企业收入，征收所得税，不同意配额交易卖出方支付电厂补贴的增值税进项税进行抵扣，也不同意支付公共可再生能源独立电力系统运行维护费用高于当地省级电网平均销售电价的部分进行增值税进项税抵扣，致使电价附加资金大量缩水。

2）征收标准偏低，资金调配时效差

一是现行可再生能源附加征收标准偏低，难以满足未来可再生能源项目发展需要。二是电价附加资金调配工作量大、操作层次多，导致政策时效差，调配和补贴的周期至少要在半年以上，加大了企业的资金压力。

第9章　运用价格调节机制促进节能的国际经验研究

我国电力市场化改革和新能源发展虽然取得了积极成果，但也暴露出一些无法回避的问题，如电网不稳、电价结构不合理、电力供应区域不均衡、电力市场化和新能源推广进展缓慢等。结合我国国情，借鉴国际经验，有利于降低我国能源价格改革成本，提高节能减排效率。

9.1　世界主要国家电力价格机制和市场化改革经验

20 世纪 90 年代以来，有近百个国家进行了电力市场化改革。从改革的过程看，各国基本都是对国有电力企业进行私有化，为消除垄断，对电网企业垂直一体化管理进行拆分。在发电环节，建立竞争性市场；加强对输、配电企业的监管；在售电环节，建立用户选择电力供应商机制。同时，为促进行业节能，实施差别电价。这些改革实践和经验可为我国电力工业节能和电力体制改革提供必要的借鉴与参考。

9.1.1　明确电力改革目标，坚持先立法后改革

先立法后改革是很多国家推行电力市场化改革普遍采用的重要手段，并取得了比较明显的成效。经过改革，企业激励约束机制明显，过度投资得到有效遏制，电价有所下降，电力企业效率和服务质量都有所提高，基本实现了改革目标。所以，即便是那些曾在电力产业改革中遇到挫折，甚至爆发过电力危机的国家，也从未怀疑过电力市场化的方向。

以美国为例，美国联邦政府于 1992 年颁布《能源政策法案》，启动美国电力市场改革。之后，美国联邦政府和联邦能源管理委员会（Federal Energy Regulatory Commission，FERC）不断出台政策法律推动改革：1996 年，FERC 颁布 888 号和 889 号法案，要求电力公司开放输电网；1999 年，FERC 颁布 2000 号法案，要求建立区域输电组织（regional transmission organization，RTO），并规定了区域输电组织的职能；2002 年，FERC 提出并推行标准市场模式（standard market design，SMD）和输电服务规则；2005 年，美国出台《2005 年新能源法案》，FERC 宣布终止标准市场模式的推行；2009 年，奥巴马政府出台《美国清洁能源与安全法案》；2011 年，FERC 改革输电规划，实行输电成本分摊。

欧盟委员会也通过制定一系列行业法规和通用竞争规则，推动电力市场化改革不断深入，时间进程和美国几乎同步：1996 年，欧盟发布《电力市场化改革法令》（96 法令），要求各国实施电力市场化改革，开放用户选择权，推进欧盟统一电力市场的建立；2003 年，欧盟发布《电力市场化改革第二法令》（03 法令），加大了推进欧盟统一电力市场建设的力度；2005 年，欧盟委员会提出了通过建立区域电力市场来推进统一电力市场建设的战略报告，并将欧盟划分为七个区域电力市场；2007 年，欧盟委员会发布有关电力和天然气市场化改革的"第三议案"草案，主张"将生产和供应从网络经营活动中有效分离"，实现彻底的产权拆分；2008 年，欧盟理事会通过了电力及天然气的改革方案，达成了引入"独立输电（输气）运行机构"（independent transmission organization，ITO）方案的协议；2009 年，欧洲议会通过"第三能源法案包"（third energy package），这标志着 ITO 方案正式开始实施。欧盟委员会明确提出 2014 年之前建成欧盟内部统一能源市场的目标。

日本于 1995 年通过修订的《电力事业法》，开启了第一次电力改革。这次改革的主要思路是建立发电侧的竞争机制，主要措施包括：放松发电市场准入管制，培养独立的发电商（independent power producer，IPP），独立的发电商获准参与竞争性电力采购，实现趸售自由化；有限开放零售市场，设立"特定电力事业公司"，经授权允许向特定用户供电，并承担相应的供电责任；改革电价制度，部分电价由以前的批准制改为申报制，引入绩效评价指标，向社会发布标杆电价。1999 年，日本通过第二次修订的《电力事业法》，推动了第二次电力改革。这次改革的主要思路是引入特定规模电力事业者，电力无差异入网，建立竞争的零售环节。改革的主要措施包括：允许大用户自主选择供电商；设立"特定规模电力企业"（power producer and supplier，PPS），允许其向有选择权的大用户供电。2003 年，日本第三次修订《电力事业法》，实施第三次电力改革，主要目标是增加电力消费者的利益，加强用户对供电商的选择权。主要举措是进一步扩大零售环节的市场化范围，要求用电合约为电压在 50 千伏以上的用户，必须由用户自由选择供电商。2013 年，日本再次通过《电力事业法》修正案，旨在打破大型电力公司的地区垄断体制，进一步降低准入门槛，加强市场竞争，提高服务质量并降低电价，最终实现电力零售业务全面自由化及发电和输电业务各自独立发展。

1998 年，南非政府发布了《能源政策白皮书》。该白皮书强调改善能源工业治理结构架构和以多样化保证能源安全的目标，并进一步强调电力工业的全面改革，包括赋予电力消费者选择权、在发电侧引入竞争、输电系统的无歧视开放、鼓励私有资本进入等，从此南非拉开了电力市场化改革的序幕。2000 年以来，南非通过了一系列重要的法律法规，确立了以《国家能源监管法》、《电力监管法》、《电力定价政策》和《输电网络法》等为基本框架的电力法律法规体系；

2011 年 3 月，南非能源部正式公布了《综合资源规划 2010》，该规划提出了未来 20 年南非电力供应与发展蓝图。根据该规划，南非在 2030 年装机容量将达到 89 532 兆瓦；2011 年 5 月，南非出台了《新建发电容量电力监管办法》；2011 年 12 月，南非国会就《国家能源监管机构法》（National Energy Regulator Act）和《电力监管法》（Electricity Regulation Act）的修正案公开征求意见。

9.1.2　电力价格机制取决于市场化进程

一般各国电力价格机制都包括电力上网价格（或发电价格）、输电价格和销售价格（或用户价格），大多数发达国家采取两头放开、中间管制的做法，电力上网价格（或发电价格）和销售价格由市场调节，输电价格（或用户价格）采取政府管制形式。而发展中国家市场化交易还有待发展，价格管制的成分仍较高。

1. 美国的电力价格机制

1978 年，美国的电力市场化改革模式是发电和售电领域市场化，输电领域公共化。即在发电厂与电网分离的情况下，发电企业实行市场竞争，开放电力批发市场，实现市场定价；输电环节由众多的电网经营企业垄断经营，向发电企业和电力窜售企业提供无差异输送服务，而输电价格则由政府法律确定。1999 年，美国联邦能源管制委员会出台法令，允许竞争性的企业参与电力供给，同时赋予电力用户在不同的供电企业之间自由选择的权利。电力用户可以通过电网向发电企业直接购电。根据美国能源信息署提供的数据，在康涅狄格州（Connecticut），75% 左右的商业和工业用户选择从竞争性发电企业购买电力。到 2010 年，全美国已有销售电量的 16% 是由竞争性发电企业来提供的。

目前，美国电力产品已在多个环节实现通过市场竞争确定价格。在发电领域，发电企业售电价格通常由实时能源市场和辅助性服务市场上的电力采购价格、与窜售商及大用户签订的合约价格、输电费用及输电拥挤价格等多因素决定，但政府可以干预；输电价格由政府严格管制，并由有关法律确定相应的收费标准；售给终端用户的电力价格随着发电企业售电价格、输电拥挤程度和供电成本的变化而上下波动。销售电价主要模式有分时电价、季节性电价和生命线电价。分时电价模式执行得较普遍。有的电力公司对小用户和中等用户设有分时电价和不分时电价两种方案，以供用户选择；而对大用户则是规定全部采用两个时段的分时电价。也有电力公司对工商业用户执行三个时段的分时电价，对居民用户执行峰谷两个时段的分时电价。季节性电价是指由电力公司对工商业用户和居民用户采用季节性差价，而且差价较大，以正确地反映不同季节的供电成本，减少夏季高峰负荷。生命线电价则是政府对低收入居民特殊照顾的一种电价。对在生命线用电量以下的每户每月用电量，规定一个较低电价；对超过生命线用电量限额的用户，按合理电价收费；再超过某一用电量限额时，按高于合理电价收费。

2. 英国电力价格机制

英国电力市场从 20 世纪 90 年代开始改革以来，经历了两次重要的改变，第一次改变是从全电量竞价的强制性竞争市场 Pool 模式向双边交易模式为主的 NETA（New Electricity Trading Arrangements）交易机制转变，第二次改变是 2005 年从 NETA 转变为 BETTA（British Electricity Trading and Transmission Arrangements）。

确定全网的电力价格是国家电网公司电力联合运营中心（Pool）全部工作的核心。该电价共分为两种：一种是由电力联合运营中心向发电厂买电时付给发电公司的电价，称为电力联合运营中心购买电价（Pool Purchase Price，PPP），它由电网系统边际电价和容量电价确定；另一种是电力联合运营中心向终端用户销售的电价，称为电力联合运营中心销售电价（Pool Sale Price，PSP）。

在输电环节，英国设立国家电网公司，实行垄断经营。国家电网公司负责全国的电力输送和电网调度，对输电费用实行单独计费。同时，设立英国电力管制办公室，实施行业管制。该办公室允许电网公司将无功补偿、系统备用、线路损耗等多项费用转加到电力交易中心的销售价格中。在改革初期，输电价格实行最高限价管制，即 RPI-X 模式。该办公室确定的 X 值为 0，允许电网公司按每年相同的零售指数进行加价，并规定每隔四年对电网公司的成本、利润、价格结构和服务质量等方面评估一次，并以此作为确定未来四年输电价格的依据。

在电力终端销售环节，英国允许大工业用户和发电企业直接签订供电合同。尖峰需求用电量在 100 千瓦以下的用户需要按公布的电价表从所在地区的电力供应公司得到电力，并逐步降低用电量标准，逐步实现普通用户用电的完全选择权。对于大用户的价格管理，主要在于控制地区电力公司收取过网费用。而对于由电力供需双方签订合同所确定的价格，政府部门不予干涉，由买卖双方自行商议解决。对于普通居民和一般商业用户使用电价，还可在考虑零售价格指数后调整。

3. 俄罗斯电力价格机制

根据俄罗斯电力工业改革的长期结构性目标及过渡方案，俄罗斯电力价格机制以 2008 年为分水岭，市场机制作用有显著的差异。

1）2008 年前的过渡机制

在生产和销售环节，建立过渡性的"5+5"市场引入竞争机制。"5+5"市场是一个日前市场，它的定价过程如下：所有电力批发用户每天向俄罗斯统一电力系统股份公司（Russian Joint Stock Company-United Energy System of Russia，RAOUESR）就下一日每小时的电能进行"报价"（实质上只有负荷，没有价格），俄罗斯统一电力系统股份公司按照已有的发电计划程序，给出符合可靠性标准且满足负荷需求的预调度计划。然后，俄罗斯统一电力系统股份公司将预调度计划交给交易管理机构，附带提交的信息还有输电系统状态参数、水力发电参数及备用参数等。

对于参加"5＋5"市场的发电企业和终端用户，交易管理机构将削减其预调度计划中 30％的负荷需求和 15％的发电，剩余的电能数量即为"5＋5"市场的基础电能数量，按政府监管价格进行交易。对于超过基础电能数量的部分，交易管理机构将接受发电企业与用户的竞价。

2）2008 年后的价格机制

2008 年开始，俄罗斯电力价格机制的市场因素显著增强，并在批发电力市场、零售电力市场、容量市场和期货市场得以体现。

批发市场价格机制较多地参考了美国比较成功的市场机制，其中以 PJM（Pennsylvania-New Jersey-Maryland）为主，其由交易管理机构负责的集中批发市场设计。采用基于报价的安全约束经济调度程序，在确定系统最小成本调度的同时，给出相应的节点边际价格（locational marginal price，LMP），并且以金融输电权（financial transmission right，FTR）来规避阻塞风险。批发市场是现货交易，包括日前交易市场和平衡交易市场。

在新的批发电力市场建立初期，电力交易主要以受监管的合同交易为主，日前集中竞价交易和自由交易为辅。按照电力市场建设的规划，日前集中竞价交易和自由交易的电量将逐步扩大，并最终取代受监管的合同交易。2010 年，受管制的合同交易约占 35％，日前集中竞价交易约占 40％，平衡市场交易约占 7％，自由交易约占 18％。原计划 2011 年全部电量实现自由交易，但实际运作中并未达到该目标。

2006 年后投产的新机组容量将得到优先使用。发电公司每个月以统一的竞价提供发电容量，直到每一个指定的区域所需的电量售出，系统操控人员接受最低出价。容量市场交易模式有四种，即管制价格交易、非管制电量交易、容量供给合同交易、竞争性容量选择交易。

俄罗斯的售电价格分为市场价格和管制价格。市场价格主要随批发市场价格的波动而变化，设有最高价格和最低价格，管制价格主要由政府根据批发电力市场价格制定。在电力市场建设的过渡期，向居民用户售电的价格全部采用管制价格。

4. 南非电力价格机制

长期以来，南非电力企业以垂直一体化的南非国家电力公司（Eskom）为主，地方及企业自备电力为补充。Eskom 是集发电、供电、配电于一体的国有垄断性电力企业，发电量占全国总量的 60% 以上，在南非能源领域具有不可取代的垄断地位。

1) 批发电价

南非没有形成成熟的市场化交易，大部分交易价格由政府制定。南非电力市场的批发交易分三种类型：第一种类型是由 Eskom 利用拥有的发电企业向用户供电；第二种类型是一定用电规模的大用户直接从发电企业购电；第三种类型是由地方配电公司直接与发电企业进行交易。在南非电力批发市场中占据主导地位的是单一购买者形式，主要由 Eskom 公司单一购买者办公室（single buyer office，SBO）组织实施，依据法律法规快速地处理市场买卖双方的电力购买协议（power purchase agreement，PPA）。

2) 销售电价

Eskom 的销售电价由政府价格主管部门进行核定，企业每年根据自身情况，决定电价调整上报的方案。同时，Eskom 公司的各项成本预算每年都必须要经过南非国家电力监督管理委员会的审批。Eskom 销售电价成本主要由人工、修理、折旧、税金、利息、管理费用及大型投资构成，南非的电价一般包括电度电价和基本电价两部分。南非政府规定，生活贫困的居民每月可以享受 50 千瓦时的免费电量。

在有些地区，地方性售电企业对部分用户在高峰和低谷时段采取了不同的电价。例如，西开普省电管局规定：低谷时段为每周星期一到星期五的 22：00 到次日 6：00 和星期五 22：00 到星期一 6：00 的时间；高峰时段为低谷时段以外的时段。采用该项政策的用户主要是变压器容量超过 50 千伏安的居民和小型用户，其低谷电价主要包括每天 17.22 兰特的最低服务费、每千瓦时 15.72 兰特的电度电价，高峰时段执行正常的目录电价。由于大型用户和特大型用户在电价表中已经给予优惠，因此，不再实行高峰低谷电价。此外，在西开普地区所执行的电价中还有可中断电价，主要是针对使用蒸汽的用户，价格根据具体成本等因素确定。

9.1.3　强化市场监管机制

各国的实践表明，监管与市场是相互依赖的，电力市场的建立意味着需要更为有效的监管，而不是相反。因此，伴随着电力市场化改革，原来没有成立专门监管机构的国家纷纷成立监管机构，如英国改革的同时成立了监管机构，美国等原先已经设立监管机构的国家，也在不断完善其监管机制。

1. 美国的监管机制

放松政府管制，建立竞争性电力市场是美国电力市场化的基本思路。随着市场化改革的推行，对电力市场的监督管理也在调整。目前，美国电力监管实行联邦和州两级体制。在联邦政府层面，由 FERC 负责对电力产业进行监管，其监管的方式主要是通过制定有关政策法律和规则来监管，而监管规则都收录在《联邦电力监管规定》中。州一级负责电力监管的机构主要是州公用事业监管委员会，负责具体实施多数监督规则。只有在州监管机构不作为时，联邦监管机构才介入具体事务。

各州因具体情况不同，在电力产业监管的范围、管制的程序、管制的方式等方面均有所不同，但都以市场准入监管和价格监管作为最主要的手段。在发电领域，除了环保管制的因素，几乎不存在电力产业进入障碍，但必须获得监管机构的许可；在输电和售电领域，实施严格的政府价格管制，规定凡是跨州的输电业务和电力批发业务，其电价核定由 FERC 负责，凡是提供配电及州内电力零售业务，其电价核定由各州公用事业监管委员会负责，未经审核批准的电价变动均属非法；在配电业务方面，政府通过发放经营许可证的方式特许某些电力公司在某一区域内垄断经营。此外，监管机构还对电力企业实施利润管制，电力供应价格不得轻易提价，输电的利润率十分有限，各电力公司的准许回报率通常被限制在10%以内。

2. 欧盟的监管机制

欧盟先后在 1996 年、2003 年和 2009 年颁布了三个电力改革法案，推动成员国开展电力市场化改革，以建立统一的市场交易规则，统一的监管平台为重要内容，推进欧洲电力市场一体化建设。

由于输电环节属于垄断性业务，必须由政府机构实施监管，欧盟指令要求："电网对电厂、配电企业和用户必须无歧视公平开放。各有关监管机构对上网条件、过网费、系统服务等实行事前监管；对线路阻塞管理、互联、新电厂入网、避免交叉补贴等事项实行事后监管。"欧盟指令规定："每个成员国应指定至少一个 TSO（即输电系统运营机构），负责输电系统的运行、维护和发展以及根据需要进行各输电系统间的互联。TSO 可以属于垂直一体化的电力企业集团，但是必须在法律形式、组织和决策方面独立于集团中从事发电、配电或售电业务的其他部分。"为确保 TSO 的独立，欧盟指令还规定："纵向一体化电力企业可以拥有输电系统的产权，也允许存在输电、配电系统联合运营机构，但是，必须为输电、配电业务设立单独的账户。在确保 TSO 拥有运行、维护和发展输电网所必需的资产决策权的前提下，集团公司可以保留对 TSO 必要的财务监督权。"另外，TSO 不得将其从事业务相关的任何敏感商业信息向任何第三方（包括其所属企业集团中的其他部分）透露。只有被某个成员国或电网所有者指定为 TSO 的企业，才能在欧盟范围内运营输电网，各成员国有权根据经济和效率因素确定 TSO 运营期限等约束条件。

欧盟电力指令的一项基本原则是必须实现输电系统的公平无歧视开放。欧盟指令进一步规定："所有成员国都必须强制性要求电网按公开价格接受合格用户和发电设施使用电网。输电系统的入网条件必须是客观、透明和非歧视性的。TSO 应执行合格用户（包括配电企业）和其选择的售电企业之间签订的售电协议。TSO 因输电容量不足而拒绝用户和发电设施接入输电系统的要求时，必须有正当的理由。如有必要，TSO 应提供为加强电网而必须采取措施的相关信息。原则上，所有发电和售电企业都有权通过直供线路（不属于输电网一部分的电缆）为自己的建筑、子公司以及合格用户提供电力。"根据欧盟指令，"输电价格或输导价格核算办法应该由各成员国有关监管机构批准。在批准输电价格的过程中，监管机构应确保该价格是客观、透明和非歧视性的"。

3. 俄罗斯的监管机制

俄罗斯在改革的过渡阶段，主要由联邦和地区价格委员会行使监管职责。2008 年以后，为提高监管效率，大部分涉及监管的职能移交联邦能源部，重点加强对垄断环节的控制与监管，并实现从以行政管理为主到依法监管的转变。市场委员会作为非营利和自律性监管机构，由发电、电网、售电企业和主要电力用户等组成，主要负责通用合同格式的审批、批发市场运行程序的核准、合同争议解决程序的审批、监管办法的核准、对违规行为的罚款处罚具体援引条款的审批等。

4. 巴西的监管机制

巴西对配电公司的配电业务实行收入上限管制，管制周期为 4～5 年，管制期内按物价指数和效率系数进行调整。效率系数由联邦监管机构 ANEEL（Agencia Nacional de Energia Electrica）制定。配电网使用价由配电公司制定，包括基本配电价和边界配电价，前者向本区域内的用户收取，后者向其他配电公司收取。配电网使用价由配电公司统一制定，实行单一制容量电价，按月结算。

9.1.4　运用差别电价促进用户节能

世界各国大量实践表明，需求侧管理是对电力用户推行节能和负荷管理工作最为有效的模式，而价格结构调整是其核心手段之一。根据电网负荷特性确定峰谷时段，在用电高峰和低谷时期实行峰谷电价；针对用户消费的电量分段计价，随电量增加而呈阶梯状变化的阶梯电价，是用户电价结构的具体表现形式。由于经济发展和管理机制不同，世界主要国家很少有专门针对高能耗企业的差别电价。

峰谷分时电价是指根据用户需求和电网在不同时段的实际负荷情况，将每天的时间划分为高峰、平段、低谷三个时段或高峰、低谷两个时段，对各时段分别制定不同的电价水平，以鼓励用户和发电企业削峰填谷，提高电力资源的利用效率。峰谷分时电价符合边际成本价格形成理论，有利于实现资源的有效配置，已在世界上很多国家实行。

从 20 世纪 70 年代起，发达国家逐步开始在终端用户中推行峰谷分时电价制。依据地理条件、气候环境及电力系统负荷状况等因素，各国划分用电高峰、低谷时段情况有所差异。有的按日分为高峰、低谷、平段三时段；有的分为高峰和低谷两时段。两时段峰谷电价制，用户峰谷电价比值一般在 1.1～4.1；而三时段峰谷电价制，用户峰谷电价比值差别较大，一般在 1.1～7.3，有的甚至更悬殊。例如，法国电费计费的方式既有分阶梯的电价表格，也有年度分季节和每日分时段的时间表。其中，夏季设立若干避峰日，避峰日电价比最低电价高出 10 倍以上。英国按日将用电计费分为两段，但用户之间划分的时点不同，有些用户把低谷时间段划成从 19：00 至次日 7：00，这一时间段内的电价大约是日间电价的 70%，而有些用户的低谷时段则从 0：00 至 7：00，这一时段内的电费更便宜，大约是日间电价的 35%。在英国，高峰电价比低谷电价也要高出 10 倍以上。

国外资料显示，终端用户执行分时电价效益很大，能够促进用户削峰填谷，提高电力资源使用效率。例如，在美国有几个州实行居民用电分时电价，研究结果表明，峰谷价比达到 8：1 的比率可有效地把高峰负荷移至低谷。夏天高峰期用电量可降低 24%。很多发达国家都会制定一个电价选择表，在其中列示各种电价组合供终端用户选择。

阶梯电价是将一部制电价改为按照用户消费的电量分段定价，用电价格随用电量增加呈阶梯状逐级递增的一种电价定价机制。阶梯电价形成于 20 世纪 70 年代能源危机影响下的美国，目的在于抑制能源消耗，为低收入群体提供"能源生命线"以及引导终端用户节能。目前，阶梯电价已被各国广泛应用。在已实行阶梯电价的国家和地区，电价结构安排有两档、三档、四档、五档和六档，甚至更多。目前，美国许多州实行两档阶梯电价。但加州较为特殊。2001 年加州电力危机后，加州的私营电力企业希望提高电费收入以弥补企业亏损。州政府将两档电价改为五档电价，各档电量依次为基本电量、基本电量的 101%～130%、131%～200%、201%～300%、300% 以上。为保障低收入人群的利益，阶梯电价的最低两档仍处于危机前的电价水平，低收入者不执行最后一档电价，电力企业提高的收入部分仅限于后面三档。韩国实行的是六档居民阶梯电价,每档电价按 100 千瓦时逐步递增,1~100 千瓦时区间为第一档,每千瓦时电价是 55 韩元,第三档为目前户均电量水平,500 千瓦时以上为第六档,每度电价为 644 韩元,是第一档电价的 11.7 倍。目前,韩国也在考虑简化设计,减少分档。而日本则实行三档阶梯电价。

　　在许多国家,针对用户在执行阶梯电价的同时,都考虑了与峰谷电价的配合,主要有两种方式:一是统筹协调峰谷电价与阶梯电价,制定分时阶梯电价费率表,如日本东京电力公司、美国太平洋瓦电公司。这虽然能够获得更优化的节能减排和削峰填谷效果,但价格水平的确定较为复杂,不易计量结算。二是同时推行阶梯电价和峰谷分时电价,分别制定两份费率表,允许用户自愿选择并以之计费结算,价格水平测算与计量结算简单,如加拿大多伦多水电公司、法国电力公司。各国及地区根据自身电力负荷峰谷差以及系统电源结构与调峰能力的特点,确定峰谷比价关系以及是否执行季节性分时电价。就分时阶梯电价而言,日本东京电力公司执行两费率峰谷分时电价,在夜间谷时段执行统一的谷电价9.48 日元/千瓦时,在白天峰时段执行阶梯电度电价,峰电价是谷电价的 2.4~3.5 倍。这种计费方式下,峰谷表计即可准确计量,计量结算简便易行。而美国太平洋瓦电公司夏季执行的三费率峰谷分时电价,各阶梯峰电价、平电价、谷电价均不同,各阶梯峰谷、平谷比价分别在 1.6~3.5、1.2~1.7;冬季则执行两费率峰谷分时电价,各阶梯峰谷比价在 1.0~1.1。此种计费方式下,原峰谷电表不能准确计量并区别出各阶梯各时段的用电量,结算时需按规定比例确定,容易引起争议。

9.2　世界主要国家促进新能源发展的价格调节机制和补贴政策

　　新能源又称非常规能源,是指传统能源之外的各种能源形式,即指刚开始开发利用或正在积极研究、有待推广的能源,如太阳能、地热能、风能、海洋能、生物质能和核聚变能等。为了更好地发展新能源,世界主要国家都提出了各自的方法来推广新能源。

9.2.1　制定规划,推动新能源发展

　　能源问题一直以来都是各个国家很重视的问题,开发新能源无疑是解决能源短缺的一个有效途径。所以,在推动新能源发展的道路上,很多国家都制定规划,推出政策法规来推广新能源。

　　美国历届政府都十分重视能源问题,并根据本国的利益需要,不断地对其能源政策进行修正和调整。2001 年 5 月出台的《国家能源政策》强调国内能源供

应和加强全球能源战略联盟，2005 年和 2006 年美国分别通过能源法案。奥巴马在其上任之初又提出了美国能源新政。奥巴马总统上任伊始即大力推行能源新政，不仅从法律和政策层面，而且从技术和资金层面对新能源的开发和节能减排给予了大力支持。奥巴马政府能源新政的主要目的是通过发展智能电网、电动汽车、绿色节能等战略性新兴产业把美国传统的制造中心转变为绿色技术的发展和应用中心，以先进的能源技术构建处于世界领先地位的美国能源安全供应体系，依靠大力发展新能源重新引领世界经济。

德国一直以来也很重视新能源的发展，一直都在推动全球新能源的开发和运用。德国可再生能源发展政策环境的主要特征是，以欧盟制定的发展目标、路线图及各种促进计划（如《可再生能源优先法》）为核心，形成联邦促进法规体系。欧盟根据全欧总体目标为各成员国设置可再生能源占比目标，德国设置的 2020 年的可再生能源在最终能源消费中的占比为 18%。

英国一直是全球低碳经济的积极倡导者和先行者，其减排目标是以 1990 年为基期，到 2020 年减排 26%～32%，到 2050 年减排 60%。早在 2002 年，英国就开始实施《可再生能源义务法》，要求所有电力供应商所提供的电力必须有部分来自可再生能源。2007 年 5 月，英国政府公布了《英国能源白皮书》，为英国可再生能源的开发确立了具体目标。从 2008 年金融危机爆发以来，英国更是加快了向低碳经济转型的步伐。2009 年 7 月英国政府发布了《英国可再生能源战略》，与此同时，《气候变化法案》得到王室正式批准，英国成为世界上首个将温室气体减排目标写进法律的国家。为此，英国政府还修改了《可再生能源义务法》，提高可再生能源的发电比例。为了保证这些政策的实施，英国政府专门成立了可再生能源部署办公室。2011 年，英国能源政策也主要是围绕低碳产业发展进行，包括相关计划草案及路线图的制定，以及一系列投资方案等。英国在发展新能源方面态度积极，提出的目标是到 2020 年英国能源需求的 15% 都源于可再生能源，为此重点发展八类能源技术，并因地制宜优先发展风能，以新能源保障能源安全和促进经济发展。

为了保护环境，确保国家能源安全，2004 年开始法国政府决定不再开采煤炭资源，而其天然气和石油的开采量仅能满足国内 3% 的能源需求，资源的开采量与消耗量之间产生了巨大的矛盾。据资料显示，法国化石能源人均占有量也是极低的，化石能源探明储量在世界总储量中的比例仅为 0.02%。为了缓解国内资源的供需矛盾，法国颁布了一系列适合本国国情的重点发展核能、太阳能、风能和生物质能在内的多种清洁能源的政策和法律法规，如 1996 年的"太阳行动"、2003 年的《可再生能源发电计划》。此次改革取得的成就在于使法国摆脱了对传统化石能源的绝对依赖，能源自给率从 20 世纪 70 年代的 22.7% 跃升到目前的 50%。2008 年法国颁布了《发展可再生能源总体规划》。根据该规划，到

2020 年法国燃煤电站发电量将可能比现在减少 43%，燃气电站和石油发电站发电量也将分别减少 10% 和 17%，可再生清洁能源占总能源消耗的比例由 2005 年的 10.3% 提高至 23%。

日本国土面积狭小，资源匮乏，是世界上主要的能源消耗大国。2006 年 5 月，为了扭转日本能源对进口过于依赖的局面，"新国家能源战略"应时而出，计划到 2030 年日本的石油进口依赖程度仅为 40%，比目前下降 10%。2012 年 9 月 14 日，颁布了《能源和环境创新战略》，其基本方针是努力降低对核能和化石燃料的依赖，最大限度地发挥绿色能源的作用，如提高能源利用率和发展可再生能源。

近年来印度经济发展突飞猛进，对能源的需求量也不断扩大。煤炭和石油作为印度的主要资源，在本国的总体能源结构中占据 84% 的份额。印度对进口能源的依赖程度也很高，并且这种趋势在逐渐扩大，进口能源在国内总消费中的比重高达 70%，这主要是由本土能源资源储存和产量无法满足国内需求造成的。由于复杂的国际政治环境，能源安全对印度至关重要，是其对外战略的重点之一。为解决国内能源供需矛盾，印度紧跟国际社会步伐加大对新能源的研发，与此同时也加大了对常规能源的开采力度。印度"第 11 个五年（2007～2012 年）计划"中长达 182 页的《能源综合政策报告》，是 2006 年 8 月由印度政府组织专家共同起草的，专门用于指导制定能源发展政策。印度政府在 2008 年的第 11 届新能源和可再生能源五年计划会议计划中指出，到 2012 年，包括太阳能在内的可再生能源和光伏电池发电将在印度的电力结构中占据 4%～5% 的比例，满足国内 10% 的电力需求量。新能源的发展对印度来说尤为重要，印度政府相当重视并推动新能源的发展。

9.2.2　实行价格调节机制，鼓励可再生能源发电

新能源中很重要的一部分是可再生能源，目前可再生能源发电主要包括风能发电、太阳能发电和光伏发电，为了推动其发展，不少国家制定了灵活的定价机制，调动企业、家庭和个人运用新能源发电的积极性。在这方面，做得最全面的要数德国。

1. 德国的价格调节机制

2000 年，德国通过了《可再生能源法》，确立了可再生能源优先上网、给予电价补贴等政策，并且保证 20 年补贴年限的做法。2000～2011 年，德国的可再生能源在电力供应中的占比从 6.4% 增长到 20%。《可再生能源法》在 2009 年修订了许多内容，第一项包括：7.87 欧分是当前最低档可再生资源入网价，调整后将达到 9.30 欧分，这样的调整主要是基于通过提升价格来调整可再生能源补

贴性价格标准。除此之外，调整还涉及陆地风电价、海洋风每千瓦时电价，分别从 8.03 欧分上调至 9.2 欧分，8.92 欧分上调至 13～15 欧分，以后每年调低 5％。下降 8％～10％是对 2010 年光伏（photovoltaic，PV）能电价的预计，调整后电价下降到 33～43 欧分，以后每年降低 9％。由于技术进步、生产量增加和学习效应，可再生能源供应成本逐年递减，因此第二项调整主要是调低新项目入网价格每年递减的速度。德国在 2009 年将主要新项目入网价格递减速度由每年 2％调减至 1％（做出特别规定的除外）。第三项则是规定了供电质量和技术要求的奖惩机制。

2012 年 2 月下旬，德国环境部和经济部就《可再生能源法》的修订达成一致。根据新方案对各类光伏项目的补贴下调幅度在 20％～29％。补贴还将以每月 0.15 欧元/千瓦时的速度递减。2012 年 7 月 1 日以后，装机量在 10 兆瓦以上的公用事业级项目将取消所有补贴，采取一事一议的方式。新建小型系统只有发电量的 85％能够享受电量补贴，中等及大型光伏系统发电量的 90％将获得补贴。除了光伏补贴，在海上风电方面，目前上网电价的补贴标准为 19 欧分/千瓦时。

2. 法国的价格调节机制

法国的光伏发电由于得到国家政策资金支持发展形势良好。通过发展光伏发电以加强能源的竞争力是《能源法》的核心思想。而后的《光伏发电法规》的修订更是为光伏发电的发展提供了厚实的资金支持，法规规定了有效期为 20 年的屋顶和地面光伏系统以及光伏一体化建筑的回购电价，光伏建筑一体化的发展如此良好也是得益于支持力度的加大。

为促进太阳能在新时代的发展，法国政府在 2010 年颁布了一项关于对收购定价的政策进行调整的决议，力求最大限度地降低由于生产力提高和价格下降所带来的不利效应。对于低于 3 千瓦时（大约为 30 平方米的太阳能板）的家庭住宅，上网电价维持在 0.58 法郎/千瓦时，但对于大型的太阳能发电站自 2010 年 9 月 1 日起上网电价削减 12％。这些调整证明了国家对太阳能的鼓励和支持。为了将太阳能板普及到家庭生活中，但同时又要保证其对风景、城市景观产生的破坏最小，对于在 3 千瓦以下的光伏发电系统实行简易程序；而对于在地面上建立的发电能力在 250 千瓦以上的发电站进行比较严格的审批程序。光伏电能生产者向电力服务网络的运营商提交入网申请才能享受到国家定价的电力收购政策。网络运营商处理了这个申请之后继而被传送给法国电力公司。法国电力公司以收购为目的将与光伏电能生产者签订为期 20 年的电力购买条件合同。

3. 西班牙价格机制

为了鼓励可再生能源发电，西班牙对风电上网电价实行市场电价和固定电

价。采用固定电价即风电电价水平固定方式的，为电力平均参考销售电价的
90%，电网企业须按此价格水平收购风电，超过平均上网价格部分由国家补贴；
如采用市场电价方式，风电企业需按照电力市场竞争规则与其他电力企业一样竞
价上网等。不过由于补贴金额巨大，超过了财政的负担能力，2012 年 1 月 27 日，
西班牙已颁布法令，取消对新的可再生能源发电的补贴政策，以阻止日益上升的
数十亿欧元的公共事业负债。但政府申明这项法令是暂时的，不会使处于欧元区
的西班牙影响欧洲达到使用新能源的目标。

9.2.3　从生产端和消费端给予价格补贴，促进新能源的推广

价格优惠的表现形式可以有直接在价格上降价、对生产方补贴进行间接降
价、对消费者购买之后补贴等方法。因为对于同类产品，理性的消费者肯定会选
择价格较低的产品，价格降低会增加消费者的购买量，这样就能促进新能源的推
广。这个政策几乎在每个国家推行新能源的时候都会用到。

1. 给生产端的价格补贴

法国对生产者的价格补贴主要是对太阳能发电发放偿还期为 5~10 年（某些
特殊情况下为 20 年）、利率值介于 3%~5% 的补贴，人们称之为"绿色贷款"。
通过间接对生产企业进行补贴，来降低其产品价格。

加拿大为了鼓励风力发电，实行风电激励政策（the wind power production
incentive，WPPI），为新建的风力发电企业风力所发的电量提供每千瓦时 0.8~
1.2 加分的补贴，补贴期限为 10 年。2005 年为扩大新兴可再生能源项目注册的
范围和进一步加快资本成本补贴，政府增加了对能源效率和可再生能源领域投
资，对某些投资的资金费用补贴由原来的 30% 提高到 50%。

印度通过对生产方进行补贴来降低产品价格。例如，为加大对新能源的支持
力度，政府已计划为该体系发放高达 10 亿美元的补贴。对联网的太阳能电力、
风能电力和水力补贴也加大补贴力度，对 1 兆瓦联网风能的补贴为 62.5 万美元，
对 1 兆瓦联网的小型水力补贴为 37.5 万美元。可再生能源能力的增加值为 1 美
元/瓦，0.07 美元/瓦作为潜在的补贴。在能源补贴上，印度现有的能源政策是
为生产商提供每千瓦时 25 派士的补贴，并将在此基础上进一步增加补贴，鼓励
印度的太阳能电池生产商如印度模瑟巴尔公司、塔塔太阳能电池板公司提高
产能。

2. 给消费端的补贴

除了给予生产者补贴外，还有一些国家直接对消费者进行补贴，以鼓励消费
者购买新能源产品。从目前已实施的政策看，主要体现在新能源汽车和太阳能设

备方面。

1）购买新能源汽车的价格补贴

为了鼓励消费者购买新能源汽车，不少国家给予了相当力度的补贴支持，如表 9-1 所示。

表 9-1　典型国家购买新能源汽车的补贴政策

国家	购买新能源汽车的补贴政策
英国	2011 年起至 2014 年，政府共安排 2.3 亿英镑的补贴，可以享受补贴的有私人购买的纯电动汽车、燃料电池汽车和插电式混合动力汽车；在不超过 5 000 英镑（7 600 美元）的价格下，单车的补贴金额为推荐售价的 25% 2014 年前，每辆电动汽车补贴 5 000 英镑，并预计推广使用 24 万辆各种类型的电动汽车的计划将在 2015 年完成
法国	1995 年对每辆电动汽车的补贴额最高为 1.5 万法郎 为鼓励购买低排量环保车型，2008 年 1 月 1 日起政府对车主制定了奖惩制度，依据是所购买新车的尾气二氧化碳排放量 政府将以现金的形式奖励主动报废高能耗旧车的行为
美国	2009 年 5 月，国会通过一项法案，给置换旧车的车主补贴 4 500 美元 2009 年 7 月 24 日，美国政府推出了以旧换新优惠券计划，其目的是让消费者以更节能的轿车取代高能耗轿车。为获得该优惠券，购车者需要将每加仑燃油行驶里程低于 18 英里的旧车置换为行驶里程超过 22 英里的新车。如果燃油经济性比最低标准高出 4 英里，购车者则可获得 3 500 美元优惠券；高出 10 英里可获得 4 500 美元优惠券。里程标准依据环境保护局制定的城市和高速公路油耗里程确定 2009 年 8 月 4 日，参议院通过规模扩大后的"旧车换现金"计划，在原规模 10 亿美元的基础上再添 20 亿美元，有效期至 9 月 7 日
加拿大	2011 年 12 月 1 日起正式实施补贴购买新能源汽车政策。车主在加拿大不列颠哥伦比亚省购买新能源（包括纯电动、混合动力和天然气）车，将可享受最高 5 000 美元的政府优惠补贴，补贴资金从 2 500 美元到 5 000 美元不等。此优惠补贴来自于不列颠哥伦比亚省用于加速清洁能源汽车推广的政府拨款 1 700 万美元 补贴范围包括新型电池驱动汽车、氢燃料电池汽车、混合动力电动车和天然气驱动汽车。如果车主在家中安装电动充电桩，将获得由 LiveSmart BC 提供的 500 美元补贴
日本	政府以补助金的形式鼓励地方公共团体购置以天然气为燃料的车或混合动力车，在 2009 年 11 月后的一年时间里再提供 2 300 亿日元左右的资金用于支持节能环保车型的补贴

2）购买太阳能设备的价格补贴

在这方面具有代表意义的是法国。为鼓励家庭和集体单位使用太阳能热水器，法国政府于 2000 年决定每年向环境与能源署增拨 4 000 万法郎，给予当时凡购买太阳能设备的个人 4 500～7 500 法郎的补助，并且补助随着购买的先后顺序递减。对于像游泳馆、医疗单位、集体宿舍和旅馆等集体单位，购买太阳能热水器也能得到相应的补助优惠。

9.2.4　完善配套，为新能源产品的发展提供便利

为了鼓励人们放心地使用新能源产品，很多国家积极采取措施，完善配套条件，为新能源产品发展提供便利。

1. 鼓励充电站等基础设施的建设

美国为鼓励充电式混合动力汽车的消费，在电站等基础设施建设上政府首先投入 4 亿美元。为加快新一代电动汽车部件及其电池组的研发速度，美国能源部另外发放了 20 亿美元的补助资金。此外，美国还推出纯电动车免费停车的政策，即凡张贴有由市政部门颁发的许可证的纯电动汽车都可以在市内停车位以及市中心的 4 处车库内免费停车。

加拿大环保部门部长 Terry Lake 承诺将投资 650 万美元建设电动汽车充电站及氢燃料补给站。目前加拿大不列颠哥伦比亚省正在积极建设充电站，并已经有两座氢燃料补给站。

英国的"插电区域"项目注资 3 000 万英镑（4 600 万美元），计划在 3 年时间内在伦敦、米尔顿、东北间建 11 000 个充电桩。为了引导消费行为，法国在销售低排量汽车的同时不断完善配套措施，逐步用充电取代加油，在工作场所、超市和住宅区等地点大幅增加充电站的数量，使低排量汽车推广工作顺利进行。

2. 重视新能源技术的研发

技术是新能源产品开发的关键因素，国家能否在新能源产品上占据领先地位，取决于技术。因此，各国都非常重视新能源技术的开发。

日本作为技术强国，在燃料电池和生物燃料的研究上颇有造诣。为在 5 年内完成以天然气为原料的液体合成燃料技术、车用电池及氢燃料电池技术的开发，下发财政资金 2 090 亿日元。由日本环境省实施的"新 代汽车导入促进业务"主要是为了测试电动车及其电池更换站的可行性，得到了世界各国的积极响应。日本政府于 2008 年 12 月表示与美国乐土（Better Place）公司、斯巴鲁和三菱等日本汽车厂商共同参与。截至 2011 年，日本政府还建立了包括丰田、日产、三洋电机及京都大学等 22 家成员单位在内的最大的电动车蓄电池能源产业联盟，共同实施"革新型蓄电池尖端科学基础研究专项"新项目，主要是为攻克电池方面的关键性技术。联盟中的成员秉着在协作中互利的原则，每家出 50 名以上专家共同开发能给企业带来益处的共性基础技术。为在 2020 年前完成日本电动车充一次电可行驶里程超过目前水平 3 倍的目标，7 年内日本政府将对此项目拨付

210 亿日元，以研究高性能电动汽车动力蓄电池。

德国为鼓励可再生能源的开发、电动汽车的研发、"汽车充电站"网络的建设，通过了 500 亿欧元的经济刺激计划。

为了给充电式混合动力车提供高性能的锂电池组，美国作为能源大国也紧跟世界形势，在肯塔基州设立了研发中心，此研发中心隶属于能源部下属的国家实验室和电池制造业联盟。

第10章 运用价格调节机制促进工业节能的国内实践

节能是我国贯彻落实科学发展观的重大举措。数据显示,我国工业消耗能源占全国能源总消耗量的 70% 以上,消耗电量超过 73%,而创造的工业增加值只占全国 GDP 的 40% 左右。由此看来,如果工业经济发展的用电方式还延续传统的规模扩张模式,能源资源禀赋条件及生态环境承载能力将难以支撑。因此,工业领域的节能是我国节能领域的主战场。在社会主义市场经济条件下,促进发展方式转变和节能主要还是要靠经济手段,而价格调节机制是最重要的经济杠杆。近二十年来,我国在工业领域采取了一系列运用价格调节机制促进工业节能的措施,取得了显著成效。本章主要围绕电力需求侧价格管理、落实高耗能产业差别电价政策、可再生能源发电价格和费用分摊管理三方面来介绍国内其他省份工业节能先进经验。

10.1 电力需求侧价格管理情况

10.1.1 政策出台背景

电力是城镇与农村居民生活的必需品,也是经济发展的基础。近三十年来,我国社会经济的超常规发展得益于我国电力产业的巨大发展。但是电力产业基础设施建设的最主要特点是投资大、建设周期长,如一个电力项目从开工到建成发电的最短周期也需要 2～3 年,因此,社会经济对电力的需求与电力建设之间会产生时间上的不匹配。如果电力项目因社会经济对电力的需求需要集中投产,往往就会造成这样一种现象:电力项目投产形成发电能力后可以满足一时的需求,但一旦社会经济发展回落,会造成电力能力的大规模过剩。

不可否认,我国是一个人均能源拥有量贫乏的国家,如我国人均主要能源拥有量大概仅为世界平均水平的一半。同时,我国利用现有能源的效率也较低。根据有关统计数据,我国 75% 以上的可供电力主要来自于火力发电。火力发电的主要形式是电力由燃煤机组提供。燃煤机组发电的主要特点是转换效率低、排放的污染物多,其对自然环境的污染影响程度日益严重。在某种程度上,这一系列问题制约了我国社会经济的可持续发展。

回顾世界的社会经济发展史,绝大部分国家与地区均存在电力供需之间的矛盾及保护自然环境的压力等问题,在国际上,为较好地解决这些问题,电力需求侧管理是得到世界各国特别是发达国家普遍认可的解决措施。电力需求侧管理是指为达到节约能源和保护环境的目的，实现低成本电力服务所进行的用电管理活动。其主要内容是对电力终端用户进行有效的负荷管理，使终端用户用电负荷均衡，目的是提高电力终端用户的能源使用效率。例如，由于受电力系统网络匹配不合理、电力负荷调节方式落后等因素的影响，我国工业领域的电机系统运行效率要比发达国家低 10 百分点以上。而我国工业领域的电机消耗电量占工业用电总量的 75% 左右，如果这些电机能降耗 1 百分点，我国一年就可节约 260 亿千瓦时用电量。

　　早在 1991 年，美国著名电力学家 Hammed Nezhad 就为我国引入了电力需求侧管理理念。自此，因巨大的市场需求及对社会经济的重大意义等原因，电力需求侧管理引起了政府部门和理论研究界的广泛重视，各政府机关、科研机构及社会团体等单位就电力需求侧管理在我国的具体应用途径做了大量工作，电力需求侧管理的应用在我国也逐步走向成熟。2004 年，国家发改委就我国电力需求侧管理现状进行了专题调研并召开了全国报告会，国务院副总理曾培炎在会议上特别指出电力需求侧管理对缓解我国电力供需矛盾具有十分重要的意义。2005年，国家发改委专门就电力需求侧管理召开电力需求侧管理暨迎峰度夏电视电话会，国家发改委主任马凯在该次会议上就我国电力需求侧管理工作进行了专项部署，要求各地要尽快建立电力管理的"两个转变"长效机制：从以行政手段为主向以经济手段为主转变；从以负荷调整、削峰填谷为主向以提高能源利用效率为主转变。一系列政府部门领导的重要讲话表明我国对电力需求侧管理的认识越来越深入。

　　我国实施电力需求侧管理已经有二十多年的历史。实践表明，电力需求侧管理具有节约、环保等优势，与对常规能源节能的投入相比，它的产出效益要大得多，因此，它是我国实现节能、电力载荷管理和有序用电等目标的战略性措施，在我国电力管理领域将发挥越来越重要的作用。

10.1.2　电力需求侧价格管理政策

　　(1) 2004 年 5 月 27 日，国家发改委与国家电力监管委员会（以下简称国家电监会）联合发布《加强电力需求侧管理工作的指导意见》。该意见中主要涉及的价格政策如下：①适当扩大电网销售环节峰谷分时电价执行范围和峰谷分时电价价差。具备条件的地区，中小企业和居民用户也可实行峰谷分时电价。电网尖峰负荷突出的地区，可根据具体情况实行尖峰电价，尖峰电价水平适当高于高峰时段电价。②具备条件的地区在发电上网环节实行与电网销售环节联动的峰谷分时电价。③水电比重大或用电随季节变化大的地区可实行丰枯电价或季节性电价。④逐步扩大两部制电价执行范围，适当提高两部制电价中基本电价的比重。⑤研究可中断负荷和高可靠性电价政策，具备条件的地区，可制定可中断负荷和高可靠性电价实施办法。其中，两部制电价是我国供电部门对大工业企业实行的电价制度。它将电价分成基本电价与电度电价两部，基本电价是以工业企业的变压器容量或最大需用量（即 1 个月中每 15 分钟或 30 分钟平均负荷的最大值）作为计算电价的依据，由供电部门与用电部门签订合同，确定限额，每月固定收取，不以实际耗电数量为转移；电度电价是按用电部门实际耗电度数计算的电价。两部制电价既考虑了用电量因素，又考虑了负荷率因素，是电力需求侧管理的一种有效手段。

峰谷分时电价是指为提高电力资源的利用效率，各地供电部门根据电网的载荷变化情况，在每天的用电高峰时间段制定较高的电价水平，在每天的用电平段时间段制定适中的电价水平，在每天的用电低谷时间段制定较低的电价水平。通过对每天各时段分别制定不同的电价水平，电力终端用户可以根据各自的实际情况合理安排用电时间，达到对电网载荷削峰填谷的目的，使各地电网载荷保持在一个均衡的状态。

大用户直供电是指突破传统的用电交易模式，不经过供电部门，由用电量大的电力终端用户与发电企业直接进行交易。这种用电交易模式在国外电力交易市场广泛应用，对于推进我国电力价格市场化进程十分有益。2003 年，国家发改委与国家电监会联合发文，同意吉林龙华热电厂与吉林碳素厂、吉林铁合金厂直接进行用电交易。2009 年，国家电监会、国家能源局、国家发改委等部委联合发文，同意放开售电市场份额的 20% 进行大用户直供电，各地发电企业可以与用电电压等级在 110 千伏以上的工业企业共同协商确定电价与电量，直接向这些企业供电；同年，国家电监会、国家能源局、国家发改委联合发布《关于完善电力用户与发电企业直接交易试点工作有关问题的通知》，通知中明确了大用户直供电的原则。紧接着，国家相关管理部门同意以下全国试点方案：内蒙古伊敏电厂向辽宁抚顺铝厂直接供电方案、国投宣城电厂直接向安徽铜陵有色公司直接供电方案、福建省若干个电厂向本省几个工业企业直接供电方案。同时，国家相关管理部门还出台了浙江、江苏、甘肃这三省的大用户直供电的电价标准。国家一系列大用户直供电政策的出台，为各地用电大户节省了用电成本，促进了企业的发展，也为我国电价市场化机制的形成积累了经验。

（2）2010 年 11 月 4 日，国家发改委、工信部、财政部等六部门制定《电力需求侧管理办法》。该政策的主要内容如下：①各级价格主管部门推动并完善峰谷电价制度，鼓励低谷蓄能，在具备条件的地区实行季节电价、高可靠性电价、可中断负荷电价等电价制度，支持实施电力需求侧管理。②电网企业应加强对电力用户用电信息的采集、分析，为电力用户实施电力需求侧管理提供技术支撑和信息服务。③各省级电力运行主管部门会同有关部门和单位制定本省（自治区、直辖市）电网企业的年度电力电量节约指标，并加强考核。指标原则上不低于有关电网企业售电营业区内上年售电量的 0.3%、最大用电负荷的 0.3%。电网企业可通过自行组织实施或购买服务实现，通过实施有序用电减少的电力电量不予计入。④电网企业应通过电力负荷管理系统开展负荷监测和控制，负荷监测能力达到本地区最大用电负荷的 70% 以上，负荷控制能力达到本地区最大用电负荷的 10% 以上，100 千伏安及以上用户全部纳入负荷管理范围。

（3）2012 年 10 月 31 日，财政部、国家发改委共同发布《财政部国家发展改革委关于开展电力需求侧管理城市综合试点工作的通知》。按照《财政部国家发展改革委关于开展电力需求侧管理城市综合试点工作的通知》等规定，财政部经济建设司、国家发改委经济运行调节局组织专家对有关省（自治区、直辖市）上报的电力需求侧管理城市综合试点工作实施方案进行了评审。根据专家组意见，经研究，拟定首批试点城市名单为北京市、江苏省苏州市、河北省唐山市和广东省佛山市。

10.1.3　政策实施情况及实施效果

二十多年来，我国实施电力需求侧管理取得了巨大的成效。据相关统计数据，在"十五"期间，按照"九五"计划的标准测算，我国总共节约用电量 1 200 亿千瓦时，也就是节约超过 6 000 万吨标准煤，同时全国减少了约 1.5 亿吨二氧化碳的排放量、100 万吨二氧化硫的排放量。此外，由于电力需求侧管理的有效性，我国减少了 2 000 万千瓦以上的新增电力装机容量。随着电力需求侧管理的深入推进，各级政府和相关电力管理部门大力推动电力需求侧管理技术的广泛应用，为我国实现既定的节能目标提供了坚实的保障。例如，我国广泛推广电力负荷管理技术，到 2009 年年底，我国用电容量 100 千伏安及以上用户安装了负荷管理终端 105 万套左右，可监测电网负荷达 29 945 万千瓦时；同时，2007～2009 年，我国电力行业转移高峰负荷约 1 600 万千瓦时，累计减少的新增电力装机容量可为国家节约 5 400 万吨标准煤。

根据国家政策，地方政府如广东省、山西省、辽宁省、福建省、江西省等省份纷纷出台了地方电力需求侧管理实施办法。按照《加强电力需求侧管理工作的指导意见》要求，广东省政府于 2006 年 11 月印发《广东省电力需求侧管理实施办法》。该办法规定了广东省各政府管理部门、电网公司和电力用户等的责任和义务。2007 年 1 月，广东省开始在全省实施该办法。该办法的颁布大大促进了广东省电力需求侧管理的发展。广东省电力需求侧管理的主要经验如下。

1）大范围促进峰谷电价的实施

2003 年 4 月，广东省有关管理部门批准省广电集团有限公司所属的用电大户实施高峰时段、平段时段、低谷时段电价比为 1.5∶1∶0.5 的电价标准，经过一段时间的运行，又将高峰时段、平段时段、低谷时段电价比调整为 1.35∶1∶

0.6。从 2005 年开始，广东省进一步扩大峰谷电价的实施范围，省内普通工业专用变压器用电也享受高峰时段、平段时段、低谷时段电价比为 1.58：1：0.5 的电价标准。2009 年，广东省对全省（除深圳市外）峰谷电价的电价标准进行了进一步的调整，高峰时段、平段时段、低谷时段电价比调整为 1.65：1：0.5。

2）在全省范围内推广冰蓄冷空调技术项目

随着城市高楼的大量建设，城市高楼空调给电网带来了巨大的高峰负荷。为了削减城市高峰负荷，从 2006 年开始，广东省进行了冰蓄冷空调技术项目的试点工作。例如，广东省批准该省经济贸易委员会大楼建设冰蓄冷示范项目，该项目建成后平均每年转移 240 千瓦的高峰负荷。

3）大力推广负荷管理技术

随着电力负荷管理技术在客户错峰管理、差异化服务、节能降耗等方面为电网公司带来显著的积极影响，于 2005 年开始，广东电网公司在全省范围内启动了负荷管理系统建设。据统计，截至 2009 年年底，广东省共安装了 22 万台用户负荷终端，其中用电直供户全部安装了用户负荷终端。

4）建立错峰预警机制

广东省电网公司建立并完善了电网自动化系统。该系统设立绿、白、黄、红四级错峰预警信号，它可根据电网负荷的各种情况实时向所属各下属电网公司发出错峰预警信号，各下属电网公司可根据信号对所属电网进行错峰计划的调整。该系统还可进行电力负荷预测，可大大提高电网公司输配电的准确率。通过引入错峰预警机制，在错峰用电各项考核指标上各下属电网公司均取得了历史上最好的数据，表明广东省电网在增加供电量的同时，又实现了有序用电、均衡负荷，达到了节能目标。

5）加大电力需求侧管理的资金投入

为调动我国各省市实行电力需求侧管理的积极性，2007 年国家相关部委联合发文要求各省市实行差别电价政策所增加的电费收入全部上缴地方财政，并纳入省一级财政预算，该资金专项用于支持本地节能减排等工作。根据该政策精神，2009 年，广东省相关厅局发布了《广东省差别电价电费收入专项资金管理暂行办法》，该办法规定了实行差别电价政策所增加的电费收入用于广东省电力需求侧管理六个方面的建设。

陕西电网在 2005 年实行三段电价，具体时间段如下：高峰时段为 8：00～11：30 和 18：30～23：00；低谷时段为 23：00～7：00；其余时间为平段时段。该省实施分时电价鼓励该省电力用户在用电低谷时段多用电，高峰时段少用电，主要目的是通过峰谷电价使电网负荷均衡，促进现有电力资源的有效使用。在实施峰谷分时电价后，该省用电企业主动减少电网高峰负荷时段用电量，增加低谷时段用电量，从而降低了企业用电成本，也减少了产品成本，增加了市场竞争力。

实施峰谷分时电价的好处是多方面的。一方面，电力用户企业因为电费开支的节省往往主动进行移峰填谷，它们可以通过合理安排设备检修时间、错开上下班时间、调整生产工序、采用蓄能技术和设备等，调整用电负荷，优化用电方式，少用高价高峰电，多用廉价低谷电，降低用电成本，减少电费支出。这将减小电网负荷峰谷差，从而可使电网运行安全稳定。另一方面，发电企业高峰负荷可以下降，从而减少装机容量的建设，实现用户、电网及发电企业等"多赢"。

10.1.4　存在的问题

1. 激励政策设计不合理

电力需求侧管理最终可以提高整个社会的节能目标，但是它涉及的利益方多，因此电力需求侧管理的激励政策必须考虑电力企业、电网公司和电力用户等各方的利益。我国电网公司自电力体制改革之后，都已经建立起现代企业管理制度，它不仅要多售电，为公司创造更多的利润，也要承担节能的社会目标，这就表明电网公司要实施电力需求侧管理，就意味着公司利润的下降，这是与公司创造利润的目标相矛盾的。因此，现有的电力需求侧管理具体实施办法存在不合理现象，电网公司从发电厂以某一电价购电，如实行峰谷电价标准向居民与企业售电，就意味着按低谷时段电价卖电越多，电网公司的利润就会越少。同时，实施电力需求侧管理将减少发电企业装机容量的建设，对发电企业有益，但我国的发、输、配电尚没有实现一体化经营，电网公司分享不到电力需求侧管理带来的利益，因此，电网公司实际运作中实施电力需求侧管理的意念也就不强。此外，对电力用户来讲，因为实施电力需求侧管理需要购买相关设备或进行技术改造，有较多的成本付出。综上所述，相关政府管理部门要根据电力需求侧管理给各方带来的收益与风险进行全面综合的考虑，制定相应的激励机制。

2. 缺乏动态科学的电价调整政策

峰谷电价政策的时段划分存在问题，没有考虑动态性。从现行各省峰谷分时电价办法规定来看，其规定了每天的高峰时段、平段时段及低谷时段的电价标准。这种划分方法相对比较简单，实际上现实中需要考虑更多的因素。第一，我国不同的地区如东、中、西部用电有差异；第二，不同的季节如冬夏季用电也有差异；第三，节日与平常时日用电也有差异；第四，不同的电网实际用电负荷也有差异。因此，现实的按一天一个标准来制定峰谷分时电价标准存在一定的缺陷。

峰谷电价政策实际运作过程中，电力用户对峰谷分时电价政策的反应与峰谷时段划分、基础电价及峰平谷电价比等相关。但是，峰谷分时电价政策的峰谷时段及峰平谷电价比等规定很难进行动态调整，不易变动。理论上电网公司可与电力用户的具体响应互动，根据供需双方的实际情况，按照市场规律调节电价。

3. 电力需求侧管理的中介组织力量单薄

综观发达国家的经验，电力需求侧管理需要借助专业化节能服务公司来运作，这些公司一般以合同能源管理的方式，向电力用户提供能源效益评估、设备改造及培训等一系列综合服务，同时与电力用户分享电力需求侧管理所带来的收益。专业化节能服务公司在国外已经成为实施电力需求侧管理的重要组织机构，它们通过商业化运作，向电力用户提供节能设备改造，并提供融资服务，全方位为电力用户提供节能改造服务，最大限度地为电力用户解决节能设备改造资金短缺问题，承担相应的风险，这样可较好地降低电力用户节能项目投入的成本，同时电力用户还可以分享电力需求侧管理实施后产生的节能收益。专业化节能服务公司这种运行模式可以吸引资本与节能技术等投向节能领域，同时引领节能产业向专业化、规模化发展。由于专业化节能服务公司在节能领域可发挥极其重要的作用，因此各个国家特别是发达国家都大力扶持专业化节能服务公司的发展。2004 年，我国相关管理部门提出在节能领域大力推行合同能源管理等新机制，在实际工作中也对合同能源管理进行了探索，但由于起步晚，专业化节能服务公司组织机构的力量在我国仍然薄弱，在节能领域尚没有发挥主导作用。

10.2　落实高耗能产业差别电价政策情况

10.2.1　政策出台背景

自改革开放以来，虽然我国国民经济均以较高的速度保持增长，但不可否认的是，在发展过程中也出现了一些问题，如经济主要靠固定资产投资拉动、一些产业发展太快引起产能过剩等，尤其是某些高耗能产业发展太快，已经造成我国资源的紧缺和环境保护的巨大压力。特别是到 2003 年，这些问题在电力行业集中爆发。第一，由于电力供应紧张，我国出现 24 个省市拉闸限电的状况。第二，煤炭供应紧张造成煤炭价格大幅上涨，这也导致火力发电的成本大幅上升。第三，一些高耗能行业如钢铁、电解铝、电石、烧碱等行业高速发展，这些企业是一群特殊的用电群体，用电量大，并且由于其电费的支出通常占到其产品成本的 50%～70%，远远高于社会用电量的平均增长速度，它们对电价的敏感度较高。因此，这些高耗能行业的发展与电力紧张之间产生冲突。为较好地解决这些问题，国家及地方相关管理部门相继出台了一系列高耗能产业差别电价政策。

10.2.2　高耗能产业差别电价政策

高能耗企业是众多用电行业中的一类特殊的企业，我国根据其发展模式及消耗资源的程度，将电解铝、铁合金、烧碱、水泥、电石、钢铁 6 个高耗能行业区分为淘汰类、限制类、允许和鼓励类企业。政府相关管理部门对这些企业实行差别电价：自 2004 年 1 月起，全面取消铝冶炼企业原先享受的电价优惠，如使用火电，每千瓦时电价上涨 0.7 分；自 2004 年 6 月起，凡是国家目录中电解铝等高能耗行业中的国家产业政策规定的限制类和淘汰类企业，其每千瓦时电价分别再提高 2 分和 5 分。

2006 年，国务院办公厅转发《发展改革委关于完善差别电价政策意见的通知》，通知中明确规定在对电解铝、铁合金、烧碱、水泥、电石、钢铁 6 个行业继续实行差别电价的同时，将锌冶炼、黄磷两个行业也纳入差别电价政策实施范围。同时通知还明确了加大实施差别电价政策的其他四项措施：严格禁止各省市区出台本地区的优惠电价；加大差别电价实施力度；严格执行对企业自备电厂的收费政策；加强对差别电价收入的管理。这些措施的实施表明我国加大了实施高耗能行业差别电价的力度。

2007 年，国家发改委又发布了《国家发展改革委关于加快推进产业结构调整遏制高耗能行业再度盲目扩张的紧急通知》。该通知规定：严格执行《国务院关于投资体制改革的决定》，进一步规范全国各地区高耗能项目的投资；针对各地出台的鼓励高耗能产业发展的各项优惠政策，必须坚决取缔；依据相关国家产业政策和有关法律法规，全力推进地区产业结构的优化与升级；相应提高高耗能产业的准入条件，同时进一步淘汰高耗能产业中能耗高的落后生产能力；国土、环保、金融等部门要积极配合国家产业政策的执行，加强市场监管力度。同年，为了促进我国高耗能行业节能减排及健康发展，国家发改委还发布了《关于进一步贯彻落实差别电价政策有关问题的通知》，通知中取消了原先出台的对电解铝、铁合金和氯碱等行业的电价优惠政策。

10.2.3　政策实施成效

为执行国家有关政策，我国各省均出台了相关实施意见，并取得明显成效。

1. 高耗能行业差别电价政策较好地抑制了地区高耗能企业的发展

2007 年，河南省政府办公厅发布《关于完善差别电价政策的实施意见》，意见中完善了河南省的差别电价政策，扩大了该省差别电价实施范围，规定对黄磷、锌冶炼、水泥、钢铁等 8 个行业实行差别电价。此后两年，为抑制高耗能产业在河南省盲目扩张，该省相继出台了高耗能行业差别电价细则：针对淘汰类企业，提价标准为比以往高耗能行业平均电价高 50% 左右，即由以往高耗能行业的每千瓦时加价 5 分调整到每千瓦时加价 20 分；针对限制类企业，提价标准由以往的每千瓦时加价 2 分调整到每千瓦时加价 5 分。

2. 高耗能行业差别电价政策可促进经济结构调整和产业技术转型升级

2004 年，湖南省启动了对高耗能企业实行差别电价的工作，先后公布了两批包括电石、烧碱、水泥、铁合金、钢铁、电解铝 6 个高能耗高污染行业的 320 家企业名单，并对其实行差别电价，加价标准为淘汰类、限制类，分别在目录电价基础上每千瓦时加价 5 分、2 分。2007 年，湖南省又按照国家规定增加了黄磷、锌冶炼 2 个行业，并公布了实行差别电价的 253 家企业名单，加价标准为淘汰类、限制类的企业，在每千瓦时目录电价基础上分别加价 15 分、4 分。2004 年公布执行差别电价的 320 家企业中，3 年内共有 148 家被关停并转；2007 年公布执行差别电价的 253 家企业中，也有约一半企业停产。2008 年，湖南省加大了实施差别电价政策的力度，该年湖南省物价局联合湖南省经济委员会公布了第三批实行差别电价的 217 家淘汰类、限制类企业名单，以 2008 年 5 月的抄表电量为基准，如属于名单上的淘汰类企业，其生产用电价在目录电价基础上每千瓦时加价 20 分，如属于名单上的限制类企业，则每千瓦时加价 5 分。湖南省一系列差别电价政策遏制了本省高能耗企业盲目扩张，迫使部分高耗能企业关停，较好地解决了本省电力供需之间的矛盾，在节约能源与保护环境等方面取得了一定的成绩。同时，这些政策也迫使部分高耗能企业关停与转型，有力地促进了本省产业结构调整与升级。

为进一步加快淘汰落后产能、优化产业结构和推进节能减排工作，从 2013 年起，河北省将差别电价、差别水价和惩罚性电价的管理权限授权设区市、定州市、辛集市和扩权县（市）人民政府，向下授权可以调动地方政府执行差别电价、水价和惩罚性电价的积极性。各地政府可以根据当地产业发展实际，制定范围更宽、加价更高的执行标准，倒逼相关企业加强技术改造。同时，该省政府有关部门要求各地建立执行差别电价、差别水价和惩罚性电价企业的纳入、退出机制和相关统计台账，完善配套政策，并按季度报告执行情况。河北省一系列差别电价和惩罚性电价政策，有力地促进了结构调整和节能减排。截至 2013 年 12 月底，该省执行差别电价的企业由 108 家减少至 32 家，累计征收 5.4 亿元；执行惩罚性电价政策的企业由 99 家减少至 4 家，累计征收 1.6 亿元。

同时，高耗能行业差别电价的价格杠杆作用也倒逼企业转型升级。例如，"十二五"期间，福建省按照国家《产业结构调整指导目录（2011 年）》，制定了高耗能行业差别电价政策：针对国家规定的属于限制类的企业，电价在目录电价基础上每千瓦时加价 10 分；针对国家规定的属于淘汰类的企业，电价在目录电价基础上每千瓦时加价 30 分。同时，针对国家规定的属于淘汰类的企业，电价加价幅度年年递增，如 2012 年的加价标准为每千瓦时加价 10 分。只要企业列入当年国家或福建省落后产能淘汰名单，则按规定淘汰落后产能并执行差别电价，如未能按规定时间淘汰落后产能，执行以下电价标准：从第 2 年 1 月开始，电价加价标准为头年加价标准的 2 倍；从第 3 年 1 月开始，电价加价标准为头年加价标准的 3 倍。同时规定，在具体操作层面上，企业需要分表计量落后产能与其他产能的用电量，如果经确认无法进行分表计量，则必须由各级政府部门核定该企业落后产能用电所占的份额。此外，企业落后产能用电如执行峰谷电价政策，则遵从"就高不就低"原则，即在用电高峰时段的电价按政策有关规定加价；在低谷时段不享受低谷时段电价。由于福建省针对高耗能企业实行了严厉的政策，这些企业的用电电价大幅提高，产品成本急剧上升，产品的市场竞争力下降，因此它们要么关停，要么减产，要么技术改造，要么产品转型等，这对福建省遏制高耗能行业盲目扩张、促进产业结构调整与升级、完成节能目标等方面的意义是重大的。

10.2.4　高耗能行业差别电价政策存在的问题

1. 高耗能行业差别电价政策上存在一定盲区

我国高耗能行业差别电价政策虽然规定得很细致，由于地方、行业等方面的差异性，仍然存在一定的盲区。例如，为了逃避差别电价中的高电价，某些企业选择自己建设发电厂，一般来说，这些自备电厂存在能耗高、污染重的问题，但由于自备电厂并不属于高耗能行业，不执行差别电价，这将造成这些企业与没有自备电厂的企业之间的市场不公平，也造成没有自备电厂的企业意见特别大。又如，有些高耗能企业的用电由地方电力公司及小水电站直供，部分这类企业没有执行差别电价。在执行高耗能行业差别电价政策过程中，大电网公司与大多数地方电力公司的态度不一样，大电网公司上报高耗能企业名单较积极，而大多数地方电力公司考虑自身的利益，有较多的隐瞒，每次上报都是较小规模的高耗能企业，这就导致有部分高耗能企业在实际操作中并没有执行差别电价。更严重的是，在地方上有部分小水电公司不进入国家电网统一管理，它们为吸引高耗能企业甚至降低电价，这也使得某些高耗能企业实际上逃避差别电价。再如，由于某些地方为保护本地的高耗能企业，借供电联动、大用户用电直供等各种名义优惠这些企业电价，实际逃避了高耗能行业差别电价政策的规定。因此，政府相关管理部门要健全高耗能行业差别电价政策，杜绝以上现象的发生。例如，政府相关管理部门可以对地方小水电直供用电收取一定的服务基金，它们的供电电价也应纳入差别电价政策范围内等。

2. 高耗能行业差别电价政策和地方产业结构调整与升级有一定的冲突

高耗能行业差别电价政策的执行固然会遏制高能耗企业的盲目扩张，但由于我国地方经济的不平衡性，如果全国执行高耗能行业差别电价政策都实行"一刀切"，可能会影响某些地方的经济发展。例如，在某些地方，铁合金行业相比其他行业有产业优势，且这个行业对自然环境污染相对也小，但按照国家的产业目录，铁合金行业属于限制类企业，执行高耗能行业差别电价政策，这对该地区的铁合金行业的发展是不利的。因此，各个地方应根据本地的实际情况制定差别电价政策，促进本地区产业结构调整与升级。

10.3 可再生能源发电价格和费用分摊管理情况

10.3.1 政策出台背景

依据我国 2006 年颁布的《可再生能源法》，可再生能源发电主要是指非化石能源发电，它具体涉及风力发电、生物质发电、太阳能发电、海洋能发电和地热能发电等形式。其中，生物质发电又包括农林废弃物直接燃烧发电、农林废弃物气化发电、垃圾焚烧发电、垃圾填埋气发电、沼气发电等形式。需要说明的是，水力发电也是非化石能源发电，但水力发电是否属于可再生能源需要由国家能源主管部门按有关规定确认，一般情况下，小水电才被认可为可再生能源发电。

我国有十分丰富的可再生能源资源储量。在风能方面，我国大陆的风能开发资源总量达年均 3.5 亿千瓦时，我国近海辽阔，其风能储量是我国大陆风能储量的两倍以上，因此，我国风能可开发资源总量可达年均 10 亿千瓦时。在太阳能方面，我国有大约 67% 以上的国土面积属于太阳能丰富的地区，其年均日照时数超过 2 200 小时，如果这些太阳能全部被利用，每年可为国家节约 17 000 亿吨标准煤。在生物质能源方面，我国是农业大国，有丰富的农业废弃物等资源，如全部用来发电，可提供相当于 5 亿吨标准煤的发电量。但是我国的可再生能源尚未得到有效的开发利用，如 2012 年我国可再生能源发电总量大约只占全国发电总量的 1/5。

总体上，与世界发达国家相比，我国可再生能源发电产业尚处于产业发展的初级阶段，这也造成我国可再生能源发电的上网电价高于普通常规能源如煤电等的上网电价。因此，我国要将丰富的可再生能源资源充分利用于电力产业，以弥补普通常规能源供应的不足。这就需要政府相关管理部门制定合理的可再生能源发电价格和补贴等政策，以有效地促进我国可再生能源发电产业快速健康有序发展。目前我国可再生能源发电价格和补贴等政策主要有可再生能源电价附加政策、可交易绿色证书政策及竞价上网政策等。

10.3.2　中国可再生能源电价和费用分摊规制政策

中国从法律法规的角度不断完善和促进可再生能源发展。从 2006 年开始陆续颁布了《可再生能源法》、《可再生能源电价附加收入调配暂行办法》、《可再生能源发电价格和费用分摊管理试行办法》、《可再生能源中长期发展规划》和《中华人民共和国可再生能源法》（2009 年修正）等针对和促进可再生能源发展的法律法规，从法律的角度规范了与可再生能源相关的电价政策。上述法律法规的建立与完善明确了可再生能源的发展目标与方向，也确定了各种可再生能源发电的上网标准及电价标准，特别需要指出的是，由于可再生能源在发展初期尚存在成本过高的问题，有关法律法规也规范了可再生能源电价附加补贴的形式。这些可再生能源电价和费用分摊法律法规的建立与完善为我国可再生能源的健康、有序发展提供了坚实的保障。

1.《可再生能源法》

2006 年 1 月 1 日起实施的《可再生能源法》的主要目标是促进可再生能源的开发利用，增加能源供应，改善能源结构，保障能源安全，保护环境，实现经济社会的可持续发展。该法律要求通过减免税收、鼓励发电并网、优惠上网价格、贴息贷款和财政补贴等激励性政策来激励发电企业和消费者积极参与可再生能源发电。电网公司为可再生能源电力上网提供便利，并全额收购符合标准的可再生能源电量，使可再生能源电力公司得以生存，并逐步提高其在能源市场的竞争力。

2.《可再生能源法》配套法规

1）《可再生能源发电价格和费用分摊管理试行办法》

为促进可再生能源的开发利用，根据《可再生能源法》，2006 年国家发改委发布了《可再生能源发电价格和费用分摊管理试行办法》，该办法规定：可再生能源发电价格和费用分摊标准本着促进发展、提高效率、规范管理、公平负担的原则制定；可再生能源发电项目上网电价高于当地脱硫燃煤机组标杆上网电价的部分、国家投资或补贴建设的公共可再生能源独立电力系统运行维护费用高于当地省级电网平均销售电价的部分，以及可再生能源发电项目接网费用等，通过向电力用户征收电价附加的方式解决；各省级电网公司实际支付的补贴电费以及发生的可再生能源发电项目接网费用，与其应分摊的可再生能源电价附加额的差额，在全国范围内实行统一调配；等等。

2）《可再生能源中长期发展规划》

2007 年我国政府公布了《可再生能源中长期发展规划》，该规划明确了可再生能源是我国重要的能源资源，在满足能源需求、改善能源结构、减少环境污染、促进经济发展等方面发挥了重要作用。但可再生能源消费占我国能源消费总量的比重还很低，技术进步缓慢，产业基础薄弱，不能适应可持续发展的需要。该规划确定了我国可再生能源的中长期发展目标，最重要的是逐步提高可再生能源在能源结构中的比例，也就是到 2010 年我国可再生能源消费量达到能源消费总量的 10%，到 2020 年这个比例要求达到 15%。我国要达到《可再生能源中长期发展规划》规定的目标，在 2020 年以前我国用于可再生能源领域的总投资总计可达两万亿元。

3）可再生能源电价附加补贴政策

总体上看，现行的可再生能源电价政策中最重要的是可再生能源电价附加政策。依据《可再生能源法》，我国的可再生能源如太阳能发电、风电等产业电价一般采取竞价上网政策。同时根据《可再生能源发电价格和费用分摊管理试行办法》，如果可再生能源竞标价格比当地火力发电中脱硫燃煤机组标杆的上网电价高，那么向消费者收取的高出部分电价以可再生能源电价附加的形式获取，专款专用，主要用于补贴电网公司接受可再生能源上网引起的损失。2006 年，国家发改委等相关管理部门发布了《国家发展改革委、国家电监会关于 2006 年度可再生能源电价补贴和配额交易方案的通知》，通知中细化了各种再生能源具体的电价补贴执行方案。该通知的发布表明我国在政策实践层面上开始启动可再生能源电价费用分摊制度。

2011 年，为规范太阳能光伏发电价格管理，促进太阳能光伏发电产业健康持续发展，国家发改委发布了《国家发展改革委关于完善太阳能光伏发电上网电价政策的通知》，通知规定按照社会平均投资和运营成本，参考太阳能光伏电站招标价格，以及中国的太阳能资源状况，对非招标太阳能光伏发电专案实行全国统一的标杆上网电价。2013 年，为落实《国务院关于促进光伏产业健康发展的若干意见》有关要求，国家发改委出台了《国家发展改革委关于发挥价格杠杆作用促进光伏产业健康发展的通知》，完善了光伏发电价格政策。通知明确规定，对光伏电站实行分区域的标杆上网电价政策。根据各地太阳能资源条件和建设成本，将全国分为三类资源区，分别执行每千瓦时 0.9 元、0.95 元、1 元的电价标准。对分布式光伏发电项目，实行按照发电量进行电价补贴的政策，电价补贴标准为每千瓦时 0.42 元。同时，国家将根据光伏发电规模、成本等变化，逐步调减电价和补贴标准，以促进科技进步，提高光伏发电市场竞争力。

10.3.3　政策总体绩效

我国火力发电量占总发电量的比例长期以来保持在 70% 以上，火力发电能耗高、污染大，但可再生能源发电量占比相对较低，我国的这种能源结构与自身的资源已产生巨大的矛盾，也进一步制约经济的可持续发展。这些年，我国政府认识到可再生能源对我国社会经济所带来的重大作用，十分重视发展可再生能源，充分利用价格等经济手段促进包括太阳能、风电、水电等可再生能源的发展。从表 10-1 可以看到，我国可再生能源发电量占比一直呈上升趋势。到 2012 年年底，我国可再生能源发电占比已接近 20%。

表 10-1　　2000～2011 年我国主要能源发电量数据（单位：亿千瓦时）

年份	总发电量	火电	水电	核电	风电
2000	13 556.0	11 141.9	2 224.1	167.4	3.4
2001	14 716.6	11 767.5	2 774.3	174.7	4.0
2002	16 404.7	13 273.8	2 879.7	251.2	4.7
2003	19 105.8	15 803.6	2 836.8	433.4	5.6
2004	22 033.1	17 955.9	3 535.4	504.7	7.6
2005	25 002.6	20 473.4	3 970.4	530.9	12.7
2006	28 657.3	23 696.0	4 357.9	548.4	25.5
2007	32 815.5	27 229.3	4 852.6	621.3	56.6
2008	34 668.8	27 900.8	5 851.9	683.9	128.0
2009	36 506.2	29 814.2	5 545.0	692.6	258.1
2010	41 413.0	33 253.0	6 622.0	734.0	430.3
2011	47 217.0	38 975.0	6 626.0	874.0	732.0

资料来源：①表中数据主要由历年《中国统计年鉴》整理得到，其中风电数据来自中国风能协会；②表中 2006 年以前的风电数据并不是风电的实际发电量，由各年的风电装机量代替

从表 10-1 的 2000～2011 年我国主要能源发电量数据来看，2006 年，水电、核电、风电三种可再生能源发电量占总发电量的比例达到 17.2%，到 2011 年，这个数据上升到 17.4%。2011 年全年，全国火电、水电、核电、风电四种发电方式总发电量达到 47 207 亿千瓦时，其中，火电占绝大部分，发电量达到 38 975.0 亿千瓦时，约占总发电量的 82.6%；水电次之，发电量达到 6 626.0 亿千瓦时，约占总发电量的 14.0%；核电占其中的较小部分，发电量为 874.0 亿千瓦时，仅占总发电量的 1.9%；风电占比最小，发电量为 732.0 亿千瓦时，仅占总发电量的 1.6%。近些年来，我国可再生能源发电产业快速发展。根据有关统计数据，2011 年，我国基建新增发电设备容量超过 9 000 万千瓦时。其中，水电新增 1 225 万千瓦时，火电新增 5 886 万千瓦时，核电、并网风电和太阳能发电新增合计 1 928 万千瓦时。

10.3.4　存在的问题

可再生能源是一种普通能源，与其他能源相比，它对社会还有附加的作用，

如没有污染、可有效保护国家能源安全等。可再生能源的这种附加用途在经济学上被称为正外部性。可再生能源发电价格的合理性可以较好地解决可再生能源的正外部性问题。

可以肯定的是，我国所建立的可再生能源发电价格和费用分摊制度，大大促进了可再生能源产业的发展，但同时也存在一些问题。

1. 公共资金的政府调拨成了"配额交易"

我国可再生能源发电价格和费用分摊制度规定可再生能源附加在电价内征收，这部分征收的资金直接归为企业的销售收入，但这部分资金的用途是用来收购可再生能源发电量的差价缺口，这些缺口需要通过电力企业之间的交换来进行，因此需要"配额交易"。一般来说，只要是交易，就有市场，市场上必然有自由竞争，价格的形成并不是由政府主导，而是由市场说了算。因此，国际上，"配额交易"一般意义上是"绿色证书交易"这类的交易，设置它的主要目的是引入市场竞争机制，使市场配置在可再生能源及环境保护方面起主导作用，提高这些资源的使用效率。在我国的实际操作过程中，"配额交易"中"成交双方"与"成交金额"完全由政府主导，没有市场成交价格，与国际通行的"配额交易"的本质还有较大差距。

2. 征税问题

我国可再生能源发电价格和费用分摊制度规定可再生能源电价附加需要在财务上独立记账，资金使用上做到专款专用。但在实际操作过程中，可再生能源附加在电价内征收，这就导致可再生能源电价附加资金需要计入电网公司的销售收入，由于根据现行制度规定，可再生能源附加收入大于支出的省级电网公司，需要缴纳 25% 的企业所得税，因此必然导致可再生能源附加资金量的减少。国家征收可再生能源电价附加资金的目的是取之于民、用之于民，但制度中规定的所得税会减少可再生能源电价附加资金的总量，最终的结果是加大用户的负担。

3. 可再生能源电价附加的资金远不能满足补贴的需要

自 2006 年以来，根据我国《可再生能源中长期发展规划》的要求，我国为实现既定的节能减排目标，积极优化能源结构，大力发展可再生能源电力市场，我国可再生能源发电产业取得了举世瞩目的成就。但是除光伏发电成本下降较快外，其他可再生能源如风电、生物质发电等的发电成本基本保持不变，由于可再生能源发电的单位电量补贴标准变化幅度较小，这就造成我国可再生能源发电量的迅速增长与可再生能源电价补贴之间的不匹配，也就是征收的可再生能源电价附加总资金满足不了补贴的需求。所以，有必要调整现行的可再生能源费用分摊政策。

第 11 章 促进江西省工业领域节能的能源价格调节政策建议

能源是一种极为重要的工业投入，能源价格影响到工业企业技术选择、项目可行性及利润。如果能源价格过低，将促使企业运用能源投入代替其他要素投入，呈现能源粗放型的技术发展模式，不利于能效提高。如果能源价格过高，而企业又不能通过产品价格的提高来消化能源上涨压力，将使企业面临亏损的境地，并促使企业退出经营。因此，存在一个合理的能源价格空间，在这一价格空间内，企业能得到相当于平均利润率的合理报酬。对于江西省来说，合理地调节能源价格政策，形成一个既有利于促进节能技术进步又能有效保持产业获得相当于社会平均报酬的能源价格极为重要。

11.1 能源价格调节的目标和原则

11.1.1 能源价格调节的目标

1. 江西省"十二五"期间节能成本

节能成本是指一个国家、地区、企业节约一定比例能源所需付出的成本。典型的节能是指进行特定投资以促进更低的能源投入成本，投资者需要根据资金状况和能源价格对这些方案进行排序以判断哪些是财务上可行的。

在节能成本分析中，将节能投资在该投资生命周期内进行平均分摊，而投资的收益为每年节约的能源。用平均每年的节能投资除以平均每年节约的能源量得到节能成本。其计算公式为 $CCE = (I/\Delta E)(A/P, i, N)$，其中，$I$ 为节能措施的总投资成本；ΔE 为每年节约的能源量；i 为实际的折现率；N 为投资措施的生命周期。

1）江西省节能总成本

经计算，江西省"十二五"时期总的节能技术改造所需的节能成本（按节约 1 吨标准煤成本计）＝ $(1\,210\,454 \div 253.99) \times [0.05 \div (1 - 1.05^{-5})] \approx 1\,083.12$（元），根据中国动力煤价格指数，2011 年 12 月 5 500 大卡（1 大卡＝ 4 182 焦耳）的煤每吨价格为 630 元左右，节能成本高于节能收益约 70%，显示节能成本计算结果偏高。考虑到煤炭价格指数"十二五"时期的变动趋势，以"十二五"时期煤炭价格年均上涨 10% 计，到"十二五"末期，煤炭价格将达到

1 000 元/吨,再将节能技术改造投资社会折现率由 5% 提高到 6%,计算出来"十二五"时期节能成本与节能收益略微持平。这种状况说明:若不大幅度提高现行能源价格,或者降低节能技术改造投资的成本,企业促进节能的积极性将受到明显抑制。

2) 江西省分地区"十二五"时期工业节能的成本

根据江西省"十二五"时期千万吨标煤行动方案中所提供的江西省各地区"十二五"时期节能技改项目汇总表中各地区节能技改投资、年节约标煤量,投资回收期按 5 年计,社会折现率按 5% 计,得出各设区市"十二五"时期每吨标煤的节能成本为

南昌市的节能成本 $= (50\ 224 \div 15.97) \times [0.05 \div (1-1.05^{-5})] \approx 714.75$(元)

九江市的节能成本 $= (227\ 806 \div 29.90) \times [0.05 \div (1-1.05^{-5})] \approx 1\ 731.57$(元)

景德镇市的节能成本 $= (28\ 434 \div 13.51) \times [0.05 \div (1-1.05^{-5})] \approx 478.33$(元)

萍乡市的节能成本 $= (136\ 558 \div 53.29) \times [0.05 \div (1-1.05^{-5})] \approx 582.39$(元)

新余市的节能成本 $= (119\ 542 \div 12.86) \times [0.05 \div (1-1.05^{-5})] \approx 2\ 112.65$(元)

鹰潭市的节能成本 $= (27\ 550 \div 11.05) \times [0.05 \div (1-1.05^{-5})] \approx 566.64$(元)

赣州市的节能成本 $= (184\ 951 \div 40.39) \times [0.05 \div (1-1.05^{-5})] \approx 1\ 040.71$(元)

宜春市的节能成本 $= (148\ 405 \div 28.06) \times [0.05 \div (1-1.05^{-5})] \approx 1\ 202.01$(元)

上饶市的节能成本 $= (18\ 830 \div 7.22) \times [0.05 \div (1-1.05^{-5})] \approx 592.73$(元)

吉安市的节能成本 $= (130\ 946 \div 24.07) \times [0.05 \div (1-1.05^{-5})] \approx 1\ 236.41$(元)

抚州市的节能成本 $= (137\ 208 \div 17.67) \times [0.05 \div (1-1.05^{-5})] \approx 1\ 764.78$(元)

2. 主要节能技术投资改造的成本

下面利用国家推广的第三批节能技术目录中的数据,计算主要节能技术投资的成本(单位:元/吨标准煤)。

矿井乏风和排水热能综合利用技术节能成本 $= (750 \times 104 \div 1\ 000) \times [0.05 \div (1-1.05^{-5})] \approx 1\ 704.55$(元);

新型高效煤粉锅炉系统技术节能成本 $= (870 \times 104 \div 1\ 000) \times [0.05 \div (1-1.05^{-5})] \approx 775.40$(元);

汽轮机组运行优化技术节能成本 $= (400 \times 104 \div 7\ 500) \times [0.05 \div (1-1.05^{-5})] \approx 121.21$(元);

火电厂烟气综合优化系统余热深度回收技术节能成本 $= (640 \times 104 \div 3\ 990) \times [0.05 \div (1-1.05^{-5})] \approx 364.55$(元);

火电厂凝汽器真空保持节能系统技术节能成本 $= (1\ 000 \times 104 \div 12\ 000) \times [0.05 \div (1-1.05^{-5})] \approx 189.40$(元);

高压变频调速技术节能成本 $= (280 \times 104 \div 1\ 160) \times [0.05 \div (1-$

1.05^{-5})] ≈548.60（元）；

电炉烟气余热回收利用系统技术节能成本＝（1 286×104÷5 600）×[0.05÷(1−1.05^{-5})]≈521.92（元）；

矿热炉烟气余热利用技术节能成本＝（17 100×104÷67 200）×[0.05÷(1−1.05^{-5})]≈578.33（元）；

铅闪速熔炼技术节能成本＝（6 000×104÷10 200）×[0.05÷(1−1.05^{-5})]≈1 336.90（元）；

氧气侧吹熔池熔炼技术节能成本＝（7 500×104÷15 000）×[0.05÷(1−1.05^{-5})]≈1 136.36（元）；

油田采油污水余热综合利用技术节能成本＝（800×104÷2 257）×[0.05÷(1−1.05^{-5})]≈805.57（元）；

换热设备超声波在线防垢技术节能成本＝（985×104÷7 272）×[0.05÷(1−1.05^{-5})]≈307.84（元）；

氯化氢合成余热利用技术节能成本＝（400×104÷3 780）×[0.05÷(1−1.05^{-5})]≈240.50（元）；

水溶液全循环尿素节能生产工艺技术节能成本＝（15 400×104÷21 000）×[0.05÷(1−1.05^{-5})]≈1 666.67（元）；

Low-E节能玻璃技术节能成本＝（1 200×104÷4 180）×[0.05÷(1−1.05^{-5})]≈652.46（元）；

烧结多孔砌块及填塞发泡聚苯乙烯烧结空心砌块节能技术节能成本＝（5 000×104÷3 000）×[0.05÷(1−1.05^{-5})]≈3 787.88（元）；

节能型合成树脂幕墙装饰系统技术节能成本＝（500×104÷2 900）×[0.05÷(1−1.05^{-5})]≈391.85（元）；

预混式二次燃烧节能技术节能成本＝（600×104÷5 300）×[0.05÷(1−1.05^{-5})]≈257.29（元）；

机械式蒸汽再压缩技术节能成本＝（1 150×104÷11 000）×[0.05÷(1−1.05^{-5})]≈237.60（元）；

聚能燃烧技术节能成本＝（3 320×104÷1 400）×[0.05÷(1−1.05^{-5})]≈5 389.61（元）；

高强度气体放电灯用大功率电子镇流器新技术节能成本＝（600×104÷406）×[0.05÷(1−1.05^{-5})]≈3 358.71（元）；

新型生物反应器和高效节能生物发酵技术节能成本＝（7 196×104÷28 621）×[0.05÷(1−1.05^{-5})]≈571.42（元）；

直燃式快速烘房技术节能成本＝（1 100×104÷920）×[0.05÷(1−1.05^{-5})]≈2 717.40（元）；

塑料注射成型伺服驱动与控制技术节能成本＝（2 500×104÷2 310）×［0.05÷（1−1.05^{-5}）］≈2 459.66（元）；

电子膨胀阀变频节能技术节能成本＝（7 500×104÷260 000）×［0.05÷（1−1.05^{-5}）］≈65.56（元）；

工业冷却塔用混流式水轮机技术节能成本＝（240×104÷1 108）×［0.05÷（1−1.05^{-5}）］≈492.29（元）；

缸内汽油直喷发动机技术节能成本＝（71 000×104÷128 000）×［0.05÷（1−1.05^{-5}）］≈1 260.65（元）；

沥青路面冷再生技术在路面大中修工程中的应用技术节能成本＝（100×104÷780）×［0.05÷（1−1.05^{-5}）］≈291.38（元）；

轮胎式集装箱门式起重机"油改电"节能技术节能成本＝（4 000×104÷1 687）×［0.05÷（1−1.05^{-5}）］≈5 388.80（元）；

温湿度独立调节系统节能成本＝（350×104÷320）×［0.05÷（1−1.05^{-5}）］≈2 485.80（元）。

用 X 代表动力价格指数，Y 代表节能量，利用计量经济学中的最小二乘法对这两个变量进行相关性回归分析，得出的回归方程是 $Y＝0.65X＋0.438\ 8$，X 和 Y 之间的相关系数是 0.3。这说明在理论上通过将环境成本反映到能源总体价格中，可实现总节能量的 65%，考虑到价格改革不可能一步到位，通过推动煤电价格联动、天然气价改、脱硫发电价改革、可再生能源发电等措施，预计可实现总节能量的 20%～30%，这反映了价格改革在促进江西省工业节能方面具有可观的潜力。

3. 调节目标

从调研情况来看，不同行业能源成本极不相同，能源消耗较低的资源回收业、电子信息产业能源成本占总成本比例在 10% 以内，而能源消耗高的火电行业能源成本占总成本比例在 80% 以上。5% 的能源价格上涨对资源回收、电子信息产业影响不大，而对火电、有色、建材、钢铁等行业影响巨大。对于低耗能行业，10% 的能源价格上涨可以通过节能措施引入及产品价格调整消化，而对一些高耗能产业，10% 的能源价格上涨会导致其亏损甚至破产退出。因此，能源价格可以通过产业结构调整的方式来有效促进工业节能。此外，能源价格上涨可以刺激节能技术改造，随着能源价格上涨，原来在财务上不可行的节能技术投资将变得有吸引力，可提高企业的能效。

11.1.2　能源价格调节的原则

能源价格调节总的原则是通过税费、补贴、行政干预等手段，逐步提高传统化石能源价格，降低可再生能源价格，通过成本-收益核算，激励用能工业企业优化能源结构，提高能源效率，降低能源消耗强度。考虑到江西主要工业行业为高耗能产业，工业用能结构以电力和煤炭为主，电力又以火力发电为主，因此江西省能源价格改革宜以节约用电、改革煤电价格为着力点，制定合理的能源价格，因为能源价格过高将会使工业企业失去竞争力，而能源价格过低将进一步强化现有高耗能产业结构。一方面，不断提高高耗能产业的煤电价格，用市场价格的办法实现产业结构的优化；另一方面，对可再生能源发电采取更加优惠的政策，不断优化能源利用结构，促进新能源产业健康发展。

11.2　完善能源价格调节政策建议

11.2.1　完善电力需求侧管理政策

1. 明确电网公司电力需求侧管理实施主体的地位，实行激励政策

由于发电、输配电、供电是一个整体的电力运行链条，电网公司与上游发电企业和下游电力用户在技术上和经济上存在着互动关系，有着不可分割的联系，成为电力需求侧管理实施主体最理想的选择。第一，明确把电力需求侧管理列入电网公司的职能范围，电网公司既要向用户供电，又要实施电力需求侧管理节电计划。由于电力需求侧管理与电网公司存在某些利益上的冲突，先行国家对于由电网公司实施电力需求侧管理是强制性的，美国是州政府通过立法程序要求电网公司实施电力需求侧管理计划，并给予相应的鼓励政策以消除其实施的经济障碍，中国同样需要通过立法来实现。第二，鼓励电网公司采用经济手段激励用户节能节电。根据国际经验，对具有成本效益的电力需求侧管理项目，电网公司除实行电价鼓励外，折扣鼓励、免费安装鼓励、节电设备租赁鼓励、节电特别奖励、节电招标鼓励等都是灵活的市场工具。在实行由电力用户出资的电力需求侧管理计划时，投向用户节电的激励资金需要由电力需求侧管理公益基金支付。要运用电价推动终端用户移峰填谷和节约用电，实行发电上网分时电价，扩大供电峰谷电价和季节电价的范围，拉大峰谷和季节电价的差距，适当提高基本电价，逐步推行可中断负荷电价等。

2. 科学地制定峰谷分时电价政策

制定电价政策的部门应对电价政策实施动态管理，制定人员要不断对电力市场、电力需求进行调查研究，掌握第一手资料，及时调整、完善电价政策，让有调荷能力的用电客户都能参与到其中来，共同优化电网运行、减少电力生产投资。在进行峰谷电价峰谷时段划分时，判断峰谷时段划分是否合理的基本准则显然应该是峰谷时段划分能否正确反映实际负荷曲线的峰谷特性。从时段划分的角度来看，峰谷时段划分较为客观地反映当前的负荷曲线之后，合理的峰谷价格比至少应满足它不会使用户因反应过度而导致峰谷产生明显漂移。否则，不仅调峰目的不能达到，而且在峰谷倒置的极端情况下还会造成极其巨大的经济亏损。

以居民生活用电为例，对于实行居民阶梯电价，"阶梯"的合理设计非常关键。阶梯电价的设置一方面要适当照顾大多数居民，特别是低收入居民和农村居民，确保大多数居民生活基本不受影响；另一方面还要合理考虑居民生活水平提高后用电量的增长，在确保居民基本生活用电需求的同时，能有效促进居民节能节电。随着居民收入水平的提高及居民生活用电的基本稳定，实施居民阶梯电价的地区，还可将居民阶梯电价改为季节性、峰谷式与阶梯式相结合的综合阶梯电价。

3. 大力发展智能电网，有效提高需求侧管理水平

智能电网是一个完全自动化的供电网络，其中的每一个节点和用户都得到全面的监控，并保证了从发电厂到用户端电器之间电流及信息的双向流动。智能电网对电网的运行管理提出了更高的要求，也为需求侧管理提供了很好的解决办法，能够有效地提高需求侧管理水平。

（1）先进的实时电价体系。在智能电网下，将实施更为全面合理的分时电价政策，而不仅仅是尖、峰、平、谷四时段电价，用户的选择将更灵活和多样化。智能电网下的用电终端控制设备能够根据系统的实时电价和用户意愿选择适当的时候自动运转或者停止一些可以自动运行的用电设备，实现错峰、填谷的功能。

（2）电网与用户的互动。智能电网可以通过电子终端使用户之间、用户和电网公司之间形成网络互动和即时连接，实现电力数据实时、高速、双向读取。用户根据当时的实时电价、实时负荷、供电等电网运行情况，选择在电价较低的低负荷时段用电，选择适合自己的电源，达到减少尖峰负荷、降低电费支出的目的。大用户如果有较大的用电负荷需求可以提前向电网公司报告，电网公司做出调度发电量的准备，及时应对尖峰负荷的出现，提高整个电网的可靠性、可用性和综合效率。

（3）全面的用电负荷监控。智能电网实现全覆盖、全采集，每个用电终端的实时负荷、电压、电流、功率等电网参数都能被精确采集，同时实现了用电监测、负荷管理、线损分析等功能，有利于调度中心解决配网的"盲调"问题，保证发电负荷及时供应，不仅大幅降低人工收费成本，有利于节能降损和优质服务等工作的开展，而且能够引导社会科学合理用电。

（4）合理的分布式绿色电源上网。风能和太阳能等可再生新能源发电不稳定、可调度性低、接入电网技术性能差，只有具有足够接纳能力和功率调整能力的智能电网才能为各种分布式绿色能源提供自由接入的动态平台，风能、太阳能、余热发电等电源机构能够根据自己的实际情况选择自我消化发电容量还是在电网用电高峰时发电上网，发挥调峰作用，提高发电效率，平稳电网负荷，减少火电机组发电量和燃料消耗。

11.2.2 制定更为细致的能耗标准，在试点基础上稳定扩大高耗能产业差别电价政策实施范围

1. 制定更为细致的行业能耗标准，对能耗超标企业实行惩罚性电价

细化国家有关产业政策实施办法，对允许和鼓励类企业用电执行正常电价水平，对限制类、淘汰类企业用电适当提高电价，制定更为细致的行业能耗标准，强化节能监察，对能耗超标企业实行惩罚性电价。禁止擅自对高耗能企业实行优惠电价，通过价格机制来反映资源稀缺性和环境损害成本，促使高耗能企业的个别生产成本高于社会平均成本，促进高耗能企业加快节能降耗技术改造，逐步淘汰落后生产能力，实现资源优化配置，达到促进产业结构调整、促进资源节约和保护环境的目的。

2. 以单耗确定节能改造计划

对能源消耗超过国家和地区规定的单位产品能耗（电耗）限额标准的企业和产品，经政府节能监察机构监测并确认企业设备和名单后，有步骤地实行关、停、改，以逐步淘汰高能耗、高污染、低效益的工艺、技术、设备和产品。直接按照电炉规模大小计划关停产能相对过剩的高耗能企业，对于产能不足的高耗能行业，以产品单耗的高低来确定需要逐步淘汰低产能、小规模、高能耗的设备和企业。

3. 严格高能耗企业的审批手续，建立监督约束机制

落实国家产业政策指导目录，杜绝高能耗企业通过改头换面、移花接木或异地搬迁等办法重新生产，规避电价政策的制约。工商、税务、国土等相关部门严格审查高能耗企业工商、税务登记、土地使用程序，节能监察部门严格核查企业的用电量、耗电量、变压器容量等指标，严防国家明令关停的"五小"企业重新生产。对不执行差别电价的企业根据不同情况采取责令关停、整改直至追究当地政府及相关企业负责人的责任的措施。

11.2.3 完善价格分摊机制，促进可再生能源发展

1. 完善可再生能源定价机制

加强成本监审，采用成本加成电价办法解决可再生能源发电企业普遍反映的面临的较高的经营成本和较低的上网电价问题，以风电平均成本和正常的资本金收益率加成为依据，分地区统一核定风电项目的上网电价，给投资商明确的价格信号，引导区域投资导向，避免盲目投资。鼓励优先对资源优越地区率先开发风电，以招标方式确定可再生能源发电项目上网电价。对生物质能、太阳能、垃圾发电等新型可再生能源发电项目电价进行研究、区别对待。与燃煤机组上网电价多次调整相对应，逐步完善可再生能源定价机制，对已投产的可再生能源发电项目上网电价进行适时调整，分门别类地确定更为合理的上网电价水平标杆。

2. 完善可再生能源费用分摊机制

根据能源开采、生产、销售各环节环境外部效应，以绿色税收和绿色补贴办法促进可再生能源等环境友好技术的资金筹集，形成经济、资源、环境与人文发展相协调的政策激励体系，向"资源节约型"和"环境友好型"社会发展。目前国家发改委印发的《可再生能源发电价格和费用分摊管理试行办法》中规定通过向电力用户征收电价附加的方式解决发展可再生能源的所需费用仅是权宜之计，因为附加电价征收范围不区分各级电力用户生产工艺的环境影响，包括了省级及以上电网企业服务范围内的所有电力用户，谁排放谁负责的原则没有得到充分体现。

3. 综合运用各种可再生能源电价规制政策

现行电价规制政策主要有固定电价政策和竞价上网政策，初步实行了配额制，但还没有开始实行可交易绿色证书政策。为了克服可再生能源发展障碍，鉴于现实中三种政策各有优缺点和适用性，实践中，这三种政策彼此之间可以慢慢转变，应采取创新的政策，搭配使用促进可再生能源发展的三种不同政策工具。具体选择配额制政策、固定电价政策，还是竞价上网政策，取决于经济形势、节能减排需要及文化因素。为了增加配额制政策的效率，可以针对不同技术类型制定不同的配额标准。

4. 发电企业自身加强管理，开拓市场

可再生能源发电企业继续加强管理，科学论证项目前期选址、可研、设备选型、投产运营等各个环节。积极开拓市场，发展规模经营，充分利用 CDM 交易

机制，在全球新兴的二氧化碳交易市场平台实现碳交易，使企业增加额外的可观收益。

11.3　稳步推进能源消费总量控制，试点节能量交易

能源消费总量控制的一般办法是对一个或多个实体下达能源限额或指标，规定该实体消费或销售的能源量不得超过指定的数量配额。获得配额许可证的单位在满足自我能源需求后仍有剩余的许可证，可将许可证在二级市场上销售给其他配额对象。通过实施节能技改取得了能效证书的配额对象，也可将这些能效证书在二级市场上销售给其他的配额对象。国家已经在"十二五"期间对全国各省市实施了能源消费总量控制，明确规定了江西省"十二五"期间能源消费总量及增长率指标。

设计市场机制的基础是节能量（或能源消耗量）的指标分配机制，以及为进一步的交易（通常称为二级市场）所奠定的基础和监管准备。现行指标分配机制如下：①许可证制度。要求用能单位对所使用或销售的每单位能源都要获得许可证。②能效证书制度。规定用能单位控制能源消费不超过一定的强度指标，或规定用能企业通过购买其他企业实施能效项目所获得的证书来进行能源的消费。

基于市场的机制要得到预期的节能效果，必须精心设计，加强管理。完善二级市场的交易制度，指定专门机构授权其对交易进行密切监督，精心管理，对交易指标参数和政策规定进行动态调整，保证市场的有效运行。

采用透明、可信的数据来建立许可证或能效证书的流通体制，通过竞拍方式发放许可证。正确实施总量控制和交易制度，就能成功实现总量控制的目标与节能目标。如果不允许突破能源限额，能源价格就会上涨，能源消费需求降低，直到达到能源消费限额水平，这可能会导致实际能源价格会高得无法接受。因此，必须价格信号与能源总量控制、交易制度与规划、能效电厂、电力需求管理、国家补贴政策相配合：一是和当地的能源、节能、环保等相关规划有机结合，形成合力，共同推进；二是和已经建立的能效电厂概念结合起来，把能效电厂作为融资和开发能效项目的载体和降低能源消耗的具体措施；三是与 2010 年实施的《电力需求侧管理办法》相结合，要求电网企业通过节能技改降低能源消耗；四是若实施能效证书制度，节能量计算可以和产业结构调整、节能量补贴、合同能源管理项目相结合。

11.4　统筹协调，完善配套政策

能源价格改革关乎各行业发展、各种利益关系调整和百姓切身利益，关乎改

革发展稳定大局，一定要统筹兼顾公益性和市场化的关系，保护低收入群体的利益。妥善处理改革中成本分摊和利益分配关系，努力做到改革成果全社会共享。要全面考虑企业和居民的承受能力，确认补贴群体，量化能源补贴。尤其要确保低收入群体生活水平不因改革而降低。把能源价格上升带来的利润用于社会，提高的环境保护税用于能源开发利用及环境修复。加快建立能源开发中的生态环保恢复补偿体系和强化污染物减排的价格约束机制。

在能源与资本投入呈现互补性的经济发展早期，大规模基础设施投入导致能源消费增加，偏低的能源价格也加大了节能的难度。但随着能源价格提高，节能技术被大量使用，以节能为目标的资本投入将使能源消耗下降，这时能源和资本之间通常表现为替代关系。节能技术改造导致产品成本或能源服务使用成本下降，会引起能源需求的反弹，使政府为提高能源效率而进行节能投入的效果小于预期。能源反弹效应说明，提高能源价格更能有效节能，如果提高能源价格，迫使能源服务成本增加，个人和企业进行节能投入的动力更大。在市场经济条件下，税收政策作为政府对能源资源管理和调控的主要手段，能够优化和引导能源的生产与消费，在短期内可以发挥优化能源价格形成机制的作用。以江西省为例的节能成本计算结果说明目前能源价格水平依然偏低。建议统筹价格、税收、收费等政策工具，将能源利用产生的环境外部成本逐步纳入能源价格中，通过明租、清费、正税，共同发力，提高能源效率，降低能源的消耗。因此，促进节能价格机制的关键在于在能源价格市场形成的基础上，通过规范收费，完善税收政策，辅之以金融政策等，促进节能效果的最大化。

参 考 文 献

白晶 . 2012-05-14. 欧盟电价形成机制缺乏透明度 . 中国能源报，第 9 版 .

北京市发展和改革委员会 . 2008. 节能减排培训教材——节能管理与新机制篇 . 北京：中国环境科学出版社 .

陈聪，彭武元 . 2009. 中国煤电价格联动政策回顾与评析 . 中国地质大学学报，(9)：45-49.

陈刚 . 2009. FDI 竞争、环境规制与污染避难所——对中国式分权的反思 . 世界经济研究，(6)：3-4.

陈葵，余裕平，刘梅影，等 . 2005. 能源缺乏是制约江西生态经济建设的瓶颈//上海市能源研究会 . 长三角清洁能源论坛论文专辑 .

陈其珏 . 2009-04-23. 新能源革命欲再造全球分工体系 . 上海证券报，第 B7 版 .

陈其珏 . 2010-12-22. 柴油荒引发生物柴油热，后者消费税拟取消 . 上海证券报，第 F10 版 .

陈钦荣 . 2007. 遏制高耗能行业盲目发展 . 广西电业，(88)：5-7.

陈荣富 . 2008-06-16. 石脑油消费税调整　宽进严出稳定价格 . http://business.sohu.com/20080616/n257532267. shtml.

陈锡康，刘秀丽，付雪 . 2008. 投入占用产出分析在理论与方法上的若干重要进展及其主要应用 . 中国科学基金，(4)：224-227.

陈晓刚，杨颖 . 2009. 关于南昌市创建森林城市的思考及建议 . 科技情报开发与经济，(15)：104-106.

陈新平 . 2012. 低碳财税政策 . 上海：立信会计出版社 .

陈学婧 . 2011-06-27. 发改委严令整顿规范电价秩序 . 中国电力报，第 1 版 .

程晖，苗露 . 2012-06-11. 有效利用再生资源具有重要战略意义 . 中国经济导报 .

褚义景，戴胜利 . 2010. 汽车节能减排的若干对策研究 . 武汉理工大学学报，32 (4)：76-79.

范维唐 . 1999. 降低耗能，节约能源 . 山西节能与环保，(1)：7-12.

高伟娜 . 2009. 电力产业价格规制的演变与改革 . 价格月刊，(4)：5-8.

高效，李成仁 . 2012-07-03. 透视日本美国居民阶梯电价制度 . 国家电网报，第 12 版 .

龚绍礼，张春晓 . 2005. 加快江西省煤炭资源有序勘查与开发//地质工作战略问题研究——中国地质矿产经济学会青年分会 . 2005 年年会学术论文集 .

郭怀英 . 2010-04-05. 日本力促环保产业推动经济转型的经验与启示 . 中国投资 .

郭丽丽，原毅军 . 2010. 区域性节能潜力测算：概念解释与方法综述 . 科技和产业，(2)：38-40.

国家电力监管委员会 . 2006. 南美洲、亚洲、非洲各国电力市场化改革 . 北京：中国水利水电出版社 .

国网能源研究院 . 2011. 2011 国外电力市场化改革分析报告 . 北京：中国电力出版社 .

国网能源研究院 . 2012. 2012 国外电力市场化改革分析报告 . 北京：中国电力出版社 .

国务院 . 2012-06-28. 节能与新能源汽车产业发展规划 (2012—2020 年) .

何培育 . 2010. 实施差别电价政策的影响及对策 . 节能减排，(5)：37-39.

何平 . 2002. 环境经济学、环境法学、环境生态学 . 北京：中国林业出版社 .

何有世.2008.区域社会经济系统发展动态仿真与政策调控.合肥：中国科学技术大学出版社.

洪大用,等.2007.中国民间环保力量的成长.北京：中国人民大学出版社.

洪结银.2011.完善煤电价格联动政策的对策研究.价格理论与实践,(9)：27-28.

胡江溢,王鹤,周昭茂.2007.电力需求侧管理的国际经验及对我国的启示.电网技术,31
    (18)：10-14.

胡啸,李文秀.2010-12-01.江西加快工业园区污水处理设施建设,总投资 5 亿元.http://
    news.cntv.cn/20101201/105923.shtml.

胡旭辉.2005-10-12.汽车消费税调整应考虑价格因素.第一财经日报,第 C02 版.

黄少中.2008.从当前电力企业生产经营面临的困难看我国电煤管理体制和电价形成机制的改
    革.广西电业,(5)：4-7.

籍艳丽.2011.金砖五国经济增长与能源消费强度收敛性分析——基于面板数据模型的八国比
    较研究.云南财经大学学报,(5)：52-58.

贾绍凤,姜文来,沈大军.2006.水资源经济学.北京：中国水利水电出版社.

江西省节能监察总队.2011.我省百家重点用能企业全面完成"十一五"节能目标任务.节能
    与监察,(3)：53.

江西省统计局.2013.江西统计年鉴 2013.北京：中国统计出版社.

姜春海.2010.煤电价格联动政策：基于火电行业和特定企业双层视角的分析//东北财经大
    学.2010 年中国产业组织前沿论坛会议文集：494-513.

姜东升.2009.汽车节能减排的税收对策分析——从汽车消费税调整说起.经济与管理,23
    (3)：78-82.

姜涛.2010.规制变革下的企业董事会动态特征——基于转型期中国发电类上市公司的研究.
    中国工业经济,(12)：117-126.

姜雅.2007.日本新能源的开发利用现状及对我国的启示.国土资源情报,(7)：31-35.

蒋洪强,牛坤玉,曹东.2009.污染减排影响经济发展的投入产出模型及实证分析.中国环境
    科学,(12)：1327-1332.

蒋莉,罗林.2009.试论消费观念变革与可持续发展消费观.经营管理者,(3)：7.

蒋莉萍.2008.2007 年风电发展情况及其带来的有关思考.电力技术经济,20 (3)：35-38.

蒋莉萍.2009.2008 年国内外风电发展情况综述.电力技术经济,21 (2)：12-15.

焦保良.2010.浅谈国内外核电技术发展现状及前景.科技信息,(34)：346-347.

晋自力,陈松伟.2009.欧盟电力市场化改革及其启示.生产力研究,(16)：133-135.

卡布罗 L.2002.产业组织导论.胡汉辉,赵震翔译.北京：人民邮电出版社.

孔令丞,谢家平.2008.建设资源节约型和环境友好型社会的度量标准研究——一个分析框架.
    当代经济管理,(6)：1-6.

孔淑红.2010.税收优惠对科技创新促进作用的实证分析.科技进步与对策,(12)：32-36.

李博.2009.上海绿色证书交易机制设计.上海交通大学硕士学位论文.

李传统.2005.新能源与可再生能源技术.南京：东南大学出版社.

李丰涛,陈向群.2010.浅析我国实行差别电价的必要性.消费导刊,(5)：74-78.

李刚,栾鹏,刘亚改,等.2009.浅析美国新能源政策及对我国的影响.中国国土资源经济,
    (8)：25-27.

李钢，陈志，金碚，等.2008.矿产资源对中国经济增长约束的估计.财贸经济，(7)：18-23.

李钢，马岩.2010.中国工业环境管制强度与提升路线——基于中国工业环境保护成本与效益的实证研究.中国工业经济，(3)：31-41.

李家才.2009.可交易绿色证书与可再生能源：基于最优化的考察//中国环境科学学会.中国环境科学学会2009年学术年会论文集（第四卷）.

李俊峰.2007.2007中国风电产业发展报告.北京：中国环境科学出版社.

李淑英，黄秋萍.2006.江西农业面源污染及其控制对策.江西农业学报，(1)：74-79.

李霞.2004.国外发展绿色电力的经验.环境保护，(1)：55-61.

李小萍.2012.我国核电产业发展政策分析.企业经济，(5)：164-167.

李新明，王燕.2008.污水处理价格成本合理性标准的确定及其影响因素.价格与市场，(7)：35-37.

李星光，武春友.2008.可再生能源发展促进政策的经济学分析.科技管理研究，(3)：49-52.

李旭.2009.社会系统动力学——政策研究的原理、方法和应用.上海：复旦大学出版社.

李英.2006.巴西电力工业和电价改革及对我国的启示.电力技术经济，(12)：21-25.

李永友，沈坤荣.2008.我国污染控制政策的减排效果——基于省际工业污染数据的实证分析.管理世界，(7)：7-17.

栗宝卿.2010.促进可再生能源发展的财税政策研究.财政部财政科学研究所.

梁爱玉.2004.关于我国城镇污水处理厂建设及运营的思考.农村经济，(12)：93-95.

林伯强.2003.结构变化、效率改进与能源需求预测——以中国电力行业为例.经济研究，(5)：57-65.

林伯强.2004.工作电力短缺、短期措施与长期战略.经济研究，(3)：28-36.

林芳莉.2008.我国污水处理的现状和存在的问题.科技创新导报，(14)：75.

刘承水.2008.煤电联动与电力改革的思考与探讨.北京城市学院学报，(2)：56-64.

刘迪生.2011.深化电价改革促进新疆经济跨越发展.新疆财经，(2)：5-11.

刘姗，谌洁.2011-01-14.2010年中国汽车产销量刷新世界纪录.中国工业报，第A01版.

刘世锦，冯飞.2003.中国电力改革与可持续发展.北京：经济管理出版社.

刘树杰，陈扬.2005.新时期能源价格政策的基本思路.宏观经济研究，(7)：23-26.

刘天齐.2003.环境经济学.北京：中国环境科学出版社.

刘雪梅，何逢标.2006.关于优化污水处理收费体制问题的思考.中国水运，(11)：178-179.

刘妍，郑丕谔，李磊.2006.我国可持续发展水价制定的方法研究.价格理论与实践，(1)：35-36.

刘征兵.2006.中国城市污水处理设施建设与运营市场化研究.中南大学博士学位论文.

龙晨红.2011.江西节能减排现状与路径选择的思考.科技广场，(8)：18-24.

路军强.2009.我国煤电价格联动的问题和对策研究.河北大学硕士学位论文.

罗国强，叶泉，郑宇.2011.法国新能源法律与政策及其对中国的启示.天府新论，(2)：66-72.

罗红.2010.完善我国节能减排税收政策的探讨.宏观经济管理，(3)：45-47.

罗松.2010.促进可再生能源发展法律机制研究.重庆：西南政法大学出版社.

骆毅.2010-12-31.生物柴油消费税免征"杯水车薪".第一财经日报，第B02版.

马宝云.2007.当前水资源费和污水处理费征收工作中存在的问题及对策.水利研究发展，

（10）：39-40.

马海涛，程岚．2010. 论促进节能减排的财税政策．财经论丛，（2）：37-42.

马海涛，仇晓洁．2009. 节能减排财税政策研究——以循环经济角度分析．地方财政研究，（1）：42-46.

马乃毅．2010. 城镇污水处理定价研究．西北农林科技大学博士学位论文.

马乃毅，姚顺波．2010. 污水处理定价方法分类与比较研究．苏州大学学报（社会科学版），（4）：51-54.

马文芳．2007. 我国污水处理产业市场化的几点思考．价格与市场，（4）：23-24.

马歇尔．1964. 经济学原理．朱志秦，陈良璧译．北京：商务印书馆.

马英娟．2007. 政府监管机构研究．北京：北京大学出版社.

梅多斯 D，兰德斯 Q，梅多斯 D.2006. 增长的极限．李涛，王智勇译．北京：机械工业出版社.

孟浩．2012. 美国新能源政策、影响及对策．价值工程，（20）：323-325.

孟浩，曹燕，陈颖健．2008. 德国的能源管理及启示．中国科技论坛，（10）：126-131.

孟浩，陈颖健．2011. 美国无二氧化碳排放无核能的能源技术路线图．中国科技财富，（11）：70-75.

聂倩，曹美蓉．2010. 从实践层次探讨促进江西循环经济发展的财税政策．企业经济，（2）：158-160.

欧佩玉，汪方军．2009. 基于 DEA 作业消耗资源评价分析．管理学报，（8）：1061-1065.

裴永刚．2009. 印度新能源政策及其评析．国土资源情报，（9）：43-48.

彭水军，包群．2006. 中国经济增长与环境污染．中国工业经济，（5）：15-23.

秦玠衡，杨謖．2009. 绿色证书交易机制对可再生能源发展的积极作用分析．金融经济，（6）：93-94.

仇保兴，王俊豪．2009. 市政公用事业监管体制与激励性监管政策研究．北京：中国社会科学出版社.

沙苒，杨宝荣，邓锡广．2012. 南非电力市场发展及中南电力合作．西亚非洲，（6）：113-134.

上海财经大学区域经济研究中心．2007.2007 中国区域经济发展报告——中部塌陷与中部崛起．上海：上海人民出版社.

邵兴军．2011. 经济增长方式转变下的能源强度及能源回弹效应变化研究．江苏大学硕士学位论文.

史丹，吴利学，傅晓霞，等．2008. 中国能源效率地区差异及其成因研究——基于随机前沿生产函数的方差分解．管理世界，（2）：35-43.

苏康，张萌．2005. 俄罗斯电力市场改革发展现状．国际电力，（5）：10-14.

孙可，韩祯祥．2006. 美国加州电力市场电价的分形特征．能源工程，（5）：1-3.

孙艺新．2008. 我国差别电价政策的理论探讨．价格天地，（10）：9-10.

孙永利，张宇，赵琳．2008. 影响城镇污水处理产业发展的关键问题及对策建议．水工业市场，（1）：19-22.

孙泽生，宋玉华．2008. 中国的燃油税改革：意义、措施与前景．国际石油经济，（8）：44-51.

唐铁军．2007. 深化污水处理收费改革的难点与对策．价格月刊，（10）：37-40.

田中华.2012.广东省电力需求侧管理政策及实施效果.电力需求侧管理,12(3):54-56.

王长轩.2008.江西省能源现状与发展核电可行性的探索.江西能源,(4):17-19.

王朝华.2011.国际新能源发展的主要趋势及对我国新能源发展的思考.经济论坛,(10):84-89.

王佳宁,胡新华.2007-02-12.大力促进节能降耗,推动产业结构升级.经济日报.

王蕾,魏后凯,王振霞.2012.中国区域节能潜力估算及节能政策设计.财贸经济,(10):130-136.

王梅霖.2011.电力需求侧管理研究.北京交通大学博士学位论文.

王明美.2006.江西社会发展五十年.南昌:江西人民出版社.

王森涛.2012.美国和日本新能源产业发展的经验启示.现代商业,(14):81.

王霞,王丽萍.2003.国外电价制度及对我国电价改革的启示.电力技术经济,(1):22-24.

王仲颖,李俊峰.2007.中国可再生能源产业发展报告2007.北京:化学工业出版社.

卫明.2010.发挥"差别电价"在节能减排中的杠杆作用.农村电工,(12):15.

魏玢.2003.美国PJM电力市场及其对我国电力市场化改革的启示.电力系统自动化,(8):32-35.

吴芳.2011.煤炭价格市场化思考.经济论丛,(10):244.

吴琦,武春友.2009.基于DEA的能源效率评价模型研究.管理科学,(1):103-112.

吴松,荆文娜.2012-06-09.增值税"先征后返"停止　资源再生企业举步维艰.中国经济导报.

吴畏,吴重德.2003.论输配电价和销售电价的若干问题及对策.供电企业管理,(5):14-17.

武友德,潘玉君.2004.区域经济学导论.北京:中国社会科学出版社.

席卫群.2012-09-15.促进我国居民消费模式转变的税收政策.当代财经.

席卫群,广瀚尧.2009.新企业所得税实施对地区税负差异的影响分析.当代财经.

夏炎,杨翠红.2010.基于投入产出优化方法的行业节能潜力和节能目标分析.管理评论,(6):93-99.

项安波.2010.完善节能减排市场机制　应对气候变化挑战.中国经济时报,第7版.

项毅.2009.高耗能企业的电能计量与节能途径研究.浙江工业大学硕士学位论文.

幸红波,郑沐春,刘静,等.2012."十二五"时期江西能源保障问题研究.能源研究与管理,(3):1-5.

胥飞.2012.关于完善电力需求侧管理的几条建议.机电信息,(15):168-169.

徐博.2010.促进我国自主科技创新的财税政策研究.北京:经济科学出版社.

杨春,王灵梅,刘丽娟.2012.我国核电发展现状浅析.能源环境保护,(1):9-10.

杨飞虎,詹青,王盼红.2009.关于江西省转变经济增长方式的思考.价格月刊,(12):61-64.

杨继美.2012-03-07.合同能源管理税收优惠怎样落实.中国税务报,第8版.

杨娟.2009.美国非民营电力公司的组织形式与电价管理.中国物价,(3):37-40.

袁志民.2008.环境友好型社会评价指标测度方法研究.科研管理,(4):175-179.

袁中军.2005.加强电力需求侧管理的探讨.广西电力,(5):68-72.

曾次玲,张步涵,谢培元.2004.澳大利亚国家电力市场的最新发展状况.电网技术,(24):74-80.

张国宝.2009.中国能源发展报告 2009.北京：经济科学出版社.

张国红.2009.奥巴马的科技新政与美国的新能源发展战略.当代社科视野,（5）：15-20.

张国亭.2009.江苏浙江节能减排的主要措施与借鉴.山东商业职业技术学院学报,（3）：6-10.

张红凤,周峰,杨慧,等.2009.环境保护与经济发展双赢的规制绩效实证分析.经济研究,（3）：14-26.

张平,王树华.2011.江苏绿色增长的政策实践与前景展望.现代管理科学,（11）：30-32.

张三锋.2010.我国生产者服务业城市集聚度测算及其特征研究.产业经济研究,（3）：31-37.

张笑寒.2009.基于 AHP 方法的开发区土地集约利用评价研究.华中农业大学学报（社会科学版）,（2）：25-30.

张艳.2011-02-26.我国成为第一能源消费大国.京华时报,第 34 版.

张子龙,陈兴鹏,杨静,等.2010.甘肃省经济增长与环境压力关系动态变化的结构分解分析.应用生态学报,（2）：429-433.

赵红.2008a.环境规制对产业绩效影响——对国外三种观点的理论综述.生态经济,（1）：270-272.

赵红.2008b.环境规制对产业技术创新的影响——基于中国面板数据的实证分析.产业经济研究,（3）：35-40.

赵引德.2011-07-07.地沟油转化生物柴油驶向正轨.中国化工报,第 6 版.

郑沐春.2009.关于江西能源发展战略的思考.能源研究与管理,（4）：1-4.

周国兰.2008.着力推进节能减排 建设绿色生态江西.中国发展观察,（3）：18-20.

周民良.2000.中国的区域发展与区域污染.管理世界,（2）：103-113.

朱成章.2011.英国电力改革 20 年引发的思考.中外能源,（16）：7-13.

朱晓艳.2010.发电企业脱硫运营管理现状及建议.华东电力,（10）：1509-1511.

朱治中,谢开,于尔铿.2007.俄罗斯电力改革中的市场设计述评.电网技术,（7）：35-39.

苈梓.2011-01-14.2010 年钢铁出口量前高后低 取消出口退税率效果明显.中国网.

Angdeem B W. 2004. Position analysis for policy making in energy: which is the preferred method? Energy Policy, 32: 1131-1139.

Antweiler W, Copeland B R, Taylor M S. 2001. Is free trade good for the environment? The American Economic Review, 91: 877-908.

Berman E, Bui L T. 2001. Environmental regulation and productivity: evidence from oil refineries. The Review of Economics and Statistic, 88: 78-89.

Birol F, Keppler J H. 2000. Prices, technology development and the rebound effect. Energy Policy, 28 (6): 457-459.

Blomstrom M, Kokko A. 2006. From Nature Resources to High-Tech Production: The Evolution of Industry Competitiveness in Sweden and Finland. Stanford: Stanford University Press.

Cho D-S, Moon H-C. 2000. From Adam Smith to Michael porter: Evolution of Competitiveness Theory. Singapore: World Scientific.

Corino C. 2003. Energy Law in Germany and Its Foundations in International and European

Law. Mflnchen: Verlag C. H. Beck.

Davis D R, Weinstein D E. 2004. A search for multiple equilibria in urban industrial structure. National Bureau of Economic Research, 48 (1): 29-65.

Egginga R, Gabrielb S A, Holzc F, et al. 2008. A complementarity model for the European natural gas market. Energy Policy, (36): 2385-2414.

Fisher-Vanden K, Jefferson G H, Liu H M, et al. 2004. What is driving China's decline in energy intensity? Resource and Energy Economics, 26 (1): 77-97.

Hang L M, Tu M Z. 2006. The impact of energy prices on energy intensity: evidence from China. Energy Policy, 35 (5): 2978-2988.

Harkin T. Conference Report to Accompany H. R. 1-The American Recovery and Reinvestment Act of 2009: Joint Explanatory Statement-Division A. http://www.house.gov/billtext/hr 1 _ cr _ jes.

Jcoal N. 2007. Clean coal technologies in Japan: technology innovation in the coal industry. Working Paper.

Koplow D. 2006. Subsidies in the US energy sector: magnitude, causes, and options for reform. Working Paper.

Kyle P, Clarke L. 2009. The value of advanced technology in meeting 2050 greenhouse gas emissions targets in the United States. Energy Economics, (31): S254-S267.

Liddle B. 2001. Free trade and the environment—development system. Ecological Economics, (39): 21-36.

Lowe E. 2001. By-product exchange. New approaches. Indigo Development Working Paper, Indigo Development Center, Emeryville, CA.

Malerba F. 2005. Innovation and the evolution of industrial. Journal of Evolutionary Economics, 16: 13-23.

Mitchell J K. 2001. Cities and the environment: new approaches for eco-societies urban studies. Edinburgh, 38: 29-34.

Strachan N, Kannan R. 2008. Hybrid modelling of long-term carbon reduction scenarios for the UK. Energy Economics, 30: 2947-2963.

Taylor M S, Copeland B R. 2004. Trade, growth and the environment. Journal of Economic Literature, 42: 7-71.

Tuladhar S D. 2009. A top-down bottom-up modeling approach to climate change policy analysis. Energy Economics, 31: S223-S234.

U. S. Census Bureau. 2009. Statistical Abstract of the United States. Working Paper.

附　　表

附表 1　江西工业分产业万元 GDP 能耗（单位：吨标准煤/万元）

年份	煤炭开采和洗选业	纺织业	木材加工及木竹藤棕草业	造纸及制品业	石油加工、炼焦及核燃料加工业	化学原料及化学制品业	非金属矿物制品业	黑色金属冶炼及压延加工业	有色金属冶炼及压延加工业	电力、热力生产和供应业	整体水平
1996	4.428	0.812	0.841	2.507	1.211	4.262	4.167	5.688	0.840	2.736	2.922
1997	5.000	0.789	0.587	2.478	1.133	3.846	2.774	5.099	0.785	2.279	2.552
1998	2.718	0.674	0.768	2.152	2.680	3.062	4.294	4.545	1.650	1.379	2.573
1999	4.175	0.903	0.864	1.701	2.257	2.288	4.924	4.721	1.767	1.757	2.738
2000	5.253	0.821	0.773	2.090	1.913	2.540	3.380	4.288	1.441	2.241	2.510
2001	5.435	0.961	1.319	2.568	2.120	2.568	5.602	4.258	1.428	1.406	2.707
2002	4.817	0.605	0.470	2.083	3.162	1.671	4.001	4.087	0.943	1.458	2.439
2003	3.696	0.601	0.605	2.356	3.453	1.990	2.551	2.949	0.935	1.638	2.132
2004	2.333	0.472	0.778	1.038	2.037	1.368	3.017	2.875	0.459	1.592	1.713
2005	3.056	0.422	0.740	1.202	1.110	1.649	3.740	2.325	0.362	0.914	1.473
2006	3.045	0.364	0.473	0.881	0.965	1.177	2.727	2.296	0.226	0.723	3.034
2007	2.477	0.234	0.371	0.903	0.842	0.732	1.964	2.077	0.157	0.662	0.877
2008	2.637	0.102	0.285	0.797	1.218	0.474	1.598	1.600	0.133	0.651	0.754
2009	1.340	0.138	0.253	0.533	0.635	0.327	1.318	2.208	0.153	0.609	0.709
2010	1.050	0.146	0.195	0.423	0.611	0.275	0.938	1.704	0.103	0.589	0.538
2011	0.903	0.116	0.124	0.329	0.345	0.184	0.932	1.268	0.093	0.554	0.428

　　注：1996～2000 年万元 GDP 能耗根据能源消费量/全部工业总产值（按当年价）计算得出；2001～2011 年万元 GDP 能耗根据能源消费量/规模以上工业总产值（按当年价）计算得出

附表 2　江西工业分产业税收收入（单位：亿元）

年份	煤炭开采和洗选业	纺织业	木材加工及木竹藤棕草业	造纸及制品业	石油加工、炼焦及核燃料加工业	化学原料及化学制品业	非金属矿物制品业	黑色金属冶炼及压延加工业	有色金属冶炼及压延加工业	电力、热力生产和供应业	合计
1996	2.06	1.75	1.03	1.26	5.92	2.01	4.58	2.24	2.35	7.34	30.54
1997	2.06	0.59	1.30	0.87	6.39	2.06	4.37	2.36	1.80	6.15	27.95
1998	1.28	0.77	0.54	0.34	6.88	1.37	1.76	2.43	2.04	8.24	25.65
1999	1.84	1.58	1.10	0.70	7.51	2.32	4.41	3.63	2.59	7.97	33.65
2000	1.94	1.86	1.18	0.82	7.25	2.77	4.36	5.53	3.61	10.49	39.81
2001	1.73	1.33	0.91	0.91	7.46	2.76	3.57	7.89	3.47	10.25	40.28
2002	1.90	1.18	0.89	0.47	7.31	2.82	3.78	8.93	4.79	11.59	43.66
2003	2.53	1.80	1.04	0.51	8.21	3.55	5.84	16.04	6.56	13.28	59.36
2004	4.70	3.36	1.30	0.99	9.32	6.15	8.11	16.11	10.91	17.79	78.74
2005	6.80	3.31	1.88	1.45	8.10	8.49	8.89	19.80	21.71	19.61	100.04
2006	9.63	4.54	2.80	2.15	8.11	12.75	12.63	22.12	45.54	50.39	170.66
2007	8.92	4.29	2.72	2.70	9.41	9.96	13.38	27.37	39.77	32.82	151.34
2008	12.98	3.54	3.41	2.71	8.82	13.26	22.93	29.65	55.65	34.43	187.38
2009	15.63	3.58	3.68	1.75	39.01	12.10	28.01	24.04	22.45	28.85	179.10
2010	23.60	4.77	3.00	2.36	47.02	16.76	42.94	24.91	28.15	33.37	226.88

注：1996~2006 年税收收入根据《江西统计年鉴》规模以上工业经济指标计算得来；2007~2010 年税收收入来源于《中国税务统计年鉴》

附表 3　江西工业分产业主营业务税金及附加（单位：亿元）

年份	煤炭开采和洗选业	纺织业	木材加工及木竹藤棕草业	造纸及制品业	石油加工、炼焦及核燃料加工业	化学原料及化学制品业	非金属矿物制品业	黑色金属冶炼及压延加工业	有色金属冶炼及压延加工业	电力、热力生产和供应业	合计
1996	0.38	0.20	0.27	0.14	3.03	0.27	0.82	0.20	0.19	0.51	6.01
1997	0.37	0.27	0.34	0.13	2.92	0.31	0.86	0.22	0.10	0.65	6.17
1998	0.12	0.07	0.06	0.06	3.38	0.12	0.18	0.17	0.09	0.56	4.81
1999	0.31	0.23	0.31	0.12	3.73	0.47	0.97	0.29	0.21	0.85	7.49
2000	0.32	0.26	0.27	0.19	4.48	0.33	0.94	0.49	0.27	0.87	8.42
2001	0.26	0.20	0.17	0.09	3.91	0.31	0.56	0.59	0.22	0.88	7.19

续表

年份	煤炭开采和洗选业	纺织业	木材加工及木竹藤棕草业	造纸及制品业	石油加工、炼焦及核燃料加工业	化学原料及化学制品业	非金属矿物制品业	黑色金属冶炼及压延工业	有色金属冶炼及压延工业	电力、热力生产和供应业	合计
2002	0.27	0.21	0.16	0.09	4.04	0.55	0.50	0.72	0.56	0.90	8.00
2003	0.30	0.42	0.21	0.07	4.25	0.62	0.83	1.09	0.73	1.17	9.69
2004	0.79	0.43	0.16	0.08	4.76	1.17	0.98	1.18	0.26	1.48	11.29
2005	1.11	0.81	0.25	0.20	4.65	1.53	1.48	1.40	1.36	1.46	14.25
2006	2.19	1.06	0.38	0.15	5.01	2.50	1.77	1.64	2.41	1.93	19.04
2007	2.41	1.15	0.67	1.42	0.53	4.88	2.81	3.13	5.95	2.51	25.46
2008	3.22	1.37	1.00	1.24	5.66	7.97	3.82	4.06	8.80	2.64	39.78
2009	3.26	1.64	1.05	0.95	37.30	8.46	5.76	2.76	6.93	2.09	70.20
2010	3.46	1.59	1.06	1.00	39.84	11.51	8.13	2.77	10.43	2.80	82.59
2011	3.04	2.50	1.19	1.16	38.40	11.90	8.75	2.97	16.20	2.78	88.89

注：1996～2000 年数据来源于《江西统计年鉴》的全部工业的主营业务税金及附加；2001～2011 年数据来源于《江西统计年鉴》的规模以上工业的主营业务税金及附加

附表 4　江西工业分产业增值税（单位：亿元）

年份	煤炭开采和洗选业	纺织业	木材加工及木竹藤棕草业	造纸及制品业	石油加工、炼焦及核燃料加工业	化学原料及化学制品业	非金属矿物制品业	黑色金属冶炼及压延工业	有色金属冶炼及压延工业	电力、热力生产和供应业	合计
1996	1.60	1.46	0.69	0.97	2.81	1.46	3.34	2.03	2.10	6.67	23.13
1997	1.53	0.21	0.89	0.63	3.02	1.55	3.14	2.13	1.67	5.02	19.79
1998	0.94	0.69	0.46	0.27	3.05	1.15	1.43	2.26	1.87	7.36	19.48
1999	1.26	1.30	0.73	0.41	3.56	1.66	3.15	3.32	2.21	6.87	24.47
2000	1.40	1.46	0.80	0.42	2.66	1.68	2.99	4.96	3.09	8.87	28.33
2001	1.21	1.10	0.63	0.62	3.50	2.22	2.83	6.24	3.02	8.89	30.26
2002	1.39	0.87	0.66	0.33	3.26	2.07	3.08	7.66	3.98	10.19	33.49
2003	1.97	1.21	0.76	0.40	3.80	2.62	4.33	11.78	5.20	11.62	43.69
2004	3.42	2.71	0.91	0.78	4.51	4.29	6.00	13.33	9.11	15.53	60.59
2005	4.99	2.35	1.42	1.06	3.39	5.89	6.72	15.85	15.82	16.79	74.28
2006	6.46	3.36	2.21	1.79	2.97	9.06	9.48	17.28	31.50	26.35	110.46

续表

年份	煤炭开采和洗选业	纺织业	木材加工及木竹藤棕草业	造纸及制品业	石油加工、炼焦及核燃料加工业	化学原料及化学制品业	非金属矿物制品业	黑色金属冶炼及压延加工业	有色金属冶炼及压延加工业	电力、热力生产和供应业	合计
2007	7.12	4.40	3.36	2.64	4.11	12.38	16.00	24.67	46.56	25.24	146.48
2008	10.10	6.56	4.00	2.74	3.41	16.48	22.97	23.11	60.35	26.86	176.58
2009	9.79	9.81	5.72	3.43	11.82	21.66	26.16	19.27	55.13	23.71	186.50
2010	12.16	15.12	7.12	5.15	11.25	28.91	39.18	17.46	77.71	29.69	243.75
2011	14.40	17.98	6.99	6.53	7.50	37.13	50.42	22.51	106.85	24.12	294.43

注：增值税根据 1997～2012 年《江西统计年鉴》规模以上工业经济指标计算得来

附表 5　江西工业分产业企业所得税（单位：亿元）

年份	煤炭开采和洗选业	纺织业	木材加工及木竹藤棕草业	造纸及制品业	石油加工、炼焦及核燃料加工业	化学原料及化学制品业	非金属矿物制品业	黑色金属冶炼及压延加工业	有色金属冶炼及压延加工业	电力、热力生产和供应业	合计
1996	0.08	0.09	0.07	0.15	0.08	0.28	0.42	0.01	0.06	0.16	1.40
1997	0.16	0.11	0.07	0.11	0.45	0.20	0.37	0.01	0.03	0.48	1.99
1998	0.22	0.01	0.02	0.01	0.45	0.10	0.15	0.00	0.08	0.32	1.36
1999	0.27	0.05	0.06	0.17	0.22	0.16	0.29	0.02	0.17	0.25	1.69
2000	0.22	0.14	0.11	0.21	0.11	0.76	0.43	0.08	0.25	0.75	3.06
2001	0.26	0.03	0.11	0.20	0.05	0.23	0.20	1.06	0.23	0.48	2.83
2002	0.24	0.10	0.07	0.05	0.01	0.20	0.20	0.55	0.25	0.50	2.17
2003	0.26	0.17	0.07	0.04	0.16	0.31	0.68	3.17	0.63	0.49	5.98
2004	0.49	0.22	0.23	0.13	0.05	0.69	1.13	1.60	1.54	0.78	6.86
2005	0.70	0.15	0.21	0.19	0.06	1.07	0.69	2.55	4.53	1.36	11.51
2006	0.98	0.12	0.21	0.21	0.13	1.19	1.38	3.20	11.63	22.11	41.16
2007	0.98	0.37	0.25	0.28	0.15	1.38	2.90	3.78	11.39	3.87	25.35
2008	1.27	0.14	0.33	0.31	0.22	2.22	2.18	1.55	12.82	2.77	23.81
2009	1.85	0.14	0.27	0.24	0.31	1.53	2.09	2.19	6.49	2.56	17.67
2010	2.94	0.29	0.25	0.32	0.17	3.25	4.10	2.80	10.87	2.92	27.91

注：1996～2000 年数据来源于《江西统计年鉴》的全部工业的应交所得税；2001～2006 年数据来源于《江西统计年鉴》的规模以上工业的应交所得税；2007～2010 年数据来源于《中国税务统计年鉴》

附1 调查问卷

一、公司（企业）基本情况

1. 贵公司（企业）所属行业＿＿＿＿＿＿。

2. 贵公司（企业）属于＿＿＿＿＿＿＿＿＿＿。

    A. 轻工业   B. 重工业

3. 企业所有制性质＿＿＿＿＿＿＿＿＿＿＿＿。

    A. 国有企业   B. 集体企业   C. 私有企业

    D. 外商投资企业   E. 外国企业   F. 股份制企业

    G. 其他企业

4. 贵公司（企业）具有大学专科以上学历的科技人员占当年职工人数比重＿＿＿。

    A. 10％以下   B. 10％～30％   C. 30％以上

5. 贵公司（企业）研发人员占当年职工总数比重＿＿＿＿＿＿。

    A. 基本没有   B. 10％以下   C. 10％以上

6. 贵公司（企业）年能耗规模＿＿＿＿＿＿。

    A. 5 000 吨标准煤以下   B. 5 000～10 000 吨标准煤

    C. 10 000 吨标准煤以上

7. 贵公司（企业）生产经营中主要能源构成情况（单位：％）：

能源名称	2006 年	2007 年	2008 年	2009 年	2010 年	2011 年
原煤比重						
汽油比重						
柴油比重						
煤油比重						
电力比重						
天然气比重						
热力比重						
其他能源比重						

8. 贵公司（企业）主要产品单耗情况：

产品	能耗单位	2006 年	2007 年	2008 年	2009 年	2010 年	2011 年

9. 贵公司（企业）主要产品单耗下降的主要动力是＿＿＿。

　　A. 行政命令　　　　　　　B. 财政补贴

　　C. 税收优惠　　　　　　　D. 能源差别性价格

10. 贵公司（企业）能源成本占企业运行总成本的比例是＿＿＿。

　　A. 10％以下　　　　　B. 10％～20％　　　　　C. 20％～30％

　　D. 30％～40％　　　　E. 40％～50％　　　　　F. 50％以上（请说明：＿＿＿％）

11. 贵公司（企业）主要排放废弃物（可多选）＿＿＿。

　　A. 二氧化硫　　　　　B. 二氧化碳　　　　　C. 化学需氧量

　　D. 固体废弃物　　　　E. 污水　　　　　　　F. PM 2.5

　　G. 其他＿＿＿（请说明）

12. 2006～2011 年贵公司（企业）缴纳排污费分别为 ＿＿＿、＿＿＿、＿＿＿、＿＿＿、

　　＿＿＿、＿＿＿。

13. 贵公司（企业）产生的废弃物处理情况（可多选）＿＿＿。

　　A. 直接排放　　　　　　　　　　　　B. 做原料生产其他产品

　　C. 卖给其他企业做原料　　　　　　　D. 其他＿＿＿（请说明）

二、公司（企业）节能减排技术改造资金投入-产出状况

14. 贵公司（企业）节能减排技术状况：

类别	2006 年	2007 年	2008 年	2009 年	2010 年	2011 年
科技项目获奖数/项						
专利申请数/项						
已获专利数/项						
科技投入资金/万元						

15. 2006～2011 年贵公司（企业）节能减排技术项目效果：

技术项目	开发利用方式、途径	节能量/（吨标准煤/年）	增加利润/万元	投资额/万元	所属年度

16. 贵公司（企业）节能减排技术改造资金投入来源＿＿＿。

　　A. 财政投入　　　　　B. 银行贷款

　　C. 自有资金　　　　　D. 其他

17. 贵公司（企业）节能减排技术改造资金方向（可多选）____。
   A. 用于购买节能减排设备　　　　B. 用于能源消耗结构调整
   C. 用于节能减排技术的研发　　　D. 用于提高管理能力
   E. 用于优化生产工艺　　　　　　F. 用于其他方面____（请说明）

18. 贵公司（企业）开展节能减排所需购置的设备（技术）渠道____。
   A. 主要从国外购进　　　　　　　B. 主要从国内购进
   C. 一部分从国内购进，一部分从国外购进　　D. 自行制造、研发

19. 贵公司（企业）开展节能减排工作的主要原因（可多选）____。
   A. 能源价格不断上涨的压力　　　B. 节能收益明显大于节能成本
   C. 财税政策扶持　　　　　　　　D. 银行贷款优惠
   E. 上级要求　　　　　　　　　　F. 社会责任
   G. 其他____（请说明）

20. 贵公司（企业）认为在节能减排中存在的主要困难是（可多选）____。
   A. 政府扶持力度小　　　　　　　B. 力量薄弱，缺乏新技术
   C. 企业资金紧张　　　　　　　　D. 其他____（请说明）

21. 贵公司（企业）认为哪些方面的实现会促进节能降耗（可多选）____。
   A. 为企业提供技术支持及服务介绍
   B. 为企业提供资金渠道、合同能源管理服务
   C. 为企业筛选节能产品及服务介绍
   D. 节能优惠政策的解读
   E. 其他____（请说明）

22. 贵公司（企业）是否进行合同能源管理____。
   A. 是　　　　　　　　　　　　　B. 否

三、公司（企业）节能减排财税政策评价

23. 贵公司（企业）认为在促进节能减排的财政政策中，较为有效的方式是（可多选）____。
   A. 财政投资　　　　　　　　　　B. 财政补贴C. 财政贴息
   D. 财政奖励　　　　　　　　　　E. 税收返还F. 政府采购
   G. 其他____（请说明）

24. 贵公司（企业）纳入政府采购产品产值占全部产值比重____。
   A. 几乎没有　　　　　　　　　　B. 10%以下
   C. 10%～20%　　　　　　　　　　D. 20%～30%
   E. 30%以上（请说明：____%）

25. 贵公司（企业）生产的节能产品推广过程中是否享受了财政补贴____，如选A，请回答第 26 题。
   A. 是　　　　　　　　B. 否

26. 贵公司（企业）生产的节能产品享受的补贴标准为____，占产品市场价格的
比重为____。
　　A. 10%以下　　　　　　　B. 10%～30%　　　　　C. 30%以上（请说明：____%）

27. 贵公司（企业）认为在促进节能减排的税收政策中，影响最为关键的税种是
（可多选）____。
　　A. 增值税　　　　　　　B. 消费税　　　　　　C. 营业税
　　D. 关税　　　　　　　　E. 企业所得税　　　　F. 资源税

28. 贵公司（企业）认为在促进节能减排的税收政策中，较为有效的优惠方式是
（可多选）____。
　　A. 直接减免　　　　　　B. 投资抵免　　　　　C. 即征即退
　　D. 先征后退　　　　　　E. 加速折旧　　　　　F. 优惠税率

29. 贵公司（企业）利润主要来自（可多选）____。
　　A. 财政补贴　　　　　　　　　　　　B. 税收优惠
　　C. 生产经营　　　　　　　　　　　　D. 其他____（请说明）

30. 贵公司（企业）认为，为了提高节能减排的积极性，现行财政税收政策存在
哪些不足？有哪些方面需要改进？

　　_____

　　_____

　　_____

附 2　调查问卷回收结果

经过历时一年的企业调查，课题组收回有效调查问卷 156 份，主要分布于 8 个高耗能行业，包括石油和化工行业（48 家）、水泥行业（28 家）、煤炭行业（4 家）、有色金属行业（12 家）、光伏行业（6 家）、钢铁行业（6 家）、电力行业（2 家）及其他行业（50 家），其中属于轻工业的企业有 96 家，属于重工业的企业有 60 家。

一、公司（企业）基本情况结果

1. 公司（企业）所有制性质分布情况见图 1。

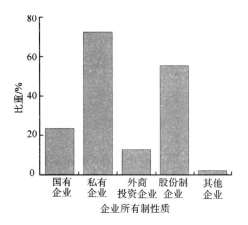

图 1　企业所有制性质分布情况

集体企业和外国企业的比重为 0

2. 公司（企业）具有大学专科以上学历的科技人员占当年职工人数比重情况见图 2。

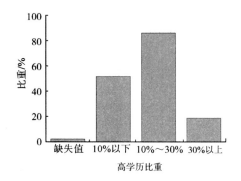

图 2　企业具有大学专科以上学历的科技人员占当年职工人数比重情况

3. 公司（企业）研发人员占当年职工总数比重情况见表 1。

表 1　公司（企业）研发人员占当年职工总数比重情况

项目 \ 结果		频数	频率	有效频率	累计频率
比重	缺失值	10	6.4	6.4	6.4
	基本没有	22	14.1	14.1	20.5
	10%以下	92	59.0	59.0	79.5
	10%以上	32	20.5	20.5	100.0
	合计	156	100.0	100.0	

4. 公司（企业）年能耗规模情况见表 2。

表 2　公司（企业）年能耗规模情况

分组 \ 结果		频数	频率	有效频率	累计频率
耗能规模	缺失值	12	7.7	7.7	7.7
	5 000 吨标准煤以下	32	20.5	20.5	28.2
	5 000～10 000 吨标准煤	60	38.5	38.5	66.7
	10 000 吨标准煤以上	52	33.3	33.3	100.0
	合计	156	100.0	100.0	

5. 公司（企业）主要产品单耗下降的主要动力见表 3。

表 3　公司（企业）主要产品单耗下降的主要动力

分组 \ 结果		频数	频率	有效频率	累计频率
动力	缺失值	24	15.4	15.4	15.4
	行政命令	24	15.4	15.4	30.8
	财政补贴	10	6.4	6.4	37.2
	税收优惠	6	3.8	3.8	41.0
	能源差别性价格	92	59.0	59.0	100.0
	合计	156	100.0	100.0	

6. 公司（企业）能源成本占企业运行总成本的比例见图 3。

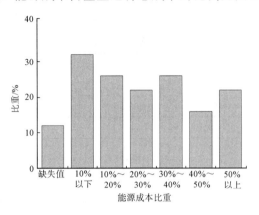

图 3 公司（企业）能源成本占企业运行总成本的比例

7. 公司（企业）主要排放废弃物情况见表 4。

表 4 公司（企业）主要排放废弃物情况

分组 \ 结果		响应		个案比例/%
		计数	比例/%	
主要排放废弃物	二氧化硫	66	20.0	45.2
	二氧化碳	56	17.0	38.4
	化学需氧量	46	13.9	31.5
	固体废弃物	70	21.2	47.9
	污水	72	21.8	49.3
	PM 2.5	8	2.4	5.5
	其他	12	3.6	8.2
	合计	330	100.0	226.0

注：由于四舍五入原因，表中数据相加不等于100%

8. 公司（企业）产生的废弃物处理情况见表 5。

表 5 公司（企业）产生的废弃物处理情况

分组 \ 结果		响应		个案比例/%
		计数	比例/%	
废弃物处理	直接排放	44	22.9	33.3
	做原料生产其他产品	38	19.8	28.8
	卖给其他企业做原料	72	37.5	54.5
	其他	38	19.8	28.8
	合计	192	100.0	145.4

二、公司（企业）节能减排技术改造资金投入-产出状况

9. 公司（企业）节能减排技术改造资金投入来源见表 6。

表 6　公司（企业）节能减排技术改造资金投入来源

分组	结果	频数	频率	有效频率	累计频率
资金投入	缺失值	110	70.5	70.5	70.5
	财政投入	8	5.1	5.1	75.6
	银行贷款	2	1.3	1.3	76.9
	自有资金	36	23.1	23.1	100.0
	合计	156	100.0	100.0	

10. 公司（企业）节能减排技术改造资金方向见表 7。

表 7　公司（企业）节能减排技术改造资金方向

分组	结果	响应		个案比例/%
		计数	比例/%	
节能减排技术改造资金方向	用于购买节能减排设备	134	34.9	91.8
	用于能源消耗结构调整	60	15.6	41.1
	用于节能减排技术的研发	48	12.5	32.9
	用于提高管理能力	38	9.9	26.0
	用于优化生产工艺	98	25.5	67.1
	用于其他方面	6	1.6	4.1
	合计	384	100.0	263.0

11. 公司（企业）开展节能减排所需购置的设备（技术）渠道见表 8。

表 8　公司（企业）开展节能减排所需购置的设备（技术）渠道

分组	结果	频数	频率	有效频率	累计频率
购置渠道	主要从国外购进	14	9.0	9.0	9.0
	主要从国内购进	124	79.5	79.5	88.5
	一部分从国内购进，一部分从国外购进	12	7.7	7.7	96.2
	自行制造、研发	6	3.8	3.8	100.0
	合计	156	100.0	100.0	

12. 公司（企业）开展节能减排工作的主要原因见表 9。

表 9　公司（企业）开展节能减排工作的主要原因

分组 \ 结果		响应		个案比例/%
		计数	比例/%	
节能减排原因	能源价格不断上涨的压力	118	29.9	78.7
	节能收益明显大于节能成本	88	22.3	58.7
	财税政策扶持	34	8.6	22.7
	银行贷款优惠	8	2.0	5.3
	上级要求	54	13.7	36.0
	社会责任	88	22.3	58.7
	其他	4	1.0	2.7
	合计	394	100.0	262.8

注：由于四舍五入原因，表中数据相加不等于 100%

13. 公司（企业）认为在节能减排中存在的主要困难见表 10。

表 10　公司（企业）认为在节能减排中存在的主要困难

分组 \ 结果		响应		个案比例/%
		计数	比例/%	
主要困难	政府扶持力度小	86	32.6	56.6
	力量薄弱，缺乏新技术	72	27.3	47.4
	企业资金紧张	104	39.4	68.4
	其他	2	0.8	1.3
	合计	264	100.0	173.7

注：由于四舍五入原因，表中数据相加不等于 100%

14. 公司（企业）认为会促进节能降耗的举措见表 11。

表 11　公司（企业）认为会促进节能降耗的举措

分组 \ 结果		响应		个案比例/%
		计数	比例/%	
促进节能降耗的举措	为企业提供技术支持及服务介绍	102	27.9	68.0
	为企业提供资金渠道、合同能源管理服务	120	32.8	80.0
	为企业筛选节能产品及服务介绍	64	17.5	42.7
	节能优惠政策的解读	80	21.9	53.3
	合计	366	100.0	244.0

注：由于四舍五入原因，表中数据相加不等于 100%

15. 公司（企业）进行合同能源管理的比重很低，具体见表 12。

表 12　公司（企业）进行合同能源管理的比重

分组	结果	频数	频率	有效频率	累计频率
比重	缺失值	36	23.1	23.1	23.1
	是	22	14.1	14.1	37.2
	否	98	62.8	62.8	100.0
	合计	156	100.0	100.0	

三、公司（企业）节能减排财税政策评价

16. 公司（企业）认为在促进节能减排的财政政策中，较为有效的方式见表 13。

表 13　促进节能减排的财政政策

分组	结果	响应		个案比例/%
		计数	比例/%	
促进节能减排的财政政策	财政投资	68	18.9	47.2
	财政补贴	90	25.0	62.5
	财政贴息	34	9.4	23.6
	财政奖励	94	26.1	65.3
	税收返还	68	18.9	47.2
	政府采购	6	1.7	4.2
	合计	360	100.0	250.0

17. 公司（企业）纳入政府采购产品产值占全部产值比重很低，具体见图 4。

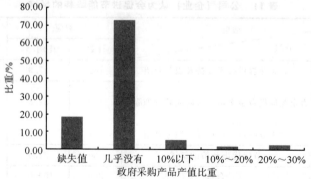

图 4　政府采购产品产值比重

30%以上的比重为 0

18. 公司（企业）生产的节能产品推广过程中已享受了财政补贴的只有 20 家，占 12.8%，具体见表 14。

表 14　享受财政补贴比重

分组＼结果		频数	频率	有效频率	累计频率
享受财政补贴	缺失值	36	23.1	23.1	23.1
	是	20	12.8	12.8	35.9
	否	100	64.1	64.1	100.0
	合计	156	100.0	100.0	

19. 公司（企业）生产的节能产品享受的补贴标准见表 15，享受的财政补贴占产品市场价格的比重见表 16。

表 15　享受的补贴标准

分组＼结果		频数	频率	有效频率	累计频率
享受的补贴标准	缺失值	124	79.5	79.5	79.5
	10%以下	24	15.4	15.4	94.9
	10%～30%	6	3.8	3.8	98.7
	30%以上	2	1.3	1.3	100.0
	合计	156	100.0	100.0	

表 16　享受的财政补贴占产品市场价格的比重

分组＼结果		频数	频率	有效频率	累计频率
享受的财政补贴占产品市场价格的比重	缺失值	134	85.9	85.9	85.9
	0	4	2.6	2.6	88.5
	10%以下	18	11.5	11.5	100.0
	合计	156	100.0	100.0	

20. 公司（企业）认为在促进节能减排的税收政策中，影响最为关键的税种见表 17。

表 17　影响最为关键的税种

分组 \ 结果		响应		个案比例/%
		计数	比例/%	
影响最为关键的税种	增值税	76	39.2	63.3
	消费税	6	3.1	5.0
	营业税	14	7.2	11.7
	关税	8	4.1	6.7
	企业所得税	64	33.0	53.3
	资源税	26	13.4	21.7
	合计	194	100.0	161.7

21. 公司（企业）认为在促进节能减排的税收政策中，较为有效的优惠方式见表 18。

表 18　较为有效的优惠方式

分组 \ 结果		响应		个案比例/%
		计数	比例/%	
较为有效的优惠方式	直接减免	98	38.9	77.8
	投资抵免	36	14.3	28.6
	即征即退	40	15.9	31.7
	先征后退	16	6.3	12.7
	加速折旧	16	6.3	12.7
	优惠税率	46	18.3	36.5
	合计	252	100.0	200.0

22. 公司（企业）利润的主要来源见表 19。

表 19　公司（企业）利润的主要来源

分组 \ 结果		响应		个案比例/%
		计数	比例/%	
利润的主要来源	财政补贴	12	8.3	9.5
	税收优惠	8	5.6	6.3
	生产经营	124	86.1	98.4
	合计	144	100.0	114.2

23. 对于固定资产的加速折旧，企业愿意选择的方式见表 20。

表 20　企业愿意选择的折旧方式

分组	结果	频数	频率	有效频率	累计频率
固定资产折旧方式	缺失值	46	29.5	29.5	29.5
	缩短折旧年限	68	43.6	43.6	73.1
	年数总和法	18	11.5	11.5	84.6
	双倍余额递减法	24	15.4	15.4	100.0
	合计	156	100.0	100.0	

后　记

　　能源是人类赖以生存和发展的物质基础，更是国民经济发展的基础性支柱。改革开放以来，随着我国工业化与城镇化进程的显著加快以及消费结构的持续升级，对于能源资源的需求呈现刚性增长。而与此同时，我国目前的粗放型经济增长方式又加剧了能源资源的供求矛盾及环境污染状况，因此，节能减排已成为我国实现社会经济可持续发展的有效途径。为了帮助我国提高能源效率，世界银行选择部分省市开展省级能源效率研究。江西省作为欠发达省份，虽然总体上环境生态状况较好，但工业领域节能效果堪忧。为此，江西省成为世界银行开展研究的一个省份。江西财经大学王乔教授带领研究团队凭借雄厚的研究基础和扎实的申报材料在众多申报单位中脱颖而出，成功申请到"促进江西节能的价格和财税政策研究"项目（项目编号：TF094376）。为了做好本项目研究工作，王乔教授带领研究团队历时一年多对江西省 11 个设区市具有代表性的高耗能企业进行实地调研、座谈和发放调查问卷，并对省级和地区财政局、统计局（工业与交通处、普查处）、城调队（工业与交通处、普查处）、工业和信息化委员会（节能与资源综合利用处）、发展和改革委员会（价格、节能部门）、节能办公室或节能监察大队、物价局、科技局、能源局、环保局、国税局、地税局等相关部门进行走访和座谈。在此基础上，了解工业领域能源消耗、节能现状、合同能源管理项目开展情况以及财税政策和价格政策执行情况及存在的问题，掌握了大量可靠的一手材料，基本摸清了江西省工业领域企业节能的基本状况、存在的问题及对政策的需求，撰写的研究报告得到世界银行专家及江西省财政厅、江西省工业和信息化委员会等部门的高度评价，提出的许多切实可行的建议先后被有关部门采纳、形成文件下发执行，推动了财税、价格、发展和改革委员会、工业和信息化委员会等部门工作的开展。为了使研究成果发挥更大的作用，研究团队决定将研究报告付梓成书。

　　本书之所以能够顺利出版，是很多部门和同志鼎力支持的结果。首先，对支持我们工作的世界银行及江西省财政厅、发展和改革委员会、工业和信息化委员会、节能大队、统计局以及设区市各级政府部门和企业表示衷心感谢！尤其是江西省财政厅的胡强厅长、王斌副厅长、曾文泉处长、李德忠副处长，节能检查总队的原大队长朱亚明、喻丹峰副大队长、赖贻葵科长等全程参与项目调查研究工作，为项目的顺利开展进行了周密细致的协调工作。其次，对参与这项研究工作并付出辛勤努力的各位老师及研究生致以由衷的谢意，尤其是彭元教授、张仲芳研究员、汪柱旺教授、潘文荣副教授、肖文海教授、伍红教授、徐旭川副教授、叶卫华副教授、董思明博士等付出了大量的劳动，群策群力保证了项目的圆满完成！最后，还要感谢科学出版社的陈亮社长、魏如萍编辑为本书的出版所付出的努力。当然，本书仅是对工业领域节能的财税和价格政策进行了初步的研究，今后还需随着经济新常态的发展和政策的变化进一步追踪调查研究。还望读者多提宝贵意见，帮助我们提高研究水平。在此，一并致以谢意！

作者

2015 年 10 月